博士论丛

当代中国建筑师的职业角色与自我认同危机

——基于文化研究视野的批判性分析

The Identity Crisis in Professional Role and Subject of Chinese Architects:

——The Critical Analysis Based on Cultural Studies

谢天 著

中国建筑工业出版社

图书在版编目(CIP)数据

当代中国建筑师的职业角色与自我认同危机——基于文化研究视野的批判性分析/谢天著. —北京：中国建筑工业出版社，2010

(博士论丛)

ISBN 978-7-112-11796-3

Ⅰ. 当… Ⅱ. 谢… Ⅲ. 建筑师-职业社会学-中国-现代 Ⅳ. C913.2

中国版本图书馆 CIP 数据核字(2010)第 024968 号

认同问题已经成为当代社会的一个突出现象。当代中国建筑师的认同不仅是职业角色的认同，也包括了建筑师的自我认同和建筑作品的认同。本书内容包括绪论、全球化进程中的当代中国建筑师、当代中国建筑师的职业角色与自我认同危机、当代中国建筑师的职业角色与自我认同的个案研究。

本书可供广大建筑师、建筑理论工作者、建筑院校师生员工学习参考。

责任编辑：吴宇江
责任设计：赵明霞
责任校对：李志立　兰曼利

博士论丛
当代中国建筑师的职业角色与自我认同危机
——基于文化研究视野的批判性分析
The Identity Crisis in Professional Role and Subject of Chinese Architects:
——The Critical Analysis Based on Cultural Studies
谢天　著
*
中国建筑工业出版社出版、发行（北京西郊百万庄）
各地新华书店、建筑书店经销
北京华艺制版公司制版
北京云浩印刷有限责任公司印刷
*
开本：787×1092 毫米　1/16　印张：12¾　字数：306 千字
2010 年 6 月第一版　　2010 年 6 月第一次印刷
定价：**39.00** 元
ISBN 978-7-112-11796-3
(19048)

前　言

多元化倾向已经成为当代中国建筑设计领域的一个事实，具体体现为宏大叙事的诉求、私人话语的探索以及商业化的建筑运作。然而，表面的多元化创作和建筑领域的大规模建设最终产生的是一种有着相似面孔的建筑作品，由于这些建筑的数量之大导致了建筑的一种平均化现象。平均建筑反映的主体——人（无论是使用者还是设计者）也是一种平均的人，它表现为建筑师的认同危机。

认同问题已经成为当代社会的一个突出现象。认同包括个体的认同与群体的认同，也包括外在的认同与内在的认同两个方面的内容。外在的认同通过职业角色来体现，内在的认同是“自我”的认同。当代中国建筑师的认同不仅是职业角色的认同，也包括了建筑师的自我认同和作为交流的符号——建筑作品的认同。

当代中国建筑师由于主动性的丧失而被强势文化塑形和建构，结果必定是一种悲剧——弱势文化只能通过一种镜像身份，而非真正的主体身份完成自我建构。这种镜像的自我认同是一种以他者为参照的永远无法获得满足的渴求，最终带来的是个体的精神磨难。

在自我认同的主体建构过程中凸现了主体间平等对话的意义，它促使中国建筑师走出封闭的镜像的自我，在平等的竞争中不断建构自己的身份。而追求人自身的完善和解放，是中国知识分子的使命，它应该融入到当代中国建筑师的职业化进程之中，通过创造赋予知识生命的特征，它立足于岗位，并在此基础上促成建筑师人格的实现，即精英意识和人文精神的结合，它是建筑师的知识服务，艺术家的创造力，知识分子的批判精神三者合力的体现。

目　录

第1章　绪论

我们所面临的环境问题，不是技术、经济、社会或政治性质的，它是人的问题，是防止人的同一性丧失的问题。人由于自己自以为是、妄自尊大的“自由”而从自己的场所出走，去“征服”世界。所以，人就被遗留在虚无缥缈、全无真实的自由之中。人忘掉了“居住”的意义。①

——诺伯格·舒尔茨

世界是一个舞台，
所有的男人女人不过是一些演员，
他们都有上场的时候，也有下场的时候，
一个人一生扮演着许多角色。

——莎士比亚《人间喜剧》(第二幕，第七场)

1.1　选题背景和依据

1.1.1　选题背景

1.1.1.1　现代性的困惑

从西方到东方，从近代到当代，社会文化经历着不断的变革与发展，但始终有一个不变的主题：现代化。这是一条漫长的充满了矛盾与冲突、探索与想象、激励与希望的旅途，其间不断地更新着人们对现代化的本质——现代性的理解。源自18世纪西方的现代性在21世纪的中国与西方，仍然是一个有待解答的问题。

这个问题来自各种矛盾与冲突。现代性所倡导的个人自由一方面给主体——人的解放创造了机会，它所提倡的理性主义也为技术的发展提供了理论支持。技术的产业化不仅为人类提供了丰富的物质资料，更创造了工具理性至上的文化语境。不仅如此，现代性引发了人们思想观念的变化，给人们带去了不同的内心体验。这种体验已经不完全是通过人与自然以及现实而获得的，美国哈佛大学教授丹尼尔·贝尔（Daniel Bell）认为社会现实“主要是通过他人

① （挪威）诺伯格·舒尔茨（Christian Norberg Schulz）. 存在·空间·建筑[M].尹培桐译.北京：中国建筑工业出版社，1990：55-56.

一时的反馈，而不是通过外在的现实去体验的。社会越来越变成了一个意识的网络，一种有待付诸社会建设的想象形式”。[①]现代化不仅将人们变为现代化的主体，也将人们变成了现代化的客体。集主体与客体于一身的现代人，如何面对并选择现代化创造的生活的诸多可能呢？

对于发达资本主义社会来说，全球化不仅意味着资本的扩张，更意味着“对于无意识领域的彻底征服”，[②]是对有形世界（自然）和无形世界（文化）的控制。查尔斯·纽曼（Charles Newman）还指出了当代社会的另一个基本特征——“通货膨胀”：这种膨胀是人的欲望、期望值等方面的膨胀，使数量代替了质量，花样代替了品位，一切思想都被所谓的相对性、不连贯性主宰，尤其突出的是话语的通货膨胀。[③]话语和欲望的膨胀随着人们日常生活中的角色多样化而日益彰显，对人们的思想和行为方式产生了重要的影响，表现为人们行为的不确定性和无法预见性，人们之间互动的延续性受到挑战。行为的短期效应是人们首先考虑的重点，人类所具有的深思熟虑的心智意识缺少了互动和反馈的特征。

1. 危机的出现：对自身存在的关注

人在任何时候都有可能感受到危机的存在，危机是人们对无法把握的不确定性的一种焦虑状态。现代社会中人们的这种危机感尤为突出。尽管科学技术的发展已经为人类创造了近乎无所不能的美好前景，但是现代社会的人们对生存的价值与意义、自我定位的方向感却在逐渐丧失。各种问题相伴而来，其中一种心理体验是焦虑感。“焦虑打击到我们自己的内在‘核心’：它是我们自身的存在受到威胁时所感受到的那种东西”。[④]人们不断思考一个问题：“我是谁？我从哪里来？又到哪里去”？其实，人从一诞生开始，就面临着这样一个问题，但大多数时候人们并没有意识到它的存在。只有当焦虑出现时，这个问题才被人们意识到。

表现之一：信任感的丧失与权威的失效。

当代社会的共同体正在瓦解，权威不再有效，人们之间的联系逐渐削弱，伦理规范逐渐丧失了以往的约束力。信任本是一种存在的安全感，人们从以家为单位的血缘关系中脱离出来进入到社会当中，与周围人之间的互动的前提是信任感的存在，人们从对权威的依赖转向对社会抽象系统的承诺——制度性的承诺。[⑤]具体表现为对符号系统和专家系统的信赖。但是，不仅符号系统的意

---

① Daniel Bell. The Cultural Contradictions of Capitalism [M].New York：Basic Books，1978：147-149.

② Fredric Jameson. Forward[M]//Jean-Francois Lyotard.The Postmodern Condition：A Report on Knowledge.Minneapolis：University of Minnesota Press，1979：xiv-xv.

③ 盛宁.人文困惑与反思[M].北京：生活·读书·新知三联书店，1997：22.

④ （加）查尔斯·泰勒.自我的根源：现代认同的形成[M].韩震等译.南京：译林出版社，2001：787.

⑤ 高兆明.信任危机的现代性解释[J].学术研究，2002（4）：11.

义丧失，专家系统也存在着巨大的风险，尤其是在时空分离的情况下，承诺的安全系数大大降低，导致人们的安全感逐渐丧失。

表现之二：角色的混乱。

社会分工的结果促使人们在生活中承担的角色越来越多，社会分工一方面促进了功能的分化，提高了劳动生产率，同时另一方面也促进了社会的"团结"。通过分工，个人摆脱了孤立的状态，互相之间形成了紧密的联系。但是，欲望以及利益分配的差异，增强的是人与物之间的联系，导致了"物"的团结，而非人的团结。角色之间因为利益而冲突，各自为营，人与人之间以"物"（如利益）为中介。人与人之间的协调成为了利益之间的协调，角色之间的沟通成为了利益的均衡，一旦利益受到威胁，角色之间的混乱则成为一个突出的现象。

表现之三：自我的分裂和心智的丧失。

不仅人们之间的关系难以协调，人自身的关系也无法统一。一个人往往承担着多种角色，多种角色的冲突导致了自我的分裂，使人的外在与内在无法和谐统一。这一对矛盾可以追溯到笛卡儿的身心二元论——心灵与身体的对立，心与身如何统一成为了之后许多哲学家努力探讨的问题。社会学家认为，只有当个体达到身心统一时，个体才能与外界进行协作，领会和理解他人并采取可行的合作方式，即具有"心智"的体现。由于互动的实现有赖于心智，心智的丧失则会导致孤立，协作无法完成，这一通往外界的桥梁被迫中止。

2. 现代性的隐忧

查尔斯·泰勒将上述问题归结为"现代性的三个隐忧"：它来源于个人主义、工具主义理性及前两者带来的政治控制：

"（1）人们反复表达的一个忧虑是，个人除了失去了其行为中的更大的社会和宇宙视野外，还失去了某种重要的东西。有人把这表述为生命的英雄维度的失落。人们不再有更高的目标感，不再感觉到有某种值得以死相趋的东西。……尼采的'最后的人'就处于这种衰弱的最低点，他们的生命中不再留有任何抱负，只有'可怜的舒适'。

目标的丧失是与一种狭隘化相联系的。人们因为只顾他们的个人生活而失去了更为宽阔的视野。托克维尔说，民主的平等把个人拽向自身，'导致个人将自己完全封闭在内心的孤独之中的危险'。换句话讲，个人主义的黑暗面是以自我为中心，这使我们的生活既平庸又狭窄，使我们的生活更缺乏意义，更缺少对他人及社会的关心。

（2）世界的去幻（disenchantment）与现时代的另一个极其重要的现象相联系，这个现象也极大地困扰着许多人，我们可以称之为工具主义理性的主导性。这里的'工具主义理性'（instrumental reason）指的是一种我们在计算最经济地将手段应用于目的时所凭靠的合理性。最大的效益、最佳的支出收获比率，是工具主义理性成功的度量尺度。

（3）在一个社会里，如果人民最终成为那种'封闭在自己的心中'的个人，那么几乎没有人愿意主动地参与自我管理（self-government）。他们将宁愿留在家里享受私人生活的满足，只要当时的政府生产这些满足的手段和广泛地分配这些手段。这就为一种新的、形式特别现代的专制主义的危险敞开了大门。……我们正在危险地失去的东西就是我们命运的政治控制，就是某种我们作为公民能够共同运用的东西。"①

现代性的隐忧表达了人们对生活目标、手段和自我实现的困惑。人们对未来的迷惘和对自身的现状的不满，都体现了生活的一种不确定的状态——它失去了自我保障和自我确证的根基。

1.1.1.2 平均的建筑、平均的人

种种迹象表明，当代中国建筑师的群体中也反映出了类似的困惑和体验。"后发外生型"的建筑现代化使中国走上了强制性的现代化之路。全球化更是加剧了这一进程的步伐，中国现代化在时间与空间上的错位与滞后性最明显的后果表现在思想观念的差异当中。"器物之用"的思想根深蒂固，工具理性作为价值观一直主导着近几十年来中国建筑的发展，它一直立足于现代化物质层面的改造而非思想观念的改造。中国大量看上去很"现代"的作品，并没有真正获得现代建筑的本质。②当前建筑所面临的困境既有历史的缘由，也有现实的根源。我们并没有经历西方长达几百年之久的启蒙的思想铺垫而直接脱胎于封建文化，对外来思想的接受也存在着误区，盲目地引进和肤浅地学习——照搬照抄，因此造成了追求建筑的表面化和风格化倾向。短短的 20 年间，各种"风格"与"思潮"如昙花一现，如国际式"风格"，解构主义"风格"等等。

1. 平均的建筑与平均的人

工业化已经成为生产大量廉价和重复产品的代名词。建筑材料和构件工业化生产不断减少材料的使用数量，简化材料的使用过程，在带来大量组装建筑的同时，建筑的设计也相应采用了一种万能体系和标准模式，用之四海而皆准。这种设计产生的建筑是一种数量巨大，同时彼此之间类似的甚至是毫无区别的平均建筑。这种建筑是一种机械复制的产物，是一种现代化的制造——通过自动化或其他高科技手段，按照特定的程序和操作方式加工出来的产品。因此，平均建筑的本质是一种重复而非差异，它体现的是同质性而非个性。

在建筑的制造活动中，建筑师从第一位的主动的创造者沦为了被动的模仿者。20 世纪 90 年代，西方消费主义文化开始影响中国。在市场经济的背景下，建筑形象被推向了前台，从深度转向平面，从整体转向碎片。建筑作为文化意识形态的一部分，其传统的能指（signifer）与所指（signified）关系，即形式

---

① （加）查尔斯·泰勒.现代性之隐忧[M].程炼译.北京：中央编译出版社，2001：4-13.

② 陈志华.北窗杂记[M].郑州：河南科学技术出版社，1999.

与意义关系，在图像文化中沦为了意义缺席的形式关系——一种能指与所指关系的分裂和脱离，现代主义建筑仅仅是对应一个“抽象的普遍的主体”的“功能”的外壳，建筑从功能到形式都千篇一律，消除了时间和地点的体验，由于场所、地域和历史的缺场导致了建筑的零识别性。零差异和零意义的形式使得现代建筑失去了文化符号的表意功能，因而现代城市也就成为了“通属城市”[①]（generic city，亦可译为广普城市）。

“We shape our buildings，and they shape us.”[②]那么，这种平均建筑所反映的主体——人（无论是使用者还是设计者）必定也是一种平均的人。西班牙哲学家、社会学家奥尔特加（J. Ortegay Gasset）是这样定义的：“大众是平均的人。在这方面，纯粹数量的东西——大量的人——可以被转化为一种量的决定因素：它也就变成一种共同的社会特质，即彼此没有差别的人，却又在他们自己身上重复出现的种属类型。把数量转换成特质我们得到了什么呢？简单地说，借助后者，我们理解了前者的起源。通俗地说，大众的一般形成意味着，在那些个体中构成大众的欲望、思想和生活方式方面是别无二致的。”[③]从传播学媒介的角度，这样的大众又称为受众——他们在信息传播中通常处于被动地位。

中国建筑领域的国际接轨带来了大量的平均建筑，也带来建筑的主体——平均的“大众”。这是一个无法通过差异而获得识别性的个体，因此成为一种零识别的抽象的人。它有出生地，可是华丽的外表下却没有“出身”，出身是具有文化背景和家庭身世的概念。它没有心理和体验，也没有社会属性，由这些抽象的个体组成的集体和民族也成为了抽象的群体。

2. 认识的误区：传统与现代的二元对立

由于经济的不平衡发展，现代文明存在着西方与东方、强势与弱势的二元等级结构。中国建筑师则保持了自尊与自卑两种情结，一种是历史上的自尊，几千年的古文明所延续下来的民族自豪感；另一种则是当下的，在现代化进程中面对西方发达资本主义国家所具有的现代文明的自卑感。而全球化使得西方文明将大批外民族强行带入了现代化的快车道，这一进程凸现了不同民族有效互动的机制。

不仅如此，现代性意味着传统到现代的转变，是对传统的一种“扬弃”。而在中国，现代性的体现是“厚今薄古”——放弃传统选择西方化。当这种现

---

① （荷兰）莱姆·库哈斯.广普城市[J].世界建筑，2003（2）：64.

② （美）迪耶·萨迪奇，海伦·琼斯.建筑与民主[M].李白云，任永杰译.上海：上海人民出版社，2006：2.1941 年，英国下议院在“不列颠之战”的大空袭中严重损毁。1943 年 10 月，温斯顿·丘吉尔在下议院重建问题的讨论中说道：“我们塑造了建筑，而建筑反过来也影响了我们。”丘吉尔成功地实现了他的愿望，即按被炸毁之前的样式重建了议院。

③ 周宪. 20 世纪西方美学[M].南京：南京大学出版社，2000：60.

代性与民族自尊情结联系在一起时，传统与现代性的矛盾便转化为一种民族矛盾——东方与西方、弱势与强势之间的矛盾。中国大众渴望现代化，付出的代价是民族自豪感的丧失。但事实往往并不是这样。我们的近邻日本已经为我们做出了榜样。日本建筑不仅实现了现代化，而且在世界建筑舞台上获得了不可替代的一席之位，日本建筑师的作品具有强烈的地域气息和民族精神。如对禅道的领悟，对灰空间的研究，以及新陈代谢的探索。与日本相比，中国建筑师更多地接受了西方建筑文化表层的物质层面的内容，着力于用现代材料和现代技术体现现代化的特征，忽视哲学层面上现代性的含义，用简单的具体代替复杂的抽象，用机械的物质转换代替深层的精神思索。现代材料构成的大众化的建筑作品成为伪现代化的一个面具，成为现代性的一种硬件和指标，它们构成的是失去“灵晕”（aura）[①]的拟态的现代化社会。这种工具性的“筑居”而非栖居建筑没有精神内涵，是模拟（simulacrum）和压迫式的赋予，它剥夺了环境的意义，抹杀了历史，最终失去了文化记忆，体现的是一种强势文化对弱势文化的侵蚀，是对弱势文化自由的剥夺。

在中国，建筑活动的数量令世人瞩目，这并不意味着有助于质量的提高。中国建筑师急于获得世界同行的认可，仅靠数量取胜是不够的，但质量的获得似乎不是短时间内能够达到的。鲁迅的“拿来主义”为他们找到了最好的借口。年青一代的建筑师更是将传统打入冷宫，直接将西方的建筑符号系统用于本土建筑设计创作研究当中，通过概念置换、影像化叙事等途径获得一种表面的视觉冲击力的满足。这种离开本土转向追寻西化，通过西化途径改变中国建筑设计状况的努力最终使得中国的建筑创作处于一种“游牧”状态。仅有少数建筑师立足本土，致力于中国的建筑符号与价值系统的研究，近几年来不断出现的实验建筑就是在这一背景中进行的一种尝试，他们通过一种概念化的操作，在作品中营建对中国现代性的文化想象。但由于这些作品通过“距离”产生远离日常生活意义的场景，因此不能完成对现实生活的渗透。

3. 错综复杂的关系问题：精神焦虑体验的产生

在现代社会中，文化意义层面的焦虑体验引起了社会的广泛关注。焦虑是存在意识到它可能非存在的一种状态。[②]它表现为自我失去了方向，它实际是一种对空虚与无意义的焦虑。它是由于精神中心的丧失，自我和信仰的破灭而

① “灵晕”（aura）是指事物的一种奇特的时空交织，一种独有的、无论离得多近都总是带有距离感的表象或外观。是事物在特定时空中的自我存在，并且有自己的身份，而不是人的投射、建构或复制。该词最早是德国思想家瓦尔特·本雅明（Walter Benjamin）提出的。见：郭军等.文化研究关键词之二[J].读书，2006（2）：150.

② 保罗·蒂利希以“焦虑”一词概括了现代人的生存状态。所谓非存在，就是对存在的一种否定。存在是生命、绵延和创造，而非存在则是包含于生命中的死亡、绵延中的中断、创造中的毁灭。保罗·蒂利希.存在的勇气[M].贵阳：贵州人民出版社，1998：24.

产生的。焦虑是不确定性和价值受到威胁的内心体验，是自我价值的丧失以及自主性的缺失，这种深植于现代主义文化内部的焦虑的存在使人们被迫以各种虚幻的追求和幻象来代替真实的自我，模拟便是一种幻象。

在现代化进程中建筑师急功近利的创作思想就是这一特征的最好的体现，他们对空间尤其是对时间的焦虑反映在对生活的模拟之中，把有时间和深度特性的历史文化压缩成平面化的没有意义的现代影像文化。近十年来，各种艺术展此起彼伏，中国建筑与其他艺术门类之间的联系似乎更加密切，中国的少数建筑师频繁地举办和参与国内外各种展览，如双年展、艺术展等，一些艺术家也加入到建筑设计的“实验性”创作当中。在表面的风光与喧嚣背后，展览的机制、运作方式、参展作品的水平不断受到质疑。相关的评论性文章有《建筑展览的“厚度”》①、《展览机制下的中国建筑：后殖民荣誉》②以及 ABBS 登载的文章《赵老师访谈录》③等等，这些文章均对建筑展览中暴露出来的问题进行了探讨：建筑的属性价值、先锋的评判标准、处于名利场中的建筑师的角色和作用都是当代中国建筑展览中亟待解决的问题。次数过多的展览和几张老面孔、缺乏新意的作品已经让许多观众和业内人士产生了审美疲劳。2006 年 ABBS 网站的“建筑行业十大新闻”评选中，展览热的降温成为共识。④

无论是建筑的概念设计还是建成的实际作品，中国的建筑活动已经成为一种失去本真意义的符号操作。随着中国加入 WTO，建筑师之间的国际化交流日益频繁，外国设计机构和建筑师开始进驻中国参与建筑设计市场竞争和建筑实践活动。国内越来越多的设计作品由国外设计事务所设计，许多国有大中型建筑设计院仅仅只有做施工图的资格。洋招牌在国内越发走俏，规模稍大些的设计招投标，都要邀请国外设计机构参与。中国本土建筑师与国外建筑师之间的关系在“土”与“洋”两个中国文字中表达得淋漓尽致。与强势的国外建筑师共处于竞争的舞台上，本土建筑师创作性的衰竭以及建筑作品的平均化现象导致当代中国建筑师在国际上处于边缘地位。当代中国建筑师的边缘化不仅仅是“价值体系的偏移和文化中心地位的丧失”，⑤建筑师自身归属感和稳定性的缺失更是相伴而来。

各种模拟和影像的背后是一种失落和无奈。其结果不但没有体现现代性所倡导的主体精神，反而使得建筑作品丧失了个性，正是这样，作为一个美好蓝

---

① 史永高，仲德崑.建筑展览的厚度（上）[J].新建筑，2006（1）：82-86；史永高，仲德崑.建筑展览的厚度”（下）[J].新建筑，2006（2）：83-86.

② 王南溟.展览机制下的中国建筑：后殖民荣誉[EB/OL]，[2005-04-13].http://www.abbs.com.cn/bbs/post/view?bid=1&id=5617219.

③ 佚名作者.赵老师访谈录：国内的先锋建筑运动[EB/OL]，[2005-11-20].http://www.abbs.com.cn/bbs/post/view?bid=1&id=5059255.

④ 来自 www.abbs.com 网站。

⑤ 郑时龄.境外建筑师在中国的实验与中国建筑师的边缘化[J].时代建筑，2005（1）：34.

图的社会现代化，其结果并非如预期地使人们获得自由和解放，相反地，促进了社会的两极分化，造成社会的分裂。现代化成为某些个体和民族单极化发展的代名词。这种巨大的落差实际扩大并加剧了精神焦虑的体验。

与此同时，本土建筑师之间的关系也越来越复杂。20世纪90年代初，还是比较简单的几派之争，如“京派”、“海派”与“岭南派”。20世纪90年代末，国内大部分设计院开始体制变革，许多中小型私人设计事务所陆续崛起以及“海归”建筑师的加入，本土建筑师之间的关系开始错综复杂。即便是象牙塔里的学者们也纷纷走出校园，加入到“市场”当中。况且建筑师本身也是一个不确定的称谓，低成本的投入与可观的经济效益、建筑技能的技巧化和模式化运作也使得这一行业的门槛降低，许多艺术家也开始涉足建筑“设计”行业。因此建筑市场上，各种专业建筑师与非专业建筑师共同营造着新世纪的中国建筑景观。

而与国际接轨的另一特征——注册建筑师制度的建立标志着专业建筑师的技能逐步职业化，建筑师的角色被限定在学校、设计机构、政府部门等具体的职能部门，隶属第三产业（服务行业）的建筑设计为特定的部门和机构服务。大众文化的崛起更是消解了建筑师的精英意识，在这一进程中，政治意识形态对建筑师的影响受到削弱，但同时，“市场”这一无形的大手又给建筑师施加了压力。不仅建筑创作成为了建筑制造的活动，建筑师为市场服务，为有钱的业主服务，似乎离社会责任越来越远。大规模的无序建设引发了越来越多的环境和社会问题。生态危机成为一个全球化的问题，它不仅威胁到人与自然的关系问题，也影响了人与人之间的关系。“城中村”、“握手楼”的出现，在一次次地叩问建筑师的社会义务。社会问题更是直接地反映在人际关系的日趋紧张之中。社会阶层的两极分化逐渐加大，建筑师处于进退两难的处境之中，如何在自己的实践中维持公正的天平呢？建筑师除了对建筑本体的研究之外，能否走出学科研究的狭小天地，并摆脱商业利益的驱使，在广义的建筑学领域发挥更大的作用呢？

1.1.2 选题依据

1.1.2.1 现代性：强调主体的自由

反思追求现代性的过程中遇到的诸多问题，重读“现代性”这一课题显得尤为重要。那么，现代性原则究竟是什么呢?哈贝马斯（Jürgen Habermas）在其《现代性的哲学话语》（The Philosophical Discourse of Modernity）一书中指出，所谓现代性原则一言以蔽之便是主体性的自我确证（the self-reassurance of subjectivity）或主体的自由：

“这就是说，和古典社会诉诸于超验的理念、上帝、神祇等外在的、超自然的统摄性法则不同，现代性赖以立身的规范就是处于此岸的自身——确切地讲，这便是为黑格尔所揭示的人的主体性。哈贝马斯明确指出：

首先，黑格尔发现，主体性乃是现代性的原则。根据这个原则，黑格尔同时阐明了现代世界的优越性及危机之所在，即这是一个进步与异化精神共存的世界。因此，有关现代性的最初探讨即已包含着对现代性的批判。黑格尔看到，现代充斥着关系到自我的结构，黑格尔称之为主体性（subjectivity）。他认为：'说到底，现代世界的原则就是主体性的自由，也就是说，精神总体性中关键的方方面面都应得到充分的发展。'"[①]

虽然人具有物质和精神双重的属性，但是主体身份并不是先天获得的，也不是与生俱来的。作为存在的人先于它的本质——主体性，或者说，人是在存在和发展中获得主体性，成为主体的。马克思将人类的发展分为三种形态：最初的状态是自然发生的人的依赖关系，个体呈现出自然的主体性；其次是以物的依赖性为基础的人的独立性状态，当人在改造世界的实践中提高了自身的认识能力，获得了自觉的主体性时，主体不再满足于简单的重复性的劳动，开始探求新的具有创造性的知识和技能，创造性的获得意味着人获得了自为的主体性，自为的主体也就意味着自由的获得。[②]什么是自由?黑格尔认为自由是对必然的认识，自由将引导人类从必然王国走向自由王国。第三个阶段是个人的全面发展和共同的社会生产力造就的自由个性，人类呈现出一种整体性——"类"主体，这是人的最高理想。

中国人的现代启蒙始于"五四"时期，"五四"新文化运动高举科学与民主的大旗，弘扬"新"文化，破除"旧"文化，用胡适的话说是以"评判的态度""重新评估一切价值"。将"新"等同于"西"（德先生与赛先生）、"旧"等同于"中"，实际上"把原本空间意义上的中西文化类型的多元化转换为时间意义上历史发展过程的一元性"。[③]以激进的科学主义取代保守的道德理想主义与文化守成主义作为元叙事的基石，追求同一性的建构。因此，中国的现代性启蒙实际上一开始就是以西方文明为摹本的。遗憾的是，中国至今还未实现现代化，受到西方的影响还出现了"后现代文化"的许多特征，现代化仍然是一个漫长的让人期待的过程。刘小枫认为：现代现象是"人类有'史'以来在社会的政治—经济制度，知识理念体系和个体—群体心性结构及其相应的文化制度方面发生的全方位秩序转型。它体现为一个极富偶然性的历史过程，迄今还不能说已终止。"现代现象分为三个结构层面："现代化题域——政治经济制度的转型；现代主义题域——知识和感受理念体系的变调和重构；现代性题域——个体—群体心性结构及其文化制度之质态和形态变化。"[④]以这个标准来

---

① Jürgen Habermas. The Philosophical Discourse of Modernity[M].Cambridge：Polity Press，1987：7.

② 自为和自由的区别在于自为侧重于主体指向认识对象的能动的、有效的状态，是外向的、客体化的；自由侧重于在对象中所体现的主体的状态，是内向的、主体化的。

③ 傅新毅.启蒙的现代性与现代中国的启蒙[J].社会科学辑刊，1999（4）：8.

④ 刘小枫.现代性社会理论绪论[M].上海：上海三联书店，1998：2.

看，中国的现代化才刚刚开始。

1.1.2.2 对人自身的思考：关注个体

通常用宏观的词语来概括中国现代性的话语特征即是政治、经济、社会、文化等层面的转型，涉及“城市化”、“工业化”等具体指标。而另一种表达方式则是使用“中国与西方”、“传统与现代”的二元对立模式来分析中国的现代性问题。对于那些受到西方教育并且身处西方的年轻知识分子来说，这种二元对立的模式似乎没有存在的根据。至少从个体的角度出发，这种二元的现代性诠释方式是某种具有民族与国家意识形态内涵的误读，它无法诠释现代性对个体的影响以及个体对现代性这一宏观命题的回应。概念和内容都模糊不清的“传统”和“现代”的叙述在逻辑上也是循环式的自我论证。

刘小枫认为“现代性”是一个晶状概念，它的三项主要棱面分别是社会经济结构、文本观念结构以及个体心性结构之转型。[①]纵观各种有关现代性的论述，现代性题域中的文化制度是一个经常讨论的话题，而个体与群体的心性结构却很少被提及。这一点有很多方面的原因，国内的社会学和心理学等学科尚处于起步阶段，相关方面的研究成果较少；另一个更重要的原因是，中国的科学缺少逻辑的演绎推理基础，这种归纳的智性科学没有将人的内心世界视作一门逻辑科学，忽视对人的内心结构的理性研究。类似的例子就是中医在中国的盛行不衰，直到解剖学进入中国，西医的理念才逐渐被接受。

1. 现代性：人的现代性

现代性不仅引发了宏观的社会结构的转型，也带来了社会个体的素质、心理等方面的变化，重组了个体与社会互动的方式。个体人格[②]的发展使得独立的个体具备了更强的应变能力，表现在个体对社会变化的回应与反馈方式的差异与相似之中——个体角色的领会程度与个体观念的变化调整等等。这种“个体思维、情感和行为的特异性模式，以及在这些模式之下、能够或不能够被观察到的心理机制”[③]也正是微观的个体对宏观的“现代性”这一问题的直接回应。反思“现代性”中启蒙的意义和主体的自由，人是社会中最具能动性的活跃元，进入后工业化社会，“自然与机器都已引入人类生存的大背景，社会面临的首要问题是人与人、人与自我的问题”。[④]因此，现代性的种种因素和层面可以归结为一点，即现代性最根本的问题是“人”的现代性问题。

但是，国内对“人”以及个体的应对机制的研究远远落后于对另两个方面

---

① 刘小枫.这一代人的怕和爱[M].北京：生活·读书·新知三联书店，1996：178-179.

② 心理学家对人格的定义来自拉丁文 persona，指舞台上演员所戴的面具，既是表演，又体现了人物的性格和角色特征。本文的“人格”具有社会学意义概念。

③ D.Funder. The Personality Puzzle[M]. New York：Norton，1997：1-2.

④ （美）丹尼尔·贝尔.资本主义文化矛盾[M].赵一凡，蒲隆，任晓晋译.北京：生活·读书·新知三联书店，1989：18.

的关注程度，对个体与群体的心性研究几乎是一个空白，导致我们对个体的“现代性”研究只能停留于泛泛而谈的“现代人”这一抽象概念，无法深入到微观的个体当中。这种个体是具体的人，个体的研究也就是人的研究。即使借鉴西方的人类学、心理学和社会学的实证研究成果，也忽略了社会结构差异等背景条件对个体的影响，因此完全“西式化”的方法和数据也不能推导出非常令人信服的结论。

立足于个体、群体的人的微观研究侧重于个体的精神、思想、行为等方面的具体表现，在社会历史的前置背景中，个体只有通过自身形成与外界同一的整体关系，才能获得个体真实的经验。人的存在是一种具体的现实的世界之中的存在，他从一诞生开始，就处于一个“关系”的世界之中，即个体与自我、个体与自然、个体与他人之间的关系之中。

全球化与现代性促进了个体的发展，致使社会结构的关注点由宏观转向微观的个人行为与个人之间的互动。近现代欧美社会学理论的发展趋势清晰地论证了这一转变。传统的宏观社会学理论关注的是功能主义理论、进化论等人类社会结构的变迁和模式的架构。微观的研究理论则致力于探索人类个体之间互动的过程，即人类社会相对独立发展的个体如何互相沟通与联系，在个人与他人之间的联系中获得一种个体与总体的平衡。这种微观的理论研究方式逐渐渗透到了其他学科的研究领域。

2. 建筑学与社会学理论的交叉：建筑师的“角色”及其影响

自 20 世纪以来，当代建筑学的发展得益于学科交叉的研究方法，由于采纳了其他学科的许多研究成果，建筑学理论不断更新。其中，系统的社会学理论对建筑学的影响是不言而喻的。建筑学的发展始终离不开社会的结构，它始终在社会发展的框架中运作。不仅社会的宏观结构①影响了建筑学的发展方向，社会的微观结构②也制约着建筑学的研究内容。建筑师作为社会的一名成员，以个体或群体的身份参与社会的组织与营构，在相互关联的网络中以实体的方式与其他实体发生联系，这种联系的数量与密度在不断地提高，联系的方向也由定向的方式转为多向的不确定模式。

个体在社会中的角色、位置和作用是当代的一个热点问题，其内容也是一个庞大复杂的知识体系。它关注个体在社会转型中如何立足于自身，协调内外

---

① 宏观社会结构：一种将社会结构理解为全部社会生活和历史的基础，另一种以布劳为代表，认为社会结构是社会中人们分化的社会地位所构成的多维空间。国内的宏观结构理论是将社会结构视作政治、经济、文化等组成的一个整体系统。

② 微观社会结构：以柯林斯为代表，研究具体环境中的个人的“互动”。在综合了各种定义的基础上，学者郑杭生的“社会结构”定义是指社会行动者在互动基础上形成的相对稳定的社会关系协调体系。见郑杭生，赵文龙.社会学研究中“社会结构”的涵义辨析[J].西安交通大学学报（社科版），2003（6）：50.本文中微观结构包含了个体的微观与群体的中观结构。

之间的关系，从而使个体定义自我并标示自身的特征。

在现代性的背景中，借鉴社会学、哲学等成果，本文探讨了当代中国建筑师个体与群体的角色机制与主体叙事策略的变化，从个体与主体的角度思考当代中国建筑师的现代性问题，实际上为中国建筑领域的现代性提供了一个主体的参数——现代化首先是人的现代化，即自我实现和作为主体的人的自由。

1.2 研究视角与论文框架

本文立足于探讨作为主体的建筑师介于承担社会角色与展示自我的相互较量之中，通过“认同”这一切入点探讨建筑师的能动作用和应对机制，涉及了主体与个体、角色、自我等核心概念。

1.2.1 人、语言与存在

1. 人的在场：语言的在场

人集主客体于一身，站在历史的语境当中考察具体的主体，是本文的关键所在。笛卡儿的“我思故我在”强调了人的主观能动性，开创了以思维为原则的近代哲学。到了18世纪，康德则以“三大批判”(《纯粹理性批判》、《实践理性批判》、《判断力批判》)继承并超越了笛卡儿的思想，从此近代西方哲学开始了“认识论”的转向。存在主义哲学更是将对个人与主体的概念推向了一个新的高度。它将“哲学研究的重点从本质（理性）转向‘存在’（个体）；研究的对象由物（客体）转向人（主体），或者说从理性、抽象的人转向感性、具体的人”。①

继认识论转向之后，20世纪50年代出现了另一个重要的转向——“语言学”的转向，即用语言的在场性替代了传统的形而上学的超验性。“在场”与“本体”成为现代主义思想关注的两个方面。海德格尔（Martin Heidegger）则进一步指出，人的言说乃是语言的言说，是语言自己在言说。因此，人的本体与语言融合在一起。人的在场就是语言的在场，人的中心就是语言的中心。人既“在场”又是“中心”（本体）。

2. 人之“是”：语言逻辑中的“是”

在语言中，人又如何认识自身呢？人若是一种存在，一种自然之在，是不需要证明的。但是，人自身的存在却已经成为了一个需要证明的问题——“我是谁”？

“我是谁”是人如何认识自己的问题。这句话包含了三部分的研究内容：“我”、“是”和“谁”。

“我”：“当代中国建筑师”——“概念”之“是”。

“我是谁”中的我：本文先明确研究的对象——当代中国建筑师，主要内

① 徐千里.创造与评价的人文尺度[M].北京：中国建筑工业出版社，2000：18.

容都是围绕这一对象展开的。按照一般的理解，将“当代中国建筑师”一词的表面意义拆解开来，“当代”是一个时间与历史概念，“中国”限制了空间与地域范围，“建筑师”是一种专业人士的称谓。答案似乎已经不言而喻——在这个词的表述中已经包含了回答。而事实是“当代中国建筑师”的概念已经超越了“实体”的范畴，它不仅有着时间、空间等诸多条件的限制，还是一种具有叙事特征的社会学、哲学等内涵的“人”的“表述”策略。

“是”：一种存在的状态。

“是”是一种存在——“在”。“语言是存在的‘家’，人以语言之家为家。”语言产生于人类的交往之中，而语言的内在逻辑是抽象同一性，“它是以系词‘是’和它的否定来表达的。在逻辑理性的语言交流中，语词概念和语句含义必须遵守 A 是 A，A 不是非 A 这一语言内在的制约机制，这就是逻辑的同一律和不矛盾律。”①

显然，在建筑师的“是”之中，已经隐含了“同一性”(identity)的命题，因为人存在于语言之中，②“一旦人思考地环顾存在，他便马上触到了语言，以语言规范性的一面去规定由之显露出的东西。”③语言显现了存在，人通过语言进行表达与沟通，通过人与自然、人与社会、人与自身的沟通从而确定自己的归属，寻找生存的意义，了解自己的生存状态。

1.2.2 从“同一性”到“认同”

认同(Identity)是当代文化研究的一个焦点问题，它是一个边界模糊的概念，具有多个层面的含义。

1.2.2.1 “认同”的概念

1. 认同：从逻辑到心理学概念

Identity，起源于拉丁文的 idem（即相同，the same），④它最早是哲学和逻辑的概念——哲学的“同一性”和逻辑⑤的“同一律”(Identity)。哲学的同一性原指以黑格尔为代表的日耳曼思辨传统，即存在一个先验的、统一的绝对理念，它统率一切。洛克的解释则是：我们如果把一种事物在某个时间和地点存

---

① 张志伟.是与在[M].北京：中国社会科学出版社，2001：63.

② 王成兵.当代认同危机的人学解读[M].北京：中国社会科学出版社，2004：23.

③ （德）海德格尔.诗·语言·思想[M].北京：文化艺术出版社，1991：165.

④ 英文单词“identity”源于古法语 identite 和晚期拉丁语 identitas，受晚期拉丁语 essentitas 即 essence 本质、存在的影响。它由“同一”(same)的词根 idem 构成，identity 的基本含义是：在物质、成分、特质和属性上存在的同一性质或状态；绝对或本质的同一，以及在任何场合、任何时刻一个人或事物的同一性(sameness 或 oneness)；一个人或事物是其自身而不是其他的状态或事实(James A. H. Murray，Henry Bradley，W.A. Craigie and C.T. Onions，eds. The Oxford English Dictionary[M].Vol. Ⅶ. Oxford：Clarendon Press，1989：620).见邹威华. 族裔散居语境中的“文化身份与文化认同”——以斯图亚特·霍尔为研究对象[J].南京社会科学，2007（2）：83.

⑤ 逻辑中有“三大规律”：排中律，矛盾律和同一律。语言逻辑的同一律(identity)表述为“A 是 A”。

在的情形，同其在另一种事件和地点时的情形加以比较，则我们便会形成同一性（identity）和差异性（diversity）的观念。……同一性之所以成立，就是因为我们所认为有同一性的那些观念，在现在同在以前存在时的情况完全一样，没有变化。一个事物不可能有两个存在起点，两个事物亦不能有一个起点……因此，凡具有一个发端的东西，就是同一的东西；否则即为相异的东西。①

哲学的"同一性"（Identity）到心理学"认同"概念的转向归功于美国心理学家埃里克森（E. H. Erikson）。他在《认同：青年与危机》（1968年）一书中首次谈到"认同危机"一词，他用"认同"表示"人格上的同一性"和"历史上的连续性"。据他回忆："我开始使用'认同危机'这个词语，是在第二次世界大战期间，在'犹太裔退役军人恢复诊治所'用于其特殊的临床治疗目的……当时，在我们的诊所，大部分患者被认为既不是患了'枪弹冲击症'，也不是'装病'，而是由于战争这种紧迫的危险状况使人丧失了人格的同一性和历史的连续性。"②埃里克森的"认同"是"自我认同"（ego-identity）。"自我同一性是一种重要的心理社会现象，也是一个与自我、人格的发展有密切关系的多层次、多维度的心理学概念。"③此后，"认同"一词从心理学扩展至社会学等其他领域，并在文化研究中频繁使用。科沃勒（Kovel）认为埃里克森的"自我认同"概念是20世纪系统描述人类发展的最有影响的概念之一。④

在精神分析学和文化理论中，"认同"是指主体的、自我的确证。自我不仅是有生命的个体，也是在现实生活中能动地表现自己的个体。从心理学的角度看，自我认同是"内在自我及其与社会、文化环境之间的平衡。一方面与自我发展相联系，是一个人的真实自我（个体本质存在的内在状态）、现实自我（个体存在的外在状态）和理想自我（个体存在的理想状态）一致性关系的建立，是自我内在张力的适度；另一方面又是自我与社会文化环境相互作用的适应性反应，产生经验的一致性和连续性，使个体生活在过去、现在、将来的自己无论在哪一个时间和空间都能在意识和行为的主体方面实现自我的统一。在主观上则表现为互为关联的存在感（明确我是谁和我的位置）、一致感和连续感（人格跨时空的一致性）、心理的成熟感、生活的意义感和方向感（自我导向的目标意识）；客观上保证人与社会的有效整合"。⑤

在弗洛伊德那里，"认同作用"是个体"与另一个对象产生情感联系的原

---

① （英）洛克.人类理解论（上）[M].关文运译.北京：商务印书馆，1959：302.

② 李心峰.文化"认同"的困惑[J].文艺理论与批评，2001（6）：112-113.

③ 郭金山，车文博.自我同一性与相关概念的辨析[J].心理科学，2004（5）：1266.

④ Kit Welchman. Erik Erikson：His Life，Work and Significance[M]. Philadelphia：Open University Press，2000：127-128.

⑤ 韩晓峰，车温勃.论自我同一性概念的整合[J].心理学新探，2004（2）：11.

初模式"，它有两种基本的表现形态。第一种"认同作用"表现为个体意欲"按照另一个作为模范的人的样子来塑造自我"，"认同作用"的第二种表现形式则是以某种挫折和失败为前提，当个体丧失了或者不能得到他情感投注的对象（在儿童由于同性父母的存在而不能独占异性父母）之时，他可能采取一种与丧失了的对象认同的方式，将希望得到的对象接纳在自己的自我之中，使其（包括其特点）成为自己人格中的组成部分。两种基型尽管有异，但都是个体通过与外界发生"认同作用"而使自身获得意义的方式。[①]

2. 社会学概念的认同

人从一诞生开始，其存在即是具体的现实的世界之中的存在。任何个体都处在一特定社会历史的前置背景中，必然要与社会与他人建立互动关系，个体只有通过自身形成与他人同一的整体关系，才能获得个体真实的经验，并逐步确定自己在这一文化秩序中的个体角色并凸现自己的特质，这种有效的互动的产物即是获得认同。

拉康认为自我借助于他人而诞生，自我在根本上依赖于他人。自我的意识产生于他人的承认，而另一主体——他者，他者必须是"在场"，是"沉默"的"他者"。从主体发展的历史来看，"他者"被认可的过程，是主体与之进行象征认同的过程。在这层意义上，主体不是一个实体，是一种关系，一种与他者的关系。因此，个体与他人最根本的问题是"自我"和"他者"的相互关系，也就是自我认同的问题。社会学理论将这种关系视作互动，从而将认同的问题引入到社会学领域之中。

从心理层面拓展到社会概念的认同，延续了自我的内在感，将自我的外在指向性与内在指向性结合在一起，将社会的认同与自我的认同连接为一个整体，自我获得了归属感。所谓归属，"是指一个事物经由辨别自己与其他事物的共同特征，从而知道自己的同类何在，肯定了自己的群体性"。[②]社会学概念的认同赋予个人"所在感"，赋予"个体性以稳固的核心"，[③]是自我与他者的关系的确认。

3. 认同、身份、同一性概念的区别与联系

目前，国内有关 identity 的中文译法有三种：认同、身份与同一性。一般将哲学概念中的 identity 表达为"同一性"，而对"身份"和"认同"这两种表述，则没有统一的看法。河清认为，identity 指"一个人一事物区别于他人他事的内在属性：'个性'、'己性'、'特性'、'身份'等，无论如何都与'认同'

① 李军.家的寓言[M].北京：作家出版社，1996：55-59.

② 江宜桦.自由主义、民族主义与国家认同[M].台北：扬智文化事业股份有限公司，1998：10.

③ Jeffrey Weeks. The Value of Difference[M]//Jonathan Rutherford，ed.Identity：Community，Culture，Difference. London：Lawrence & Wishart，1990：88.

风马牛不相及”，认同“是人们对外在事物表示‘认可赞同’”。[①]韩震认为，“认同，就个体指向而言，指相信自己是什么样的人或信任什么样的人，以及希望自己成为什么样的人；就共同体指向来说，指个体对不同社会组织和不同文化传统的归属感”。[②]另一种观点认为，在当下的文化研究语境中，identity 有两种内涵，一种是某一个体或群体据以确认自己在特定社会中的地位所具有的显著特征、依据或尺度，如性别、阶级、种族等，这就是“身份”作为名词的含义；另一种内涵是指某一个体或群体寻求或确证自己的文化“身份”时，所表达出的作为动词的“认同”内涵。[③]不仅词性存在差异，内容也存在差异，“身份”概念彰显个体的差异，而“认同”强调同一。[④]

“身份”也具有多种歧义，它还具有“地位”（status）的概念，英国法律史学家亨利·梅因认为，身份（status）源于古代属于家族所有的权力与特权，是对人格状态的一种限定，它标志着人处于外在关系的制约之中，或强制之下，丧失了个性和独立性。[⑤]

身份还与等级联系在一起。马克思认为生产资料的占有方式决定了身份等级。当代社会中，多种因素参与着身份的建构，如商品消费也扮演着类似的功能，“时尚意识取代了等级意识”。[⑥]而发展中国家服务业的兴起将人们普遍改造成了“消费者”，瓦解了原本的阶级关系，广告中通常将“消费”与身份联系在一起。

人们的社会身份或文化身份有着多种分类依据和尺度，如民族（nation）、族性（ethnicity）、种族（race）、阶级（class）、性别（gender）、宗教（religion）、职业（profession）、语言（language）等。本文从职业角色（professional role）这一视角来探讨认同问题。由于身份具有强烈的性别、阶级等属性，体现的是被先天赋予、被社会规约的特征。而“认同”[⑦]一词是中性的社会学概念，它的外延是身份的体现，它的内涵则是契约社会强调的平等与市场等观念的表达，更重要的是，认同强调主动地、积极地建构动态的身份变化过程。因此，

---

① 河清.文化个性与“文化认同”[J].读书，1999（9）：100-101.

② 韩震.论全球化进程中的多重文化认同[J].求是学刊，2005（5）：21.

③ 阎嘉.文学研究中的文化身份与文化认同问题[J].江西社会科学，2006（9）：62.

④ 邹威华.族裔散居语境中的“文化身份与文化认同”——以斯图亚特·霍尔为研究对象[J].南京社会科学，2007（2）：83.

⑤ （英）梅因.古代法[M].沈景一译.北京：商务印书馆，1995：97.梅因指出，人类社会“从身份（status）到契约（contract）”，即：一切进步社会的特点都是人身依附关系或身份统治关系的消失，并由日益增长的个人权利与义务的关系所取代。

⑥ John Rennie Short，Yeong-Hyun Kim.Globalization and the City[M].Pearson：Prentice Hall，1999：82.

⑦ “角色”本是戏剧中的名词，指演员扮演的剧中人物。20 世纪 20~30 年代一些学者将它引入社会学，进而发展为社会学的基本理论之一。社会学家认为个体是通过处于其对应的社会位置上的角色来实现社会的参与和运作，人们的行为总是建立在一种情境之中的角色领会和角色构造，这就是社会学的“角色”理论。

本文的“认同”超越了身份的概念，其双重含义体现了当代中国现实语境——从身份社会走向契约社会的过渡状态，突出了当代建筑师的职业特征与背景条件。

其他常见的“识别性”、“个性”等词也可以在不同的场合表达认同（identity）的中文意思。但是，认同与这些词语的区别在于“身份”、“识别性”、“个性”代表的是认同的一个结果，而认同本身是一个过程、一种关系，而不是一个实体，正如洛克的“同一性”解释中内含了时间和空间的因素，表示了一个过程，社会学又将自我和他者之间的关系加入其中，因此，不能笼统地将认同与身份、识别性、个性混为一谈。

此外，认同具有叙事性，即认同的建构需要“以叙事的方式存在着”，人类需要以叙事的方式表明自己的经历，将自己外显化（externalize ourselves），同时从他者的角度进行自我叙事。①

以个体为核心的认同有两个层面的内涵：人的自我认同和人的社会认同，人的自我认同强调人的主体性和内在的深度感，②社会认同则是个体所扮演的角色的认同。我们通常意义上所说的认同是混合意义的认同。

这种以个体为主体和中心的认同——启蒙认同是笛卡儿主体论的发展，强调作为个体的人是具有理性和行为能力的中心体。③

4. 认同的前提：共同体还是社会？

共同体是一种前现代的社会形态，人们之间以血缘和地缘为基础，通过语言、习俗、宗教信仰等联系，个体的属性从属于群体，桑德尔认为个体的身份在某种程度上是由共同体定义的，即认同是经由我们所发现（discover）的一种归属（attachment）。④因此，社会角色的获得是预先设定的，相应的认同也是共同体赋予并确认的，共同体规定了“我们是谁”；而社会是具有自主性的个体的联合体，个体具有独立性。个体的自我意识导致了个体与共同体的分离，主体性原则是自我确证的根本点。自我是可以自由选择的，排除了历史和传统在自我构成中的重要性。⑤这种原子式的个人自足的认同，与共同体的“归属”截然相反。对此，查尔斯·泰勒提出了第三种观点，他认为：“既然自由个体只能在一定社会或文化内才能保持他的认同，因而这一个体必须被视为与这一整体的社会相关联。……不能仅仅关注个体的选择以及从这种选择中所建立起来的联合体，而忽视该选择赖以存在的母体。在这一母体中，该选择既可能是

---

① 吴玉军.非确定性与现代人的生存[D].北京：北京师范大学哲学与社会学学院，2005：54.

② 王成兵.当代认同危机的人学解读[M].北京：中国社会科学出版社，2004：16.

③ 陶家俊.身份认同导论[J].外国文学，2004（2）：37.

④ Michael Sandel.Liberalism and the Limits of Justice [M].Cambridge：Cambridge University Press，1982：150.

⑤ 吴玉军.非确定性与现代人的生存[D].北京：北京师范大学哲学与社会学学院，2005：60-61.

开放的，也可能是封闭的；既可能是丰富的，也可能是稀缺的。”“我们生活于其中的实践或习俗对于实现我们作为自由个体的认同，是一个至关重要的因素。”①

显然，泰勒认为认同的基础是共同体与社会的结合，这种认同“是由提供框架或视界的承诺和身份规定的，在这种框架和视野内我能够尝试在不同的情况下决定什么是好的或有价值的，或者什么应当做，或者我应当赞同或反对什么”。②认同因而成为了个体与社会、国家（民族）三者之间的某种有效的联系纽带。

5. 当代中国建筑师的（民族）身份、职业角色与认同问题

在这个多元化的社会中，当代人的认同已经从单一的身份转向多元的混杂身份，从稳定的、固定的身份向多变的、流动的身份转向，具体表现为决定公民身份的政治身份权重不断降低，而诸如社会性别、性、宗教、种族等身份的权重不断加大，同时，身份最重要的决定者——民族政府（nation-state）的影响不断减弱。

分析当代中国建筑师的认同问题不能脱离具体的政治、经济、文化等环境，自从20世纪40年代开始，大部分亚洲国家逐步获得了政治上的独立。国家的政治独立性的获得首先赋予建筑师以“民族”身份，而且，民族身份成为了建筑师的首要身份。建国后相当长一段时间内，处于“单位”制度中的中国建筑师的创作思想中所反映的社会现实正是建立在此基础上的。1992年以后，中国的社会结构发生了巨大的变化，建筑师的社会关系“网络”更加复杂，“民族”身份之外，建筑师获得了独立的职业形象——职业建筑师，建筑师的角色也发生了变化。不仅国家与社会的关系得到了调整，建筑师个体也获得了一定程度的自由，因此，当代中国建筑师处于个体、国家、社会三者之间的层层网络之中。本文关于建筑师的认同主要是基于职业（profession）之上的身份认同研究，因此，本文所确立的建筑师的职业角色的认同并没有完全否定建筑师的政治身份，而是在此基础上，分析建筑师所处的更加复杂的语境和多重空间，建构一个建筑师职业角色认同的多元化视角。

本文中的“认同”既指社会学意义上的“角色”或者“身份”认同，也指哲学意义上的主体（或自我）身份认同，“身份”是一个广义的概念，不仅包括建筑师所从事的活动中各个物质方面的要素，也包括建筑作品所表现的意义中各种想象性的要素，甚至还包括“建筑师”这个词义中所包含的象征性成分。

---

① Charles Taylor. Atomism[M]//shlomo Avener de-Shalit.Communitarianism and Individulism. Oxford：Oxford University Press，1999：47.

② （加）查尔斯·泰勒.自我的根源：现代认同的形成[M].韩震等译.南京：译林出版社，2001：37.

在本文中，当代中国建筑师的认同具有三层含义。首先，它指向社会学意义上的“身份”或者角色，是指角色在社会环境中得到确认、设定和归属；其次，它指向哲学意义上的主体，即建筑师自我认同的获得，强调建筑师的主体性和人格的完善；再次，认同指向建筑作品，建筑作品作为符号的认同，是建筑师自我意识的表达和场所归属。归纳起来，本文的认同是建筑师个体和群体的自我确认、人格的完善、角色统一与场所归属。

1.2.2.2 “危机”的概念

1. “危机”的概念

危机的英文概念是“crisis”，韦氏词典中将其解释为事件处于一个不稳定且非常重要的时刻或状态。Crisis 源于希腊语的 Krinein，指游离于生死之间的状态。在英语、德语等西方国家的社会科学、医学、美学等学科中，Crisis 一词被频繁使用，社会科学中被称为“危机”，医学中被称为“危象”、“危险期”，美学中被称为“转折点”。社会科学中的“危机”概念“通过 18 世纪历史哲学，进入到 19 世纪的社会进化学说中”。[①]

2. 危机与认同

危机的中文意义包含两个层面的概念：危险和机遇。危机一词“不仅仅作为断裂，或多或少更是一种持续的事态，它有特定的用途。它同样也侵入自我认同和个人情感的核心中去”。[②]危机之后获得的新的认同感是重新发现自己的过程，“而这个过程是现代性的社会境况强加在我们所有人身上的”。[③]

“认同只有在处于危机时才成为一个问题，因为这种情况下，怀疑和非确定性的体验取代了原本被认为是固定的、相互关联的稳定体验。”[④]这种不确定性的体验表现为“焦虑”，“焦虑是一种状态，在这种状态中，一个存在者能够意识到它自己可能有的非存在”。[⑤]

危机与焦虑中包含了事物获得新的发展的可能，认同是一个过程，而非实体的概念，可以说，人们对危机的认识决定了认同的发展方向。

1.2.2.3 认同与现代性

对认同的起源可以追溯到西方现代性的产生，因此对现代性的定义的了解可以促进我们更进一步地分析丧失认同的个体在现代社会中引发的矛盾。

现代性：对个体的强调

---

① 陈学明.哈贝马斯“晚期资本主义”论述评[M].重庆：重庆出版社，1993：9.

② （英）安东尼·吉登斯.现代性与自我认同[M].赵旭东，方文译.北京：生活·读书·新知三联书店，1998：13.

③ （英）安东尼·吉登斯.现代性与自我认同[M].赵旭东，方文译.北京：生活·读书·新知三联书店，1998：13.

④ 转引自：John Rennie Short，Yeong-Hyun Kim.Globalization and the City[M]. Pearson：Prentice Hall，1999：81.

⑤ （美）保罗·蒂利希.存在的勇气[M].成穷，王作虹译.贵阳：贵州人民出版社，1998：24.

现代性（modernity）主要是一个哲学范畴，从哲学的高度审视文明变迁的结果，着眼于传统与现代的对比，抽象出现代化过程的本质特征。而现代（modern）是一个时间概念。现代化（modernization）则主要是一个在经济学与社会学层面上谈论的范畴，表明社会从农业文明进入工业文明，以及在这一过程中生产力、生产方式、经济增长、社会发展等各方面较之传统农业社会发生的变化。[①]它也是一种文化现象，它“质疑所有的传统行为方式，用自己的建立在科学、经济增长、民主或法制上的权威取代了传统权威。它使个体无所适从：如果身份在传统社会是赐予的话，那么它在现代性中是建构的”。[②]传统社会中，身份是血缘、家族、性别、社会地位的标志，而且总是相对固定的。在风险与机遇并存的当代社会，身份的意义在于确认自己的归属，情感的归属：我们是谁？我们身处何处？我们要去往何处？

18 世纪的启蒙运动通常被视为现代性的开端。“启蒙运动就是人类脱离自己加之于自己的不成熟状态。不成熟状态就是不经别人引导，就对运用自己的理智无能为力。当其原因不在于缺乏理智，而在于不经别人的引导就缺乏勇气与决心去加以运用时，那么这种不成熟状态就是自己加之于自己的了。Sapere aude！要有勇气运用你自己的理智！这就是启蒙运动的口号。”[③]

我们可以把启蒙运动所表达的现代性概括为：相信主体的力量，力求建立对世界的内在的理性的解释，使所有生活领域变成一个自在的有机组织。启蒙精神推崇的理念是个人主义与主体主义，合理化和工具理性是其基本表现，人们期望能够建立一种体现理性和社会进步的、公正平等的社会秩序。[④]

可以看出，现代性凸现了个体的主体性和主体体验，而现代化的目标是使人作为个体和共同体在社会和思想层面上实现自由。认同的意义和重要性在于对个体的承认，而个体是处在自然、社会与自我之间的包围中，是个体与自然、个体与他人、个体与自我之间关系的互动与协调。

当个体的认同上升为集体和社会意义时，它体现的是民族精神，或者说是社会的精神气质（ethos）。这是一种思想与感觉、行为与举止的方式，它标志着一种归属感。这种民族精神可以理解为尼采所说的“上帝”——每个民族自认为的真正的上帝。在尼采看来，如果各民族的上帝都开始趋向一致，失去自己的特性，那么这些上帝就会消亡，这些民族也就会消亡。一个民族如果放弃了自己的特质，也就是放弃了这个民族的生存权。

1.2.3 相关文献综述

以“自我”为核心的认同问题涉及了社会学、哲学和建筑学等多个领域的

---

① 陈嘉明.“现代性”与“现代化”[J].厦门大学学报，2003（5）：14.

② （加）大卫·莱昂（David Lyon）.后现代性[M].郭为桂译.长春：吉林人民出版社，2004：37-38.

③ （德）康德.历史理性批判文集[M].何兆武译.北京：商务印书馆，1990：22.

④ 邢荣.现代性的内在矛盾[J].哲学动态，2002（5）：7.

内容。本文的认同问题的内容是立足于人——中国建筑师的个体与群体在当代社会中的社会角色（社会学领域）的研究，从一个侧面反映建筑学领域的现代性的主体[①]的内涵（哲学领域）。

1.2.3.1　互动论中的角色与自我

人在社会中总是扮演一定的角色，人与语言也就成为了角色的扮演者——演员与背景。在常态的社会文化中，角色总是无法脱离具体的语境，受到语境的限制并为语境所制约。个体之间通过角色领会进行互动，这种有效的互动创造、维持甚至可以变革社会结构。这就是社会学的"互动论"，它产生于20世纪初，是一项着力于研究人际互动的社会微观取向的研究理论。

互动论的形成受到了行为主义、实用主义和进化论的影响，行为主义者如沃森（John B. Watson）认为刺激强化引导行动，杜威（John Dewey，1859~1952）等实用主义学派则认为人类可以应对周围的现实环境，并且通过相应的行为模式获得满足感。达尔文的进化论则强调了适者生存的原理。米德（George Herbert Mead，芝加哥大学哲学家）综合了这些相关概念，将其组成一个完整的理论体系。米德的理论基于两个基本假设："① 人类机体生理的弱点迫使他们与群体中的他人进行协作，谋求生存；② 人类机体内和机体之间的那些有利于合作、从而有利于生存或适应的行动将会被保存下来。"[②]互动论的核心是个体、自我、角色等概念。

1. 个体与自我

"自我"（self）是互动论中一个关键性的概念，自我是指个体将自身当作客体看待的一个过程，它的前提是群体存在基础上的个体与群体的互动。自我"并不是某种先存在，然后再与其他人形成关系的东西"。"它是一个过程，个体在这个过程中持续不断地事先针对他所从属的情境调整自己，并且回过头来对它作出反应。"[③]互动论中的自我强调了两个层面的内容：一是"自我概念——人们关于自身的相对稳定持久的概念——的发生"以及"获取自我想象——自我在社会场景中作为客体出现的图景——的能力"。[④]"只有当社会过程作为一个整体进入了参与这种过程的任何一个既定个体的经验，或者说在这种经验中呈现出来时"，[⑤]个体才成为具有自我意识认知现象的个体，从而能够借助其社会关系成为自我的对象。

米德特别强调"社会过程在时间上和逻辑上都先于从它当中产生的、具有

---

① 主体的核心意义是理性和自由，个体的核心意义是独立。两者既有联系，又有区别。古典意义上的自由要求个体对集体和整体的服从，个体处于从属地位；现代生活则要求个体自足地创造全部生活。

② （美）Jonathan H. Turner.社会学理论的结构[M].邱泽奇等译.北京：华夏出版社，2001：5.

③ （美）乔治·赫伯特·米德.心灵、自我与社会[M].霍桂桓译.北京：华夏出版社，1999：197.

④ （美）Jonathan H. Turner.社会学理论的结构[M].邱泽奇等译.北京：华夏出版社，2001：24.

⑤ （美）乔治·赫伯特·米德.心灵、自我与社会[M].霍桂桓译.北京：华夏出版社，1999：145.

自我意识的个体而存在”。[①]

2. 自我与角色

角色是联系个体与社会结构的一个关键概念。个体通过承担身份地位和角色行为的职责从而与社会结构相结合。社会学家认为个体是通过处于其对应的社会位置上的角色来实现社会的参与和运作的，人们的行为总是建立在一种情境之中的角色领会和角色构造，这就是社会学的“角色”理论。社会角色是指与人们的某种社会地位、身份相一致的一整套权利、义务的规范与行为模式，它是人们对具有特定身份的人的行为期望，它构成社会群体或组织的基础。具体说来，它包括以下四方面含义：① 角色是社会地位的外在表现；② 角色是人们的一整套权利、义务的规范和行为模式；③ 角色是人们对于处在特定地位上的人们行为的期待；④ 角色是社会群体或社会组织的基础。

在社会中，角色不是孤立存在的，而是与其他角色联系在一起的。任何一个人都不可能仅仅承担某一种社会角色，而总是承担着多种社会角色，人们通过各种社会角色相联系。

角色的领会和构造展现了人们在生活中充当的身份，即人们把角色行为看作是身份的表达方式。特纳（Ralph H. Turner）认为角色是建构的，人们通常在三种意义上建构角色：“① 他们通常面临着一个松散的文化结构，在这里，他们必须建构一个角色以扮演之。② 他们假定他人也在进行角色扮演，所以努力建构隐藏在一个人行为背后的角色。③ 在所有的社会情境中，人们都试图寻求为自己建构一个角色，主要是通过向他人发出暗示，确认某一角色来实现”。[②]

帕克（Robert Park）认为“角色与社会的结构位置相联系，而自我则与社会结构位置规制下的角色扮演联系紧密”。[③]人类学家林顿（Ralph Linton）也区分了角色、地位、个体之间的差异：“地位不同于可以占据它的个体，它只不过是权利与义务的集合……角色体现了地位动态的一面。个体被社会性地置于某一地位，并通过与其他地位的关系实现对它的占据。当他运营构成地位的权利与义务的时候，他就是在扮演角色”。[④]

角色之间是否冲突、角色与自我概念的是否一致都决定了互动的效果，即互动的实现有赖于行为的一致性。而“互动总是一个暂时性过程，一个不断地验证某人对他人角色的看法的过程”。[⑤]

---

① （美）乔治·赫伯特·米德.心灵、自我与社会[M].霍桂桓译.北京：华夏出版社，1999：202.

② （美）Jonathan H. Turner.社会学理论的结构[M].邱泽奇等译.北京：华夏出版社，2001：50.

③ （美）Jonathan H. Turner.社会学理论的结构[M].邱泽奇等译.北京：华夏出版社，2001：9.

④ Ralph Linton. The Study of Man[M]. New York：Appleton-Century-Crofts，1936：28.

⑤ Erving Goffman. Encounters：Two Studies in the Sociology of Interaction[M].Indianapolis：Bobbs-Merrill，1961：81.

1.2.3.2 其他认同的理论

尽管人们普遍接受了认同的概念，但却始终无法给“认同”一个公认确切的定义。“‘认同’在当代社会科学和人文科学中的使用范围极为广泛，也使人迷惑不解。它可以被用于一个人、一个地方，一个国家甚至这个世界。它能够被用于无生命的东西上……在某些用法中，‘认同’是‘人格’和‘自我性’（selfhood）这些术语的继承者；在其他的用法中，它又被视为一种文化、一个国家甚至一个社会的质”。①

1. 国外的认同理论

西方国家对认同问题的关注已经形成了较为丰硕的成果，而处于弱势的东方的认同问题受到政治因素的影响，都不可避免地带上了民族主义的色彩，尽管不同的学科和专业在各自的领域开展了对认同的研究，但是作为一个跨学科的综合性研究课题，仍然缺少对当代认同的总体性理解和把握。②总体说来，西方对认同问题的研究主要集中在表 1－1 所示的几个方面。

国外认同理论的相关研究③　　表 1－1

认同问题的研究方向	代表人物	主要理论	备注
1. 科学主义和经验主义的方法和态度	英国近代经验论哲学家洛克——《人类理解论》和休谟——《人性论》	洛克的同一性指实体的同一性、植物的同一性、动物的同一性和人的同一性。其中同一的人是同一的连续的身体和同一的非物质的精神的组合，尤以人格的同一性为核心。洛克的认同实际是人格的认同 休谟对洛克的自我观（被构想为穿越时间的连续的认同的东西）进行了不可知论的改造。他认为自我是偶然的结合。 休谟的认同将记忆视为人格同一性的来源，并将自我同一性扩展到记忆之外	洛克和休谟对人的认同的实证性研究过于强调个体，方法简单化，忽视了认同问题的社会属性
2. 行为主义方法	乔治•赫伯特•米德——《心灵、自我与社会》	将自我置于社会关系的大背景中，通过人的社会行为来反映自我。 自我从本质上说是一种社会结构。 自我的实现是社会性的自我，体现了一种与他人之间相互影响的双向的关系	社会重建和自我重建或者人格重建是同一个过程
3. 现代历史叙述方法	查尔斯•泰勒——《自我的根源：现代认同的形成》	通过对起源的追溯来把握认同的丰富性和复杂性，突出了当代认同的深度感和自我的厚重感	演化历程回避了对现实问题的解决

① Joseph E. Davis, ed. Identity and Social Change[M]. New Brunswick: Transactions Publishers, 2000: 53-54.

② 王成兵.当代认同危机的人学解读[M].北京：中国社会科学出版社，2004：7.

③ 根据以下资料整理：王成兵.当代认同危机的人学解读[M].北京：中国社会科学出版社，2004：95-119.

续表

认同问题的研究方向	代表人物	主要理论	备注
4. 解构主义的方法	德里达、福柯和罗蒂	认同是被"解构"而非"建构",是在话语中并通过话语建构出来的，当代认同具有多样性、流动性和易质性的特质。 对"差异"和"他者"的强调使得主体的"自我"是"非中心化"的。反对僵化的和程式化的认同	过分强调认同的不确定性的特质,忽略了当代认同的稳定与一致的方面。"认同政治和后现代主义往往把认同从其扎根于其中的社会过程抽离出来",否定了人的内在交流和对话能力
5. 心理分析和社会心理学的研究方法	弗洛伊德和拉康	弗洛伊德认为人格结构由三个层次构成：本我（id）、自我（ego）和超我（superego）。本我是人的无意识的本能欲望；自我是精神人格的理性部分，是"现实化了的本能"；自我是调节超我与本我关系的"中间人"；超我是道德化、社会化和理想化的自我。人的精神活动是本我、自我、超我的相互统一	现实的人既是本能的人,又是理智的人，也是社会的人，是本我、自我、超我三者合为一体。 突出了人的本性问题和本能问题
		拉康于 1953 年提出了"三阶段"论：象征界（the symbolic）、想象界（the imaginary）和实在界（the real）	
6. 现象学的方法	胡塞尔	胡塞尔将自我分为经验的自我和先验的自我（纯粹的自我），他认为，如果在对世界和属于世界的经验主体实行了现象学还原之后留下了作为排除作用之剩余的纯粹自我（而且对每一体验流来说都有本质上的不同的自我），那么在该处就呈现出一种独特的——非被构成的超越性……虽然在很多研究中与纯粹自我相关的问题可能仍然被悬置不问	就直接的、可证明论断的本质特性及其与纯粹意识被共同给予而言,我们将把纯粹自我当作一种现象学材料,而排除了一切超出此界线的与自我相关的理论

近年来国内有关认同问题的探讨主要是遵循以上方法，结合学科方向进行的具体研究，如文学和社会学两个学科当中，较多地涉及认同的问题，具体表现为马克思主义人学研究的方法、民族或种族认同、宗教认同、性别认同、文化认同、意识形态认同以及其他认同。

2. 国内建筑领域的相关理论研究

认同问题在建筑领域近年来也备受关注，全球化与地域化的"二元对立"模式给当代中国建筑的发展带来了巨大的挑战。文化，作为发展的一种战略，迫使建筑的存在价值以意义为重。认同，也就是“自我”（self）[①]的认同，其本质也是存在的价值的认同。当今中国建筑界面临的是一种自反性的发展和自反性的现代化，当代中国建筑师处于欣喜与焦虑、动力和压力并存的状态之中。这种矛盾的心理与社会机制的影响密不可分，社会存在的不合理因素给建筑师施加了巨大的压力。建筑，已经突破了艺术的界限，在社会学转向的今天显示了多重的意义和价值，使得建筑师在社会或国际交往中迫切需要获得认同。

归纳起来国内建筑领域的认同问题主要有以下几个相关的研究方向：

（1）建筑理论的研究方向：郑时龄先生的《建筑批评学》、《建筑理性论：建筑的价值体系与符号体系》等著述首次在国内创建了建筑批评的理论体系，在《建筑批评学》一书中，专辟一章介绍“建筑批评的主体论”。徐千里先生的《创造与评价的人文尺度：中国当代建筑文化分析与批判》、《面对生活世界思考：当代建筑批评的观念、视野与思维向度》（博士后出站报告）从文化分析的角度，对建筑的本体（人本体和建筑作品本体）的价值进行探讨，强调人文精神是建筑创作的基本出发点。吴良镛先生的《广义建筑学》对建筑师的责任、建筑教育等方面进行了概括性的总结。其他一些针对当前的热点话题——现代性的研究中，也涉及主体的内容，如谢岗先生的《建筑现代性批判》、支文军先生的《体验建筑：建筑批评与作品分析》一书也是从人的角度——专注于人的体验来品评建筑空间。

（2）建筑设计与城市社会学的研究方向：李翔宁博士的论文《想象与真实：当代城市研究中价值视角的分析》从四个不同的层面来阐述城市的概念：人工建造的实体、时间和空间的集合体、“市场”模型、人的集合体。在社会集合体的城市中，他提到了亚洲城市的现代身份认同。他的论文中对认同的理解主要是基于社会学中的差异（如身体、性别）。杨宁的博士论文——《后工业时代建筑师角色内容的转向》以后工业时代为背景，从社会经济、技术、文化三个角度阐述了建筑师在不同层面的角色和内容的变化。谭峥的硕士论文——《数字化时代建筑师职能的演进与深化》和祁涛的硕士论文——《数码时代的建筑空间研究：数码、空间及建筑师》分析了数字化工具给建筑师的设计过程带来的影响。杨宁、谭峥与祁涛的研究都是针对时代背景的变化，从建筑设计的角度探讨建筑师具体工作内容的变化。概括地说，建筑设计方向有关“Identity”的研究主要是从建筑作品的个性角度阐述建筑的地域特征。

（3）建筑师个体或个案的研究。这一类研究主要涉及建筑师的作品及其主要思想，如：鲁艳霞的《上海当代优秀年轻建筑师研究》以上海五位年轻建

---

① Self一词可译为“自我”、“自己”、“自身”。本文中的自我是指self，而非ego（弗洛伊德的概念），当自我表达为ego概念时，本文则另注明。

筑师（马清运、任力之、章明、柳亦春、俞挺）为研究对象，分析了他们的代表作品及主要设计思想。

（4）建筑历史方面的研究。如邹德侬先生的《中国现代建筑史》中讨论了建筑师的“群体”的特征以及产生的历史背景。李海清的《中国建筑的现代转型》也从建筑经典理论、建筑观念的演变角度探讨了建筑技术、制度方面的变化。

（5）媒体之间的交流。中西建筑跨文化交流的活动也日益增多，在建筑师之间架起了一道沟通的桥梁。学术讲座或者国际会议都涉及相关的内容。例如 1999 年第 20 界世界建筑师大会在北京召开，大会所涉及的主要议题包括了建筑师的职业制度问题；上海的《时代建筑》在 2006 年第 5 期上专辟“对话”的主题，邀请朱剑飞、朱涛、冯仕达等学者参与主题讨论。

2006 年北京召开了国际研讨会“现代化与地域性——重塑城市识别性”。[①]会议主要从五个层面探讨“识别性”（Identity）的问题：区域性的规划和发展，国际主义与地域主义之间的建筑设计，关于景观与生态设计，关于城市的可持续发展技术，历史保护和现代化。

不能忽略的一点是，哲学、社会学、文学等领域内，有关女性主义、同性恋、社会边缘人等个案的研究，以及其他艺术领域，诸如文学创作、电影绘画等方面有关认同的研究报告层出不穷。这些政治认同、性别认同、意识形态的具体研究领域为建筑学的研究敞开了新的视角。在国内建筑领域，尽管出现了女性主义的理论研究（女性空间），但目前尚无从主体意识的角度阐释建筑师面临的困境的相关研究。本研究批判性地运用国外其他学科（心理学、哲学、社会学、文学等学科）的研究成果来分析中国建筑师的具体现象，指出中国建筑师存在认同危机的根源所在，并对作为解决这一问题的方式之一——对话身份的实现提出了独特的见解。

1.2.4 研究方法与论文框架

建筑师的认同问题是研究建筑师的“存在”状态的问题，这是一个复杂的综合的问题，论文的目标并不是建立一个总体的框架，而是从社会学、哲学、语言学等角度阐释存在的现实性和意义，以知性的态度进行判断、区分与决定，以批评的姿态感知危机的存在，这也构成了本文作为建筑评论的起点。

本文是以文化研究的视野来阐释和分析建筑师以及作品的存在价值与意义问题的，而不是建构一套新的理论体系去重塑建筑师与作品的功能。论文所涉及的几个方面始终是建筑学所关注的现实和热点问题。以当前建筑师的边缘

---

① 2006 年 10 月 18~20 号在北京召开，由代尔夫特工业大学、清华大学和台湾大学组织，国际城市论坛（IFoU）策划与筹备。

化与自我认同感丧失这一现象作为研究的出发点，引出“认同”的概念，从建筑师的角色认同、自我认同和作品认同三个层面阐释当代中国建筑师的认同危机，指出当代中国建筑师亟待建构对话的主体身份。文章主要借鉴其他学科领域的研究成果，采用学科交叉的方法研究建筑学领域内的问题，从心理学、哲学和社会学的角度对当下建筑师的生存状态进行深入的剖析，是涉及建筑领域现代性建构的深层思索。

1.2.4.1　研究方法：文化研究的视野

建筑学发展的不确定性以及复杂性为建筑学研究方法的多样性提供了可能，建筑学的问题已经不单纯是建筑的问题，它已经超越了学科的范围，可以说建筑学的研究需要一种具有强烈的现实性的研究方法。文化研究，在当代的社会背景中是一种值得借鉴的方法。文化研究是到社会关系、社会交往和文化政治当中去寻找意义的根源，探求个体的“主体”身份是如何由社会构建而成的。

1. 文化研究的概况

20 世纪 60 年代法国结构主义文化思潮揭开了文化研究的序幕，1964 年左翼批评家理查德·霍加特（Richard Hoggart）[①]在英国伯明翰大学成立的当代文化研究中心（Centre for Contemporary Cultural Studies）标志着当代文化研究的转向——将日常生活作为分析对象进行社会批判。雷蒙·威廉斯（Raymond Williams）认为文化研究“最好理解为一种探讨普遍社会问题的特殊途径”。[②]1969 年斯图亚特·霍尔（Stuart Hall）接任中心主任职位，吸纳了新马克思主义、精神分析、女权主义、结构主义和符号学等理论，使文化研究集各种学科之大全：哲学、社会学、文学等等，范围涉及民族主义、后殖民主义、性别政治、美学、全球化与大众文化等诸多领域的内容。

文化研究实际上是一个宽泛的跨学科的边缘性研究，尽管它目前已经走向了中心的地位。这种广义的研究方法来源于“文化”一词的复杂性和不确定性。

“文化”（culture）究竟是什么？至今没有一个统一的“文化”的定义。文化的拉丁词根“cultura”是“培育”（Pflege）的意思，是培育某种已经存在的客体。英文《韦伯斯特大辞典》中“culture”的本义是农业的耕种、养殖，引申为智慧的启蒙和审美的训练，进一步表示人的社会行为和精神生产。在此基础上，威廉斯梳理了“文化”这一概念的发展过程和现代用法，指出文化具有三种相对独立的意义：“艺术及艺术活动（文化意义之一）；习得的、首先是一

---

① 该中心目前的名称为“文化与社会学研究中心”，主要由社会学家组成：霍尔（S. Hall）、莫勒（D. Morley）、霍布森（D. Hobson）、威利斯（P. Willis）、海蒂兹（D. Hebdige）和麦克洛比（A. McRobbie）。

② 转引自：（美）弗雷德里克·詹姆逊.快感：文化与政治[M].王逢振等译.北京：中国社会科学出版社，1998：402.

种特殊生活方式的符号的特质（文化意义之二）；作为发展过程的文化（文化意义之三）”。[①]显然，文化本身是一个多层面的动态的体系。

文化既可以是社会结构意义上的文化，也可以理解为个体行为层面上的文化。各种关于“文化”的定义归结为一点，都是基于人学的研究，“人学”是一个宽泛的科学概念，它的研究领域紧紧围绕“人”这一课题。自古人类对自身的研究从未停止过，从苏格拉底的“认识你自己”这一哲学使命开始，人类一直在研究自我的问题。20世纪的人学研究已经从哲学领域扩展到心理学、社会学等多角度的综合性研究。文化研究也是一种综合研究人类自身的方法，是“视界融合”[②]的过程。文化研究实际上是以文化的视野来研究人的问题，研究人的存在与价值。人的生活方式是“文化场”中各种合力共同作用的结果，以伯格（Berger）和卢克曼（Luckmann）等社会学家的观点来解释：“人类关于世界的知识是社会地建构的，也就是说，我们是通过我们的社会处境及我们同他人的相互作用来理解我们的世界的。”[③]

文化研究探求的是个体“主体性”是如何由社会构建而成的；它不是到个体的理性或主体性当中，而是到社会关系、社会交往和文化政治当中去寻找意义的根源。因此必然触及建构个体主体性的公共文化体系和政治体制问题。研究个体和研究主体都是复杂的社会过程的结果，这也是文化研究革命性的意义所在。

文化研究并不是直接从英国进入中国的，戴锦华认为它遵循了一条东进的路线：英国（伯明翰学派，对工人阶级文化的再度发现）—美国（作为跨学科、准学科的文化研究，多元文化论，后殖民理论及其表意实践，关于公共空间的讨论及其族裔研究，性别研究）—亚太地区的文化研究实践（中国）。[④]这一点可以证明文化研究具有较强的适应性。

2. 当代中国文化研究的可行性与背景分析

文化研究与西方的“大众文化”[⑤]紧密相连，文化研究出现的语境是二战以后资本主义社会的“大众消费社会”这一新趋向。其主要研究对象是大众文

---

① （英）阿雷恩·鲍尔德温，布莱恩·朗赫斯特等.文化研究导论[M].陶东风等译.北京：高等教育出版社，2004：4.

② “视界融合”是伽达莫尔（H. G. Gadamer，1900~2002）的解释学术语，指解释者在理解中扩大自己的视域，与别的视界融合在一起。

③ （英）阿雷恩·鲍尔德温，布莱恩·朗赫斯特等.文化研究导论[M].陶东风等译.北京：高等教育出版社，2004：10.

④ 戴锦华.隐形书写：90年代中国文化研究[M].南京：江苏人民出版社，1999.

⑤ 西方的大众文化有两种名称，一种是mass culture，另一种是popular culture。所谓mass，是指乌合之众，是下层民众、苦力、流民等的总称，popular 则是流行的、通俗的意思。因此，mass culture 对应的是下层民众的低级的、粗鄙的、混杂的文化；popular culture 则代表大多数人所接受、认可并得到广泛传播的文化，也称通俗文化。

化与相关的大众日常生活，而非研究传统的精英文化。国内有学者认为大众文化是工业文明之中的文化形态，它以大众传播媒介为手段，按照市场规律运作，旨在使大量普通市民获得感性愉悦的日常文化形态。它是社会都市化的产物。[①]它既是一种文化形式，也是一种经济形式，更是一种日常生活方式。

1）中国大众文化的出现

“大众”是一个具体语境中的概念，在中国的不同历史时期“大众”的含义也各不相同。中国的“大众”概念的演变历程也正是中国的社会阶层关系演变过程的缩影。20 世纪 40~50 年代的大众是指具有阶级概念的“占全人口百分之九十以上的人民”，包括“工人、农民、兵士和城市小资产阶级”。[②]大众的主体是被压迫的贫民，它的人员组成的中心位于农村。这种状态一直维持到 20 世纪 70 年代。20 世纪 80 年代，新启蒙运动的出现意味着大众的组成发生了改变，它的人口重心在悄悄地向城市转移。20 世纪 90 年代的大众已经成为“市场的消费者”的代名词了，代表了都市中的大部分市民，基本上将“农民”排斥在外。

大众文化的表现形式为流行文化，中国的大众文化出现得较晚，受政治体制的影响，直到 20 世纪 70 年代末到 80 年代初期，以港台流行歌曲、通俗文学为先导的大众文化开始出现。20 世纪 80 年代中国虽然出现了大众文化——流行文化，但它还不是中国社会的主流文化，社会还是以精英文化[③]为主导地位。大众文化的真正崛起是在 20 世纪 90 年代，基本上与中国由计划经济向市场经济转型同步。进入 21 世纪，大众文化进入一个新的发展时期，这就是“超女”[④]时代的来临，意味着反偶像的平民化时代的出现。[⑤]而网络名人诸如“芙蓉姐姐”等现象的出现在颠覆了传统的审美观的同时，颠覆了人们的是非观念，凸现了媒体的力量。

我国在 20 世纪 80 年代兴起过“文化热”，如社会主义人道主义、自由主义和新儒家等，它们实际上并不是真正意义上的文化研究，因为它们并没有统一的思想立场，只是思想解放和新启蒙运动的一部分，是为中国的市场经济作知识准备的——“补资本主义的课”。[⑥]其共同的特征是坚持传统与现代的二分法，肯定现代性的普遍性。受其影响，中国 20 世纪 80 年代的“建筑文化热”，

---

① 王一川.当代大众文化与中国大众文化学[J].艺术广角，2001（2）：5.

② 毛泽东.在延安文艺座谈会上的讲话[M]//毛泽东选集（第三卷）.北京：人民出版社，2003：855.

③ 中国的精英文化是一个边界模糊的不明确的概念，它指处于社会文化中心位置的文化形式，既指代以“精英”自居的人文知识分子，也指以权力控制方式存在的主流文化层，或者是两者的总称，有时也称“高雅文化”（其对立面是 mass culture）、“主流文化”（其对立面是 popular culture）。

④ “超女”一词源自 2004 年由湖南卫视主办的“超级女声”选秀大赛。

⑤ 对于这一问题，国内学者有不同的见解，面对“超女民主”的神话，许纪霖先生认为这是“一种民粹式民主”，而“民粹式民主正是权力意志的最好掩护”。见许纪霖.戳穿“超女民主”的神话[M]//回归公共空间.南京：江苏人民出版社，2006：182.

⑥ 佚名.失控与无名的文化现实[J].天涯，2000（1）：143.

也主要是对传统与现代、形式与内容方面的探讨。①

因此，尽管“当代”的时间跨度比较长，但本文基于文化视野中的当代中国建筑批评研究在时间上是从中国大众文化的兴起开始的，是以 1992 年至今中国大陆建筑界的发展状况作为本文的研究范围的。

2）城市化的进程

文化研究是以工业化为背景的，工业化与城市化又是紧密相连的，西方社会在 20 世纪上半叶已经基本完成了城市化的进程。当前我国的城市化进程具有两个显著特征：单向性和不平衡性。

单向性表现为城市不断扩张带来的人口由农村向城市的近乎单向的流动；不平衡性则主要体现在地域方面，既有城乡的差别，也有东部与西部的差别。中国城市化进程中的几个主要区域在环渤海、长江三角洲、珠江三角洲地区，分别以北京、上海、广州、深圳为代表的几个大城市。广大的西部城市相对于这些处于金字塔塔尖的城市来说，也只是另一种具有宽泛意义的“乡村”。

因此，将文化研究的都市性置于中国的语境中，实际上进一步缩小了本文的研究范围——仅限于经济发展水平较高的城市空间中的建筑现象的研究，排斥了广大农村。这种文化研究的不平衡性也为当代中国的建筑文化研究的片面性埋下了隐患。

在文化态度方面，文化研究本身也具有一种矛盾性。以阿诺德、利维斯为代表的保守主义对大众文化持有一种敌视的态度，而伯明翰学派却反对精英文化而对大众文化流露出支持的立场。因此，在中国的具体问题中要时刻注意到文化研究这种内在的不统一性，它表现为作为知识分子的建筑师与大众文化之间若即若离的联系，知识分子一方面希望摆脱并批判大众文化但另一方面又渴望并且需要得到大众文化的支持。

3. 当代文化研究与中国建筑学的发展

1）大众文化与当代中国城市建筑

流行（fashion），一个熟悉的词汇，更多的是与时装联系在一起的。当艺术走向大众化的道路时，建筑也不可避免地与流行走到了一起。“流行是社会变动的一种表现形式，它提供一种把个人活动变成样板的普遍规则，但同时又满足了对差异性、变化、个性化的要求。流行不仅表现为一种物质样式、一种行为方式，更包含着一种意义，一种文化。它是根据历史的变化着的各种代码、样式和符号系统制造出来的。”②为了便于分析，本文将采用了某种流行语汇的建筑称为流行建筑。流行建筑话语既可以表现为视觉和物质层面的建筑形式的

---

① 张复合主编的《建筑史论文集》等系列丛书收集了有关传统与现代文化方面的建筑讨论。

② 苟志效，陈创生.从符号的观点看—— 一种关于社会文化现象的符号学阐释[M].广州：广东人民出版社，2003：203.

流行，如表皮建筑，也可以是思想观念的流行，如消费主义的价值观，或者是物质和思想两者的结合。

在当代中国城市的发展中，流行建筑的大量出现成为一个突出现象，各式各样的建筑流行式样将城市装扮一新，形成了一道道丰富的视觉景观，整个中国正显示出不同于20世纪50年代的前经典时期的特征。从某种程度上说，“中国的大都市中的建筑适时地呈现出流行的样式不仅是我们这个时代的体制性产物，是建筑经济系统良好运转的动力，也是一种意识形态上的要求，去展现当今中国的现代性，一种超新的大都会繁荣形象。建筑作为一种文化现象进入市场，与文学、绘画、电影、服装一样不可避免地要遇到流行的问题。……而信息通信技术、互联网和大众传媒的发展，已使建筑的流行性对建筑师、业主及市民的形式选择的影响越来越大；流行已越来越成为建筑领域的重要现象。”[①]

与此同时，大众文化的另一表现形式——建筑媒介（如建筑期刊、报纸杂志）与网络空间（如ABBS）的发展，为建筑学开辟了新的话语空间。媒介不仅开拓着新的批评话语空间，也成为了流行的推动者，生产制造着新的话语空间。

2）建筑学的跨学科研究的发展方向

文化研究以一种开放的视野为建筑学的学科发展提供了诸多的可能。它虽然跨学科，本身却并非一门学科，也没有明确的方法论，研究范围也没有明确的边界。文化研究的这些特征拓展了建筑学科的研究范围，促使学科的研究方法和理论多元化。文化研究并不赞同艺术的自在、自为和自足的观点，它更强调语境（context）的研究，作者的创作意向（intention）、创作背景、创作动机等都是阐释作品的基础，作品的意义和价值取决于外在的反馈和互动的效果。

（1）文化研究扩大了建筑学的研究范围：从广度和深度两个方面扩展了建筑学的研究范围，如女权主义建筑研究、建筑伦理研究、建筑影像研究等等。

当代建筑学的问题已经不单纯是建筑的问题，它往往是城市的问题、经济的问题、社会的问题。深圳学者李津逵认为：“研究城市的主导学科，昨天是建筑学，今天是经济学，明天是社会学”。[②]建筑学和经济学迄今为止也未能解决城市的问题，同时社会问题已经在凸现。

（2）文化研究影响了建筑作品的评价机制与标准：对权威的挑战引发了经典建筑的评价机制的变革，评价标准的多元化将经典的范围逐步扩大。文化研究的“去中心”化模式带来了建筑作品的多元化阐释与评价模式，改变了一些传统建筑经典的解读方式。社会学、哲学、文学等多种学科的加入将建筑作品的意义进一步拓展，也将建筑置于一个更加丰满的社会背景之中，因此建筑的评价标准不再局限于单一的美学模式，多重视点带来了多元化的标准，形成

---

① 王又佳.我国当前建筑语境中的流行现象的思考[J].建筑学报，2005（1）：14.

② 李津逵.“效益”与“和谐”看城中村.2005年4月9日在清华大学深圳研究生院的讲座。

了多元化的评价机制。

以故宫为例，传统的评价模式集中于美学标准，着重于讨论空间序列和建筑单体的审美研究。文化研究的视野突破了这一美学的限囿，将它置于复杂的社会权力关系网中，使得这一经典获得了新的研究价值，如朱剑飞先生关于明清北京权力空间的研究。①

文化研究的视野不仅用新的跨学科的方式阐释传统的经典作品，并且将一些非经典的作品纳入研究范围，这些作品在传统的学科研究体制中是被忽略的或者受到排斥。可以说，中国的建筑历史是一部大写的建筑的历史，也是一部经典建筑的历史，每一座写入教材的建筑都具有划时代的意义，或至少代表了各个时期主流的思潮或倾向。这种历史摈弃了许多支流的建筑类型，因此可以说是不完整的。它给人一种这样的印象：建筑历史等同于经典建筑的历史。丰富多彩的建筑史实被过滤为屈指可数的百余栋建筑的历史。

文化研究的考察范围远远超出了对经典作品的解读，一些"不入流"的建筑物获得了阐释的合法性。建筑阐释的多样性彰显了建筑与社会之间的复杂性和矛盾性，这也是建筑存在的最真实的状态。

文化研究不仅研究建筑作品，它更是上升到一个新的高度：研究作品背后的机制问题。一流建筑作品的标志是什么？它对应于哪个历史时期的标准？谁制定的标准？哪些机构参与制定或影响了标准的制定？这种标准如何影响或评价这些经典建筑？如何排斥其他建筑类型？这种标准制定的社会背景如何？在历史中发生了怎样的变化？为什么会产生这样的变化？等等。

（3）文化研究改变了建筑创作的发展方向：与其说是改变，不如说是明确了建筑创作的发展方向：建筑以运作的方式介入现实，面对现实，从而凸现了建筑背后的人的因素，激励着建筑师能动性的发挥，培养了建筑师参与社会和改造社会的能力，为建筑的革命提供了可能。

理论脱离实际、脱离或遮蔽现实语境等问题突出地表现在传统建筑学教学体制中。知识的片面化忽略了不断变化着的社会环境，将视域局限在一小批建筑经典的教条化理解当中，例如对美学、各种建筑风格的关注等等。文化研究提倡价值的多元性，这种价值立场是建立在社会文化的复杂性和差异性的基础之上的。而学院化和制度化的研究提倡的科学的客观的态度实际是"价值中立"的实证主义观念，排除了研究主体的个人观点。但实际上学科研究的对象本身

---

① 朱剑飞.天朝沙场——清故宫及北京的政治空间构成纲要[J].邢锡芳译.建筑师，1997，2(74)：101-112；以及朱剑飞先生的著作《空间策略：帝都北京（1420—1911）》（Chinese Spatial Strategies：Imperial Beijing 1420-1911[M]. London，New York：Routlegde Curzon，2004），作者以社会学的眼光（权力、意识形态、国家政府、民间社会等等）分析建筑和城市，试图把社会学与建筑学方法结合在一起，开辟一条不完全是历史的、文献的、形式的研究道路。用作者自己的话来说，便是寻求"一个非历史学的历史学，一个社会历史学，在建筑和城市研究中的运用"。

蕴涵了各种复杂的价值关系，研究主体本身也处在复杂的价值关系之中。[①]一方面学科化研究直接或间接产生的技术理性的升值导致了人文关怀的缺失，另一方面，研究主体与社会联系的缺乏导致研究脱离社会大众的支持与认可，而陷入“曲高和寡”的尴尬境地。

4. 批评的立场

批评的立场，是建筑批评的出发点和逻辑起点，是本文作为建筑批评的前提和基础。美国解构主义批评家密勒曾将文学批评的立场分为四种模式：社会学的、心理的、语言的和哲学的模式。在此基础上，批评又分为两种类型：内在批评（语言的模式）和外在批评（社会学的、心理的、语言的和哲学的模式）。由于文化研究的方法是一种具有现实性的研究体系，这种现实性表现为社会性、政治性等方面。而 20 世纪的形式主义批评只关注艺术本身的内部形式，忽略其外在的文化环境，因此本文批评的类型为外在批评，是以社会学为主要立场的外在批评，而不是形式主义的批评。

这种以建筑师——人或主体为研究对象的建筑文化批评必定是一种人文批评，但它与传统的人文批评有所区别。“传统的人文批评注重学科内部的审美研究和价值判断，文化批评则偏重阐释现状和解决现实；文化批评是针对具体对象的理论分析并建构理论，是在价值判断的基础上对具体对象的理论与学科意义的阐释”。[②]任何对人的研究都不能脱离具体的语境，因此，置于文化网络之中的建筑师自身、建筑师与周围世界的关系成为研究的对象。只有将这两方面的研究综合为一个整体，我们才能对当代中国建筑师的具体状态作出客观的评价。

总之，文化研究是一种开放的视野，它不是一种范式或知识范式的转换，[③]它只是将建筑学的发展置于文化的网络之中。当代中国建筑学的发展得益于交叉学科的兴起，即人类学、哲学、社会学、文学等学科与建筑学的融合，它们开启了建筑学研究的新视野。同时，我们不能不注意到中国文化研究视野中的建筑学发展还存在着局限性，一是都市性研究的不平衡性，排斥了广大农村；二是文化态度的矛盾性：内在的不统一性导致了建筑师的身份的不稳定性，在大众文化中保持一种暧昧的游离的姿态，缺少对大众文化的批判性分析。

1.2.4.2 论文研究框架

认同是一个复杂的概念，对这一问题的解读可以分为几个方面：建筑师的角色认同、自我认同和作品的认同，是一种平行式的阅读，涉及哲学、社会学、心理学、建筑学等诸多学科与领域。

---

① 周宪.文化研究[J].文艺研究，2002（4）：29.

② 王宁.全球化语境下的文化研究和文学研究[J].文学评论，2000（3）：20.

③ “范式”：托马斯·库恩的定义是特定的科学共同体通常接受某一个范式的统辖。范式“暗暗规定了一个研究领域的合理问题和方法”。见托马斯·库恩.科学革命的结构[M].金吾伦，胡新合译.北京：北京大学出版社，2003：9.

认同是个体的认同，也是群体的认同，当代社会尤其强调个体的认同。长期以来，中国建筑师特殊的群体现象遮蔽了个体的发展，当代中国建筑师的个体意识在逐渐显露，个体在突围。同时，建筑师作为当代社会中的一个职业群体，它的认同不仅是职业身份的认同，也包括了建筑师的自我认同和作为交流的符号——建筑作品的认同。路易·康曾经谈到提高建筑师自身素质的三个方面的具体内容：专业职责、表达自我以及通过作品表达人的意识。这三方面正是建筑师的职业认同（角色认同）、自我认同和作品认同的具体内容。

本文从两个角度分析认同问题。

一个角度，基于群体的研究——群体的认同（当代中国建筑师的认同）：

（1）角色认同（身份认同）——外在的认同；

（2）作品认同（符号认同）——外在的认同；

（3）自我认同（主体认同）——内在的认同。

另一个角度，基于个体的研究——个体的认同：

（1）当代中国建筑师的个体认同——个案分析；

（2）当代外国建筑师的个体认同——个案分析。

本文主要分为以下四个部分：

第一部分：背景分析——阐述全球化与社会转型的大背景，解释了当代中国建筑师的“中国”内涵，概括了新一代中国建筑师的群体分化趋势和个体突围的表现方式。

第二部分：本文的核心内容之一，从群体的角度分析了当代中国建筑师的职业角色（建筑师、艺术家、知识分子）认同、自我认同和作品认同，并分别分析了三种认同危机的表现或原因，指出当代中国建筑师的主要症结表现为群体归属感的缺失、自我与角色的分离，以及作品场所感的缺失。

第三部分：从个案的角度分析了当代中国建筑师的个体角色与自我认同，同时分析了国外两位建筑师的个体角色与自我认同。

第四部分：结论——指出认同是一个尚未完成的进程，主体的身份需要不断建构。

本文对建筑师的认同问题的阐释涉及以下几个不同的领域：

第一个层面是从建筑师与自然的关系，建筑师改造自然界、创造人工景观的同时将人们与自然隔离。“奇观社会”[①]或者“生活在别处”是否是人们所渴

---

① “奇观社会”是法国情境主义者居伊·德波（Guy Debord，1931~1994）于1967年发表的《奇观社会》一书中提出的概念。在商品社会，物作为直接的统治者物化着个人的生存方式和人们之间的关系，虽然商品生产的目的是为了交换价值，但获得商品的使用价值依然是重要的目的。而在奇观社会中，交换价值通过对使用价值的全面支配创造了自我运作的条件，使用价值的存在已无关重要了。在商品社会，物或商品被分解为使用价值与交换价值，在奇观社会，物被分解为现实（reality）与意象（image），奇观社会就是一种意象社会。

望的一种生活方式？

第二个层面是建筑师与社会的关系问题。如果第一个层面更多的是学科范围内的问题，这种社会意识内涵已经超出了建筑师的学科范围，走向了学科之外。建筑师的社会地位在提高，在社会“场”中发挥的磁场效应也应越大。建筑师对社会的影响或参与意识亟待加强。建筑师作为一种特殊的知识分子，如何承担社会责任与义务？

第三个层面是建筑师与建筑师之间的关系问题。在当代中国，群体主体性已经不是建筑师唯一的姿态，建筑师在个体与群体之间的关系该如何取舍？当代中国建筑师在国际舞台上呈现的是群体形象还是个体形象？它包含两个方面的内容：国内建筑师之间的关系问题，以及国内建筑师与国外建筑师之间的关系问题。

第四个层面是建筑师与自身的关系问题。这也是个体或主体与“自我”的关系问题，属于抽象的哲学以及心理层面的范畴。

以上四个层面即为本论文的主要思维框架。文章既涉及建筑学科内的范畴，也涉及建筑学科外的范畴。既有历时性研究，又有共时性研究。既涉及建筑本体的研究，也涉及建筑艺术的社会学研究，是在“前件”和“背景”当中探讨当代中国建筑师的主体问题。

概括地说，本文的内容是基于文化视野的建筑批评方面的研究。文中采用了许多其他学科的术语，借鉴了许多国外的理论进行论点的阐释，并没有采用中国传统的一些理论——道、气等学说。中国的许多传统理论缺少具体的分析和科学的归纳，而且具有“普适性”的倾向，这些传统的中国本土理论产生的背景也与当今社会的现状差距较大，相比之下，国外一些基于逻辑分析的当代哲学和社会科学的理论更具有合理性和有效性。鉴于阐释的有效性远比理论的“出身”更重要，本文论题的提出和论点的演绎主要受到国外理论和体系的影响。本文并没有全盘接受所有的理论，既看到这些理论的优点，也指出它们的缺陷，是在中国的具体语境中对这些理论批判性的运用。

第 2 章　全球化进程中的当代中国建筑师

本文的研究对象是当代中国建筑师，这是一个群体和个体的概念，是许多建筑师个体的集合。尽管这些建筑师个体存在着差别，但身处同一宏观社会结构之中，成为社会网络中互相联系、互相影响的微观单元，他们之间又呈现出某种或某些共同的特征，这种共性尤其表现在建筑师的建筑实践活动当中。

2.1　全球化与社会转型的现实语境

全球化与社会转型的现实语境既是建筑师创作活动的背景，也为建筑师的创造提供了源源不断的动力与资源。

2.1.1　全球化与社会转型

全球化作为现代性的后果之一，促进了不同民族国家的资源整合，这种变化的差异是显著的。现代性同时也意味着国家（nation）、社会（community）①、个体之间的关系在逐步发生改变。②当代中国社会的转型是一个宏大的命题，由于篇幅和主题的限制，本文无法对其展开具体翔实的论述，仅仅挑选其中几个主要的、与建筑师关系密切的方面进行简要地叙述。这些宏观的变化给建筑师带来了新的框架和新的命题。

2.1.1.1　以职业分工为基础的社会阶层和个体的变化

中国的社会转型是现代性过程中社会全方位的变迁，这种社会变化不仅包括宏观的政治结构、经济结构、观念结构方面，也包含了微观的人格结构等方面的变化。

转型是从传统社会③走向现代社会的过程，所谓传统，是指“代代相传的

---

① Community 一词在中国学界也被译为“社群”、“共同体”。

② 20 世纪 80 年代中，人与国家是对立的，到了 90 年代，当社会从国家中部分地游离出来，以市场为中心建立起自身的世俗法则时，80 年代的个人与国家的对立就转化为社会与国家的想象性二分。见：许纪霖. 作为主体性的人的解体[M]//回归公共空间.南京：江苏人民出版社，2006：227。

③ 中国传统社会是指从秦汉到清末这 2000 年的中国而言的，是属于工业革命之前的、传统性的农耕社会。传统中国社会的基本特征是：① 以农业为基础产业；全国 80%的人口居住在农村；② 社会的主要组织形式是家庭组织和学员关系；③ 以自给自足的自然经济为基础，具有较强的分散性和封闭性；④ 社会管理以传统权威为基础，家长制管理是其主要管理方式；⑤ 社会分工和分化程度很低，社会的同质程度较高。卜长莉. “差序格局”的理论诠释及现代内涵[J].社会学研究，2003（1）：21.

事物——包括物质实体，包括人们对各种事物的信仰，关于人和事件的形象，也包括惯例和制度。它涵括一个特定时期内某个社会所拥有的一切事物，而这一切在其拥有者发现它们之前已经存在”。[①]简而言之，所谓传统，是指思想、观念、制度、体制、规范、标准、方式、方法的集合。

社会转型是一个宏大的命题，任何一种理论或研究方法都不能完全涵盖其中涉及的范围和层次，只能是侧重于其中的一个或几个子命题。同理，任何一种关于当代中国社会状况的描述反映的也只能是其中的一个局部。

1. 以职业分工为基础的社会阶层变化

经济的发展带来了社会阶层的变化，原有的“两个阶级一个阶层”（工人阶级、农民阶级和知识分子阶层）社会结构发生了变化，阶级开始分化，新的阶层出现。中国社会科学院社会学所课题组的研究报告显示，当代中国已经形成了由十个社会阶层构成的社会阶层结构。“各阶层之间的社会、经济、生活方式及利益认同的差异日益明晰化，以职业为基础的新的社会阶层分化机制逐渐取代过去的以政治身份、户口身份和行政身份为依据的分化机制”。[②]新的社会阶层的划分标准“以职业分类为基础，以组织资源、经济资源和文化资源的占有状况为标准来划分”（表 2－1）。[③]“人民”的概念开始模糊，职业特征代替了抽象的具有“阶级”含义的人的属性界定，突出了社会分工对社会的整合作用。但是由于三种资源等级的存在，阶层的等级仍然突出，它决定了阶层的群体或个体的社会地位的差异。

中国社会十大阶层 **表 2－1**

社会阶层	一	二	三	四	五	六	七	八	九	十
	国家与社会管理阶层	经理人员阶层	私营企业主阶层	专业技术人员阶层	办事人员阶层	个体工商户阶层	商业服务人员阶层	产业工人阶层	农业劳动者阶层	城市失业、半失业人员阶层
所占比例	2.1%	1.6%	1%	4.6%	7.2%	7.1%	11.2%	17.5%	42.9%	4.8%

2. 从单位人到社会人的转变

另一重大的变化是个体身份的变化：单位人向社会人的转变。这意味着个

① （美）E・希尔斯.论传统[M].傅铿，吕乐译.上海：上海人民出版社，1991：16.

② 陆学艺.当代中国社会十大阶层分析[J]. 学习与实践，2002（3）：55.

③ 组织资源包括行政组织资源与政治组织资源，主要指依据国家政权组织和党组织系统而拥有的支配社会资源（包括人和物）的能力；经济资源主要是指对生产资料的所有权和经营权；文化（技术）资源是指社会（通过证书或资格认定）所认可的知识和技能的拥有。在这三种资源中，组织资源是最具有决定性意义的资源，经济资源和文化资源的重要性在逐年上升。见陆学艺.当代中国社会十大阶层分析[J].学习与实践，2002（3）：57.

体获得了某种程度上的自由，成为独立的个体。而以职业分工为基础的独立个体聚合在一起，形成了类似西方“团体”格局的雏形。在传统社会中，以血缘关系为纽带的宗法社会的基本结构是“家”，个体的身份大多是固定不变的，甚至是生而有之的，是“家”所赋予并规训的。在身份关系向契约关系的转变中，人发现了个体的自我，将人从家的圈子中解放出来。而中国的特殊现象在于另一个社会单元代替了传统的“家”的概念——单位，人成了单位人。

改革开放前，“单位是中国社会中的一个高度整合和低度分化的基本组织形态”，[①]人的社会身份和地位主要从单位获得，人们通过单位获得社会存在的基础。单位组织实际上已经超出了社会组织的概念而成为一种“制度”，“具有一系列在主流意识形态和价值观念基础上建立起来的、被认可和结构化的一些相对稳定的行为规范。这些行为规范，融化于人们在单位中所扮演的各种不同的社会角色，以及所具有的不同的社会地位之中；调整着单位中人们相互之间的社会关系，保证着人们之间的社会互动，并成为人们之间这种社会互动的最基本的组织和制度的结构条件”。[②]

如今，单位在逐渐解体，单位的制约在弱化，个体的身份表现在个人体验在生活中的作用日益加强，而集体的经验在逐渐削弱。信息交流的即时化、生活方式的多样化、价值观念的多元化为个体身份的自由选择提供了可能。个人的身份具有很大的流动性，职业的变化、社会交往的扩大以及媒介对生活的渗透，使人生活在一个更加复杂多变的社会网络中，且呈现一种动态的不稳定性。

在市场经济体制下，单位人成为社会人也就意味着成为市场人、经济人，个体成为经济活动的主体，追求收益和利润的最大化，个人直接与资本相联系。根据古典经济学家亚当·斯密提出的“经济人”假说，经济人“所盘算的也只是他自己的利益。在这场合，像在其他许多场合一样，他受着一只看不见的手的指导，去尽力达到一个并非他意想要达到的目的”。[③]

传统社会中人际关系一般是以血缘与地缘为核心，以伦理道德观而非严谨的法理论为思想基础，形成的是一种融洽稳定的情感型而非功利型的人际关系，感情与友谊是相互往来的原则。

在现代社会中，人际关系发生了根本的质变。情感关系削弱，功利关系增强，形成了当代以功利关系为主的多重复合型人际关系；社会流动性增强，削弱了血缘和地缘关系；在市场经济的条件下，人们建立了以互利互惠为主体的交往关系。

---

① 李汉林，渠敬东.制度规范行为——关于单位的研究与思考[J].社会学研究，2002（5）：2.

② 李汉林，渠敬东.制度规范行为——关于单位的研究与思考[J].社会学研究，2002（5）：2.

③ （英）亚当·斯密.国民财富的性质和原因的研究[M].郭大力，王亚南译.北京：商务印书馆，2003：126.

2.1.1.2　文化资本理论与知识的力量

当代社会的另一突出现象是知识经济的迅速崛起，即知识经济时代的到来。知识不仅商品化——在生产中增值和消费，而且也被合法化。知识与社会的关系逐渐变得密切，智力资源的占有、配置以及知识与信息的生产、分配与使用息息相关，决定着拥有者在社会文化中的位置。

1. 知识经济的崛起

现代科技革命促使了知识经济成为当代社会经济的主导性内容。知识经济是 20 世纪 90 年代出现的一个概念。OECD（国际经济合作与发展组织）在 1996 年的一份报告中指出：今天，各种形式的知识在经济过程中起着极其关键的作用，对无形资产的投资速度远远快于对有形资产的投资速度，各国经济更依赖于知识的生产和利用，知识与生产力已成为最具竞争力的要素。OECD 在《以知识经济为基础的经济》报告中认为知识经济的最重要的一个特征是把知识作为资本来发展经济。知识超过了设备、厂房、原材料、能源等其他要素，成为最重要的生产要素。广义的知识指 OECD 定义的“知识”，它包括：Know-What（知道什么：指信息、事实、各类知识等），Know-Why（知道为什么：指科学原理知识等），Know-How（知道怎样做：指技术、做事的窍门等），Know-Who（知道谁：指谁了解各方面的信息等）。知识不仅用于改造世界，也用于改造人类自身。

当今知识经济主导的社会强调的是知识创新，即通过创造、演进、交流和应用，将新的思想转化为可销售的产品和服务，以取得企业经营成功、国家振兴和社会全面繁荣。不仅知识的内涵得到了增殖，而且知识的意义已经从“科学”、“技术”等观念进一步拓展，表明了一种“能力”（competence）。利奥塔尔认为“知识是能力问题，它越出了简单的真理准则的确立和应用，延及效率准则（技术水平），或正义和幸福准则（伦理智慧），或声色之美（听觉和视觉）的准则等等”。①这意味着知识的本性、社会地位和作用也发生了改变。“它不仅决定和采用什么样的真理标准，而且也决定和采用什么样的效率标准、争议标准、幸福标准和美学标准等等”。②

2. 文化资本理论

文化社会学的观点认为，全球化产生的影响并非是“平均化”，资源的分配和占有差异决定了不同主体“位置”的差异。法国社会学家布尔迪厄从“文化资本”的角度说明了不平等的资本占有，社会秩序通过转化为文化资本而得以合法化。

---

①（法）让—弗朗索瓦·利奥塔尔.后现代状态：关于知识的报告[M].车槿山译.北京：生活·读书·新知三联书店，1997：24.

② 也就是说，知识应该具有各种各样的样式，而科学仅仅是其中的一种；除了真理问题，正义、幸福和美等都是知识的对象。郝鸿军.知识的合法性[D].长春：吉林大学，2007：26.

文化资本有三种存在形式：具体形态——精神和身体的“持久性情”的形式，客观形态——文化商品的形态，体制形态——被区别对待的客观化形式。[①]“场”是布尔迪厄“文化资本”理论中的一个关键术语，它是一个具有空间概念的等级、位置的空间结构。他认为，在符号生产、文化资本、象征资本和经济资本之间有一套转换的逻辑：

“在一个极点上，纯艺术的反‘经济’的经济建立在必然承认不计利害的价值、否定‘经济’（‘商业’）和（短期的）‘经济’利益的基础上，赋予源于一种自主历史的生产和特定的需要以特权；这种生产从长远来看，除了自己产生的要求之外不承认别的要求，它朝积累象征资本的方向发展。象征资本开始不被承认，继而得到承认并且合法化，最后变成了真正的‘经济’资本，从长远来看，它能够在某些条件下提供‘经济’利益。”[②]

他认为符号资本反映的是经济资本在社会空间中不平等分配的事实，由于符号资本的合法化，社会成员形成了共同的信仰，共同生产和维护着不平等的社会结构。简而言之，符号资本使得资本的不平等分配得以合法化。[③]

知识经济的主导作用和布尔迪厄的资本转化理论表明了作为一种资源，知识与资本的转化在社会中的重要作用，从而为个体的社会地位与作用的提升开启了一扇希望的大门。

2.1.2 当代中国建筑师的内涵

建筑学的发展伴随着社会的变迁，留下了时代的烙印，建筑师也无法回避这一时代的演变所带来的建筑学观念与内容的更新。

面对新世纪的建筑学发展趋势，“广义建筑学”成为了当代中国建筑学发展的宏观构架。《北京宪章》则进一步明确了中国建筑师和其他国家的建筑师所面对的现实难题和具体职责。当代建筑学的内涵已经超越了传统建筑学的物质空间范畴，成为了人与社会诸多层次的载体——超媒介。面对着更加复杂的现实任务，建筑师也相应地需要承担更多的角色和职能，从而对建筑师提出了更高的要求。

2.1.2.1 建筑学的新内涵

建筑学的发展已经超越了风格、技术等方面的内涵，其生产背景已经拓展到整个社会、文化、政治和组织方式之中，成为一种空间的“生产”。

文学理论家韦勒克曾在《文学原理》中提出了著名的文学研究的“外部”和“内部”之分，将分析作品本身的研究称为“内部研究”，而将关于文学的政治、经济、社会以及作者的环境背景的研究称为“外部研究”。

---

① 张意.文化与符号权力[M].北京：中国社会科学出版社，2005：129.

② （法）皮埃尔·布迪厄.艺术的法则[M].刘晖译.北京：中央编译出版社，2001：143-144.

③ 张意.文化与符号权力[M].北京：中国社会科学出版社，2005：175.

类似地，我们可以将建筑学的研究分为两个部分：一部分是建筑学的内核，一部分是建筑学的外核，内核是建筑学的基础，是建筑学与其他学科区分的基石；另一部分属于建筑学研究的外核部分，它属于建筑学研究的边缘内容，是建筑学与其他学科交互作用的领域。

1. 内在的建筑学

汉语的"建筑"引自日语中的"建築"，中国古代把建造房屋以及从事其他土木工程的活动统称为"营建"、"营造"。当代"建筑"一词具有多重的含义，也是一个具有歧义性的概念，它可以指"构筑"（动词），也可以指"建筑物"（名词）或者"建筑艺术"，可以指代建筑行业，也可以指建筑学科，它既是一门科学，也是一门艺术。

建筑的多义性导致了建筑实践的混杂和多样性。建造、艺术、建筑物、建筑学之间错综复杂的关系不仅仅是概念的差异所能体现出来的，它们共同构成了丰富的建筑实践活动。建筑的含义也就包含在这丰富与暧昧之中。

建造（Building）活动是一种构筑的行为和过程。现代的建造活动是工业化生产和现代化管理与施工为一体的社会化产品的生产过程的总称，因此也称为建筑生产（Architecture Manufacture），是国民经济的第二产业——建筑业（Construction Industry）的重要组成部分。

概括地说，"建筑学（Architecture）的对象和建筑师（Architect）职业活动的核心是建造行为（Building）及其最终结果——建筑物（Buildings），建筑活动的核心是建造（Building）过程，建筑学（Architecture）是关于建造活动的技术和艺术的知识体系。如果以一定的技术手段和物质材料，在一定的时间、地域、经济、技术条件下完成一定目的空间的限定和围合、蔽护的过程是建造（Building）的话，那么，对这种建造过程和手段的主体化、目的化、审美化的观照和体系化就是建筑学和建筑艺术（Architecture）"。[①]建筑物（Buildings）本身不仅是建造的产物和结果，也不仅是避风雨、御寒暑的庇护所，它融合了人的精神和情感要素，人类对艺术等人文学科的追求实际上是寻求一种表达或阐释模式，从而理解自身与自然和社会的相互关系。因此，美国建筑批评家克里斯·亚伯认为人与建筑之间相互融合在一起，建筑是一种存在的方式，是人类了解自身的一种方式。[②]

毫无疑问建筑学是一门学科，作为一门学科，建筑学设置了自己的研究范围，这等同于限定了学科的界限，它与其他非建筑领域的学科划清了界限，这是建筑学作为学科研究的一种策略，也就确保了建筑学"自律"的可能。

---

① 姜涌.建筑师职能体系与建造实践[M].北京：清华大学出版社，2005：8.

② （美）克里斯·亚伯.建筑与个性——对文化和技术变化的回应[M].张磊译.北京：中国建筑工业出版社，2003：168.

屈米认为取消界限（比如多元论），也就同时取消了建筑学，因为这些界限是建筑学的战略要地。[①]关于界限争论的焦点在于建筑学是否存在“自律”的可能性。

在《建筑学及其界限1》中，屈米坚持“将作为知识形式的建筑学狭隘化为形式知识的建筑学”的立场。他发现，当代理论和批评受到“意识形态”（如形式主义、功能主义和理性主义）的简化和制约。界限的概念直接关系到建筑学的正确定义，这意味着“怎样定义建筑学”，“怎样确定建筑学的界限或边界”，以及“怎样确定建筑学的本质”。[②]

我们可以看出，屈米的观点将建筑学的学科范围内的研究视作对本体的研究，即对建筑材料、构造、风格等方面的研究。建筑学如果排斥了这些研究内容，也就不成为建筑学。

2. 外在的建筑学

外在的建筑学突破了建筑形式语言的限囿，从另一个角度关注建筑的现实性、社会性和政治性。作为“手段”的建筑成为了一种改变某种生存状态（如居住的权利、公正的权利）的社会行为，建筑作为建筑师个人意志的表达，表达的是建筑师个体对社会生活的态度，体现的是个体参与社会的切入点。作为一种个体表现自己的方式，它是以个人经验为基础的人的生存问题的表达。

建筑是一种文化媒介，从文化社会学的角度看，建筑学的价值在于社会交流而非形式主义的表现，它是一种特殊的社会生产方式——文化生产，这意味着它不仅是一个如何生产的问题，还是一个由谁生产和为谁生产的问题。从文化研究的角度审视建筑学的内涵也就意味着需要重新审视“建筑师”的定义，处于一定的社会结构或社会关系中的建筑师是“创造者”、“艺术家”、“工匠”还是“知识分子”。

“体系”的存在是建筑学的主要标志，“体系”就是采用专门术语和规范的一套完整的研究框架、研究方法。根据上述分析，建筑学的内核存在着“体系”而外核则没有，这实际造成了建筑学内部的分裂。“建筑理论家和教育家戴安娜·阿格雷丝特（Diana I. Agrest）认为建筑‘体系’的定义是涵盖其包容与排斥或约束的对象”。[③]这一“体系”的新定义似乎可以解决存在的分裂。阿格雷丝特倡导“外在的建筑学”（Architecture from Without），“外在的立场可能具有优势，她的目标是：只有外在的建筑学才能确保有真正的批判性的距离。

---

① Kate Nesbitt. Theorizing a New Agenda for Architecture[M]. New York：Princeton Architectural Press，1996：153.

② Kate Nesbitt. Theorizing a New Agenda for Architecture[M]. New York：Princeton Architectural Press，1996：153.

③ Kate Nesbitt.Theorizing a New Agenda for Architecture[M].New York：Princeton Architectural Press，1996：541.

而外在的方法来自城市，来自其他领域、其他文化及其所代表的体系。”[①]另一学者格罗兹（Elizabeth Grosz）在其著作《外部的建筑》（Architecture from the Outside）中认为“社会是由外人和陌生人组成的，正是社会的这一外部条件使得社会内部紧密地结合在一起”，那些“无家可归”的弱势群体“必须纳入建筑学和城市关注的对象之中，如同他们在哲学和政治学中得到关注一样”。[②]建筑学的特质并不仅仅局限于建筑物本身，影像、事件、文本等等，都从广度上和深度上拓展了建筑学的影响力，以外部力量的方式促成学科内的反思，在参与中寻求突围。

3. 当代中国建筑学的新变化

当代中国建筑学经历着重大的变化与发展，无论是建筑体制、建筑观念、建筑教育、建筑媒介与环境等诸多方面，都有了较大的改观。传统的建筑学正向广义的建筑学“转型”，并且这一趋势在《北京宪章》中得以确认。

建筑师的执业环境逐步走向体制化、规范化，1995 年建设部颁布了《中华人民共和国注册建筑师条例》，同年开始举行注册建筑师考试和考核制度，注册建筑师制度的实施标志着建筑师职业化进程的开始。而中国加入 WTO 以及外国建筑师与设计机构在中国的设计实践则表明建筑师职业化的服务已经突破了地域的限制，中国建筑师和国外建筑师之间的竞争与交流进入了一个新的时期。尤其是两个重要的会议——国际建协第 20 届世界建筑师大会（1999，北京）和首届世界规划院校大会（2001，上海）在中国的召开，意味着中国建筑师开始登上国际交流的舞台。各种国际展览和论坛、设计竞赛、“50 名建筑师在法国”以及“50 名建筑师在德国”计划的实施与完成，都以不同的形式、不同的频率更新着中国建筑师国际交流的新局面。

建筑业的蓬勃发展逐渐显露出建筑学专业人才的不足，促使开设建筑系的高等院校迅速增加。1991 年，高等学校的建筑系开始实行评估制度，确保教育的质量和水平。建筑学专业教育也朝着多元的方向发展，新的专业和研究方向不断增加，如 2004 年同济大学设立了全国第一个建筑历史保护专业。建筑理论、建筑技术、城市规划和景观建筑学也得到了迅速的发展，学科的涵盖范围逐步适应于社会发展的需求。

新的建筑话语空间初见端倪，以 ABBS、FAR2000 为代表的建筑网络空间，以《建筑学报》、《建筑师》、《时代建筑》等建筑期刊、杂志、报纸为代表的媒体空间，以建筑展览为代表的艺术空间等诸多的形式共同营建了一个为建筑学

---

① I.Diana .Agrest，Architecture from Without：Theoretical Framings for a Critical Practice[M].Cambridge：MIT Press，1993.转引自 Kate Nesbitt. Theorizing a New Agenda for Architecture[M]. New York：Princeton Architectural Press，1996：541.

② Elizabeth Grosz.Architecture from the Outside：Essays on Virtual and Real Space[M]. Cambridge:The MIT（Massachusetts Institute of Technology） Press，2001：xvi.

生产话语的新型“公共空间”。建筑公共空间逐渐吸纳了大众话语的加入，即使是建筑奖项的设立，也不仅包括了专业奖项（如梁思成奖），还包括了社会性的奖项，如“上海十大经典”建筑评选，使得建筑批评话语逐渐走出学院的狭小天地，开始与大众文化之间有了沟通，为建筑师与公众搭建了交流的平台。媒介的交流也体现了建筑师关注热点的变化，如 ABBS 连续三年（2003~2005）评选了“中国设计行业十件大事”，①环境问题、建筑师制度问题年年榜上有名（表 2－2）。

2003~2005 年度中国设计行业十件大事 **表 2－2**

序号	2003 年度	2004 年度	2005 年度
1	荷兰建筑大师库哈斯中标 CCTV 新大楼方案	第 4 批全国勘察设计大师评出	圆明园湖底擅铺设防渗膜遭批
2	“非典”引发业界对建筑健康问题的大反思——《收治非典型肺炎患者医院建筑设计要则》	《居住区环境景观设计导则》出台	首部公共建筑节能设计标准颁布《公共建筑节能设计标准》
3	建筑工程专业设计事务所全面放开——《关于受理工程勘察、设计企业资质申请等有关问题的通知》	建设部发布《关于外国企业在中华人民共和国境内从事建设工程设计活动的管理暂行规定》	南京大学风水师认证引争议
4	贝聿铭设计苏州博物新馆因选址引发争议	中国勘察设计协会设立民营及高等院校分会	张永和出任美国麻省理工学院（MIT）建筑系主任
5	中国“土人景观”中标美国波士顿景观项目	奥运“瘦身”、“鸟巢”方案再优化	Holcim 可持续建筑大奖赛各区域奖揭晓
6	马国馨、彭一刚获第二届梁思成建筑奖	《内地与香港关于建立更紧密经贸关系的安排》（CEPA）框架下首批内地与香港建筑师、结构工程师互认	世界第一高楼上海环球金融中心“换脸”后复工
7	香港与内地建筑师互认资格	首届中国国际建筑艺术双年展在京举行	建设部召开新时期建筑方针工作研讨会
8	世界第一高楼——上海环球金融中心重启新方案	法国总统为中国建筑师的设计作品“同济大学中法中心”剪彩	建设部召开新时期建筑方针工作研讨会
9	我国出台勘察设计咨询业知识产权保护导则——《工程勘察设计咨询业知识产权保护与管理导则》	中国 2010 年上海世博会规划方案揭晓	香港、澳门在内地设计企业申请条件放宽
10	上海推出首届青年建筑师“新秀奖”	中国勘察设计协会发出《诚信宣言》	深圳建筑城市双年展开幕

① 来源于网站 www.abbs.com。

制度的完善也使得建筑师的社会形象和职业角色逐渐独立，社会地位得到了提高，甚至被认为是高收入的阶层，从属于艺术家与专家的职业群体。而女建筑师协会的成立则标志着女性建筑师自我意识的初步觉醒，表明了自己的独立性与合法权益。

2005 年，随着两会的召开，建构和谐社会成为当代社会发展的核心问题。和谐，既包括人与自然的和谐，也包含了人与人之间的和谐与社会的全面发展。和谐，作为一个社会命题，使得建筑师和社会的互动关系成为建筑学研究的新课题。协调各方的关系成为一个焦点，建筑师的作用和地位逐渐凸现。建筑师不仅设计和创造了建筑，更成为建筑与人、人与社会之间联系的枢纽。建筑师对来自社会的信息的接收和反馈能力直接影响着建筑与社会互动的有效性。

2.1.2.2　当代中国建筑师的“中国”内涵

无论是外在的建筑学还是内在的建筑学，核心的焦点都是人——建筑师，本文中的建筑师并非一个普适性的概念，它是一个特殊语境中的群体与个体的集合，即强调它的“中国”身份。身份既是“赋予”的，也是想象的，个人身份“在某种程度上是由社会群体或是一个人归属或希望归属的那个群体的成规所构成的”。①

“中国”：文化社会等级空间的“场域”

“中国”本是一个包含地域、公民、主权在内的“民族”与“国家”的概念，政治意义高于一切，它凌驾于个体之上，使得“中国”一词具有强烈的意识形态的特征。它甚至涵盖了“种族”②的概念，意识形态意义上的“中国”的性质等同于“民族主义”。③

“民族主义”一直代表了第一代至第三代以及部分第四代建筑师的集体意识和政治情结。抽象的“人民”④取代了个体与群体，“做一个人民的建筑师”⑤或者“对人民负责，向人民交账”⑥等思想弥漫于第二、三代建筑师的头脑中，

---

① （荷）佛克马，蚁布思.文学研究与文化参与[M].俞国强译.北京：北京大学出版社，1996：120.

② 种族“是由一定数量的个人组成的，这些人不仅属于同一种遗传类型，而且他们在很大程度上也是一致的，个人的变化往往被忽略掉”。见：（法）埃米尔・涂尔干.社会分工论[M].渠东译.北京：生活・读书・新知三联书店，2005：282.

③ 在《民族和民族主义》（Nations and Nationalism）一书中，欧内斯特・盖尔纳（Ernest Gellner）把民族主义定义为“一种关于政治合法性的理论”，他认为“政治单元和民族单元应该是一致的”。引自：（美）迪耶・萨迪奇，海伦・琼斯.建筑与民主[M].李白云，任永杰译.上海：上海人民出版社，2006：2.

④ “人民”的古义为“人类、百姓”或“糊涂无知的人”，19 世纪末至 20 世纪，经过梁启超、孙中山、毛泽东等人的阐释，“人民”一词的词义有了新的拓展，它包含了“权利、参政、当家做主”等新内容，成为代表阶级与地位的政治学领域的术语。见万齐洲，冯天瑜.“人民”词义的变迁——政治术语“人民”之历史文化考察[J].武汉理工大学学报（社科版），2007（3）：387.

⑤ 佘畯南.做一个人民的建筑师[M]//曾昭奋，张在元主编.当代中国建筑师（Ⅱ）.天津：天津科学技术出版社，1990：85.

⑥ 张镈.求索之路[M]//曾昭奋，张在元主编.当代中国建筑师（Ⅱ）.天津：天津科学技术出版社，1990：151.

它主导着建筑师的价值观，因此，中国建筑师也就成为了一个国家控制之下的集体的抽象的人的集合。

在不同的时期，“民族”的概念具有不同的内涵，当代的“民族”有别于“与西方列强相对立的中华民族”以及“具有阶级斗争意味的人民”的集合。在国际资本和价值观念的冲击下，全球化带来了新的民族概念：民族从政治联合体的“国家民族”（nation-state）向“文化民族”（nation-culture）①转化。它的话语框架的核心是“中华性”。②

中华性有三个特征：第一，中华性在承认实践和等级框架合理存在的同时，更强调把世界看成有多种差异、可以多次划分的世界（如发展中国家与发达国家的划分、地域集团的划分、宗教和文化圈的划分等），看成是多种对立统一的共时现象，任何民族都可以创造自己独特的发展道路和模式，重视在人类的一般标准和尺度上的具体而特殊的文化创新。第二，在为世界提供多样性的前提下，中国在未来的发展中将以突出中华性的方式来为人类服务。第三，中华性具有容纳万有的胸怀，开放式地吸收各种事物，开放地探索最优发展道路。③在中华性的构想基础上，“文化”的“版图”远远超越了主权国家的“版图”，形成了“中华圈”，“中华圈的基本构成分为四层：核心层为中国大陆，第二层为台湾、香港和澳门，第三层为世界各地的海外华人，第四层为受中国文化影响的东亚和东南亚国家”。④

在建筑研究领域，也有相似的划分，如“东方建筑”⑤的研究，具体可分为东北亚、东南亚、南亚、中亚。其他划分方法还有应用于客家民居研究当中的文化圈、亚文化圈、次级文化圈等方式。这种“越出国界、区界作宏观大系统的考察”⑥的理论基石在于“文化”空间的存在。

对建筑师而言，“文化”⑦一词不仅衍射出国家、民族与社会之间多层的复

---

① （美）菲利克斯·格罗斯.公民与国家——民族、部族和族属身份[M].王建娥，魏强译.北京：新华出版社，2003：27.

② 中华性既是对古典性和现代性的双重继承，同时又是对古典性和现代性的双重超越。见张法，张颐武，王一川.从现代性到中华性——新知识型的探寻[J].文艺争鸣，1994（2）：18.

③ 张法，张颐武，王一川.从现代性到中华性——新知识型的探寻[J].文艺争鸣，1994（2）：18.

④ 客观形势呈现了“中华圈”的可能，如：世界正在向多集团多中心的方向滚动；世界的经济学、未来学家都预测着一个太平洋世纪的到来，等等。中华圈存在着一套共认的、可以求同存异的认同范型：新白话语文，经济重质主义，异品同韵审美，超构思维方式，外分内合伦理。见张法，张颐武，王一川.从现代性到中华性——新知识型的探寻[J].文艺争鸣，1994（2）：18-20.

⑤ 郭湖生.我们为什么要研究东方建筑——《东方建筑研究》前言[J].建筑师，1992，8（47）：46.

⑥ 郭湖生.我们为什么要研究东方建筑——《东方建筑研究》前言[J].建筑师，1992，8（47）：47.

⑦ “文化”具有民族社会共同体的含义，它一方面强调民族之间的差异，另一方面强调冲破边界所需要的意识形态动员的功效。“文明”具有一个人类普遍性追求的含义，但又强烈地表达其对文化等级差异的武断论点。欧洲近代的市民阶层推动了这两种概念的发展。见王铭铭.漂泊的洞察[M].上海：上海三联书店，2003：8.

杂关系，也暗示了个体在民族、国家（政治共同体）与社会这一多重框架之间的现实状态，具体表现为“中国”概念的多义性和含糊性，在民族、国家、社会多重属性之间的游移不定。“中国”的概念由地理学意义与“国家”政治空间意义的二元、单向度空间向多元、分散的“文化”社会空间意义转变。

对于土生土长的中国建筑师来说，“中国”是一种身处于其中、无处不在的却无法具体表述的体验。它是一种刻骨铭心的烙印。

对于接受过海外教育并且具有建筑设计经历的中国建筑师来说，“中国”身份是一种保留了“地域”（地域或血缘关系）特征的思乡的“情结”。如同第六代电影导演贾樟柯的作品中，始终留有他的故乡——山西汾阳的痕迹。

对于从未在中国本土生活过的西方华裔建筑师来说，“中国”是一个通过文学、电影、绘画等媒介与信息再现或重新建构的文本，这种经过转译的文本往往具有一种“陌生化”的效果。与“中国”丝丝缕缕的联系建立的是一个保持了距离的微妙的“他者”。

对于亚洲建筑师来说，“中国”的概念离不开与自己国家的比较，同属于“东方”，同属于西方的“他者”，共同面临着许多类似的问题，“中国”概念是一个重复性大于差异性的语境。

对于西方非华裔建筑师来说，“中国”是一个后殖民的空间，或充满异国情调，或充满强烈的意识形态的地理空间，或是一种基于自身需要的策略所构筑的“他者”，是文化建构的观念……

如果说传统的“中国”建筑师传达的是建筑师的“地域性”和“民族性”的信息，当代的“中国”一词折射的是一种文化“场域”——文化空间的概念，它是一个充满了文化想象的社会空间，它的空间逻辑是被建构的符号体系，表达的是个体或群体在社会空间中所占据位置的意义，是通过生存方式所传达的个体或群体的“气质”特征。

因此，“中国”建筑师的身份鉴定，往往已经超出了国籍的限制，可以泛指“华人”建筑师或者是“华裔”建筑师，而非具有中国公民身份的建筑师。如贝聿铭、张永和、马清运、林瑛等建筑师都可视为“中国”建筑师。“中国”身份是一种具有个人特征的文化意象，“中国”表达的既是一种现实，也是存在于记忆与想象之中的幻象。这个或接近或远离的“中国”概念，包含着具有个体自身特征（前理解）的阐释和解读方式，并通过各种版本的虚构、想象和叙述共同构筑出一个复杂多元的中国“场”。

对应于“后新时期”，20 世纪 90 年代以来的中国也被称作“新新中国”。“后新时期”这一概念“首先产生于文化领域中，是对 90 年代以来中国大陆文化的新的发展进程的总的概括，它指的是一个在全球性‘冷战后’文化语境中当代中国的文化状况。它指的是一个以消费为主导的，由大众传媒支配的，以实用精神为主要价值取向的，多元话语构成的新的文化时代”。①

由于研究方法和研究范围所限，本文所讨论的中国建筑师是指处于“中华圈”核心位置——中国大陆地区的建筑师，将他们作为一个整体纳入研究范围之内。

2.1.2.3 当代中国“建筑师”的内涵

不仅建筑学的内涵以及“中国”的概念发生了变化，“建筑师”的概念也在不断地建构和解构之中，在现代性的视野中，建筑师的职能和作用被重新诠释，建筑师作为一个界限模糊的概念，具有多重的意义和内涵。

建筑师的定义或身份离不开具体的语境，特定空间中的“建筑师”概念具有不同的内涵，如国家政治空间中的建筑师属性是“公民”，社会学空间中的建筑师属性是“阶层”，原因在于其划分的依据不同，“公民”的价值基础是个体的权利与自由，“阶层”的划分依据是职业分工。建筑师既可以是从事某一职业的群体概念，也可以是指群体中的个体。

1. 建筑师的角色

本文的建筑师特指从事建筑实践的建筑师，所谓实践，英文表达为“practice”，“实践就是检验我们的设计——创造过程中的理论立场，在实践中，设计转化为职业服务，以及转化为具体的实物”。②这是职业意义上的建筑师概念，即建筑师的职业角色。

本文通过引入社会学中的“角色”这一概念来分析建筑师职业群体与社会结构之间的关系。角色是联系个体与社会结构的一个关键概念。个体通过承担身份地位和角色行为的职责从而与社会结构相结合。“角色”本是戏剧中的名词，指演员扮演的剧中人物。20世纪20~30年代一些学者将它引入社会学，进而发展为社会学的基本理论之一。社会学家认为个体是通过处于其对应的社会位置上的角色来实现社会的参与和运作，人们的行为总是建立在一种情境之中的角色领会和角色构造，这就是社会学的“角色”理论。社会角色是指与人们的某种社会地位、身份相一致的一整套权利、义务的规范与行为模式，它是人们对具有特定身份的人的行为期望，它构成社会群体或组织的基础。

在社会中，角色不是孤立存在的，而是与其他角色联系在一起的。任何一个人都不可能仅仅承担某一种社会角色，而总是承担着多种社会角色，人们通过各种社会角色相联系。因此，对角色的关注有助于了解当代社会个体是如何实现自我以及如何与他人形成互动，从而实现个体参与社会并创造新的实践

---

① 张颐武.面对困惑与挑战——90年代文化与文学的选择[J].建筑师，1995，4（63）：15.“新时期”这一概念指的是打倒“四人帮”后中国社会脱离了“文革”话语后的时期。“后新时期”是从这一概念中引发出来的。

② Andy Pressman. Professional Practice 101：A Compendium of Business and Management Stategies in Architecture[M].New York：John Wiley & Sons Inc.，1997:XI.

空间的。

2. 建筑师的个体概念

当代的主体论者通常把自我作为思考的出发点，主体意义上的自我是指独一无二的个体。本文涉及的主体性也是指狭隘意义上的主体性，即强调人——建筑师的能动作用。“自我”（self）是互动论中一个关键性的概念，自我是指个体将自身当作客体看待的一个过程，它的前提是群体存在基础上的个体与群体的互动。自我“并不是某种先存在，然后再与其他人形成关系的东西。……它是一个过程，个体在这个过程中持续不断地事先针对他所从属的情境调整自己，并且回过头来对它作出反应。”①互动论中的自我强调了两个层面的内容：一是“自我概念——人们关于自身的相对稳定持久的概念——的发生”以及“获取自我想象——自我在社会场景中作为客体出现的图景——的能力”。②“只有当社会过程作为一个整体进入了参与这种过程的任何一个既定个体的经验，或者说在这种经验中呈现出来时”③，个体才成为具有自我意识认知现象的个体，从而能够借助其社会关系成为自我的对象。米德特别强调“社会过程在时间上和逻辑上都先于从它当中产生的、具有自我意识的个体而存在”。④

3. 知识经济下建筑师的多重角色与内涵

现代意义上的建筑师角色是工业经济时代社会分工的产物，也是现代建筑发展的必然结果。在知识经济时代，劳动密集型和资本密集型产业朝着知识密集型产业转化，低技术含量的传统建筑业面临着全方位的高新技术革命：建材、建造方式、设计理念、施工技术都面临着革命性的变革。信息技术的发展已经提供了有力的技术支持，拓展了建筑师的创造空间。以创新知识为主要推动力的知识经济促使“资本雇用知识”向“知识雇用资本”⑤的模式转化，意味着建筑师需要不断提高创造力，通过知识的增殖以摆脱被资本控制的命运，从而使自己的地位得以提升。

建筑师的内涵不断扩大，传统的观点——“一个人只有进行设计和绘制楼梯详图之后才能成为一名真正的建筑师”⑥已经受到了挑战。当代建筑师已经拥有职业建筑师、艺术家、知识分子等多重身份，在社会生活中扮演着各自不同的角色。那么，建筑师的角色属性是群体？还是个体？建筑师的角色是固定

---

① （美）乔治·赫伯特·米德.心灵、自我与社会[M].霍桂桓译.北京：华夏出版社，1999：197.

② （美）Jonathan H. Turner.社会学理论的结构[M].邱泽奇等译.北京：北京大学出版社，2004：24.

③ （美）乔治·赫伯特·米德.心灵、自我与社会[M].霍桂桓译.北京：华夏出版社，1999：145.

④ （美）乔治·赫伯特·米德.心灵、自我与社会[M].霍桂桓译.北京：华夏出版社，1999：202.

⑤ 周榕.知识经济时代建筑师角色解放与价值回归[J].建筑学报，2000（1）：55.

⑥ Andy Pressman. Professional Practice 101：A Compendium of Business and Management Stategies in Architecture[M].New York：John Wiley & Sons Inc.，1997:Ⅺ.

的，还是不断建构、流动的？

技术、制度、观念等多方面的影响共同促进了中国现代建筑的转型，也促进了建筑师作为技术主体的转型（技术转型与角色转换），面临着当前知识经济的挑战，建筑师又迎来了新的角色转型。

第一，国家与社会的二元对立。

“中华性”话语转型的变化之一表现为国家（nation）的概念逐步被社会（community）或社群的概念所取代，其成员组成也由“市民”、“公民”而非“人民”组成。建筑师的个体或群体发展已经不再仅仅局限于“国家性框架”①之中，“建筑政治现象”②得到了有效的控制。在以市场经济为代表的社会机制下，以身份为基础的社会关系向以契约为基础的社会关系转化，建筑师成为具有自主权利的个体，职业化成为其发展方向之一。由于国家与社会之间的二元对立，表明了传统的以群体为基础的建筑师与国家的关系逐渐向群体、个体与国家、社会之间的关系转化。社会的逐步建立和完善与个人的成长进程基本同步，当代中国建筑师具有多重性的身份或角色：职业建筑师、艺术家、策展人（curator）、知识分子等。

第二，设计体制的转型。

从 19 世纪末中国出现职业建筑师以来，中国的建筑设计体制经历了三个阶段的变化与发展。新中国成立前，西方建筑师或者中国建筑师开设的私营事务所和“洋行”是建筑师执业的主要组织方式，沿袭了西方国家的建筑师开业模式；1956 年社会主义改造以后，代之以计划经济体制下的建筑设计院制度，它是前苏联模式的翻版；在计划经济时代，建筑设计院的主要设计任务来自国家统一安排的指令性计划，完全不参与任何形式的市场竞争，建筑师个人必须依靠集体运作才能发挥作用。

改革开放以后，计划经济开始向市场经济转型，各种民间经济主体的加入改变了原来单一的国家经济主体的局面。市场需求状况也发生了变化，消费层次多元化。国有体制的设计院模式开始面临改革，一方面由事业单位转变为科技型的企业单位，另一方面实行 MBO 管理层产权买断的经营方式。1993 年 1 月，建设部实施《私营事务所试点办法》，在深圳、广州两地进行试点，之后于 1995 年 5 月将试点地区扩大到了沿海开放城市和全国省会城市。20 世纪 90 年代中期，注册建筑师制度开始实施，进一步规范并促进了中小

---

① 邹德侬先生将“国家性建筑”定义为“一个国家根据自身的条件所发展的具有特殊意义的建筑”，如“民族风格”的建筑。见邹德侬.中国现代建筑史[M].天津：天津科学技术出版社，2001：4.

② “中国固有之形式”、“民族形式”和 20 世纪 70 年代的“阶级斗争要天天讲”，事实上形成了一种支配建筑活动的“建筑政治”。由于这种“建筑政治”的主导作用，还造成了建筑理论和政治理论交叉、学术思想和政治思想交叉以及设计业务和政治运动交叉，建筑活动基本上成为政治活动的一部分。见邹德侬.中国现代建筑史[M].天津：天津科学技术出版社，2001：16.

型建筑事务所的发展。

随着中国加入 WTO，设计市场上也迎来了国外的设计事务所和设计公司的进驻，在加入 WTO 的 5 年过渡期内外资的设计咨询公司开始与国内具有资质的设计单位合作，承担项目咨询与设计工作。

目前，建筑设计的组织形式有：设计院、设计股份有限公司、设计事务所（含专业设计事务所）、设计咨询公司。除了前两类尚有国家产权的介入，其余的基本上是私营企业。由于建筑设计隶属于服务行业，不仅是技术服务，企业的运作机制和管理机制都影响到了服务的整体质量。体制的变化增强了设计人员的市场意识、竞争意识和服务意识，灵活的组织方式在提高了服务质量和效率的同时也带来了风险的意识。这种风险反过来也促进了服务质量的提高。

建筑师面临着更多的选择，对传统的“单位”的依赖性减弱，逐步由代表国家的“单位人”向代表市场的“社会人”过渡，由于体制的约束减少，个人的自主性得到了提高。设计体制的转型意味着个人与国家之间的二元对立已经逐渐转向国家与社会之间的二元对立。

第三，建筑师类型的分化。

建筑师类型也逐渐走向多元化。劳动分工的结果促进了专业的进一步分化，加入 WTO 也就意味着中国建筑师的工作内容发生了变化——从“设计”转向“服务”，因此，根据工作内容的不同，将建筑师划分为不同类型。

在传统的计划经济体制下，建筑师的工作内容是建筑设计，指工程设计中的技术部分，而加入 WTO 以后，建筑师工作内容是建筑服务，包括“咨询、设计前期服务、建筑设计服务、项目合同管理服务和委托人需要建筑师服务的建设全过程服务，强调的是技术咨询、设计、管理和服务”。[①]

不仅工作内容发生了变化，多元的市场带来了多元利益的主体，建筑师内部也开始出现了分流。建筑服务的社会分工导致了建筑师具体职能的差异，具体来说有“管理服务型建筑师、策划服务型建筑师、科教服务型建筑师、设计服务型建筑师”（表 2－3）[②]。管理服务型建筑师一般是政府部门或者开发公司里的建筑负责人，通常被称为“甲方”；设计服务型建筑师一般是设计院、设计公司或者设计事务所里的建筑师，通常他们与工程投资咨询公司里的策划服务型工程师一起被称为“乙方”；科教服务型建筑师一般是大学教师，他们既作研究，也从事建筑设计。这几种不同类型的建筑师分别代表了不同主体的经济利益，在地位上也是不对等的，分属于不同的社会阶层。通常，甲方的地位高于乙方，甲方具有主动权。

---

① 修璐.加入 WTO 对我国建筑设计影响的分析与思考[J].建筑学报，2001（12）：45-46.

② 布正伟.建筑师的类型与设计服务型建筑师的培养[J].建筑学报，2004（1）：70.

建筑师类型及其工作内容① 表 2–3

建筑师类型	工 作 内 容
管理服务型建筑师 （领导部门、开发公司、建设公司）	设计审批（领导方） 合同管理（经营方） 施工监理（施工方）
策划服务型建筑师 （工程投资咨询公司、开发公司）	工程可行性研究 工程筹备 技术信息服务
科教服务型建筑师 （教学单位、科研单位）	教学兼设计（双职称） 科研兼设计（双职称） 业余设计咨询（单职称）
设计服务型建筑师 （设计院、设计公司、设计事务所）	偏重于概念设计 偏重于建造设计 偏重于统合设计

2.2 当代中国建筑师群体的分化与个体的突围

反观中国建筑创作的环境，长期以来对“群体创作”模式的推崇和对个人主义的贬低，以及建筑师独立性的丧失，使得中国建筑师的集合表现为一种群体现象，而非个体的组合，个体与群体呈现出某种相似性。而第四、五代建筑师的崛起，意味着建筑师个体开始逐渐呈现自身明晰的形象。

2.2.1 历史中的群体现象

在“五四”以前的中国历史中，人总是以“大写”的形象存在的，这种“大写”的人代表一种抽象的概念，以个人来代表群体，以人物来界定时代，是历史的一个重要特征。除了统治阶级的代表人物，其他人都是以群体的、匿名的、抽象的姿态出现。传统的中国建筑，是社会身份的标志，体现的是一种秩序和等级，是“大写”的建筑，往往代表着礼制与家族特征的统治阶级的意志。在中国古代建筑历史中，建筑师以工匠的身份存在，而工匠作为社会地位低下的阶层，无法载入建筑史册，因此，中国大多数古建筑的建造者是匿名的，建筑作为统治阶级意志的反映，来自皇权天授的天命思想。正如修建未央宫，萧何对刘邦的劝诫是：“天子以四海为家，非令壮丽，无以重威，无令后世有以加好。”（《史记·高祖本记》）从城市规划到单体建筑的形制（建筑色彩、基座、开间、屋顶形式、斗栱等建筑细部）都与社会等级一一对应，无论是能工巧匠，还是将作大匠，都不能逾越这一“规矩”，只能在作品中体现“礼制”的要求。

自 20 世纪初中国第一批建筑师出现，至今已有近 100 年的历史。其间社

① 布正伟.建筑师的类型与设计服务型建筑师的培养[J].建筑学报，2004（1）：70.

会经历了几次重大的变革，建筑思想与观念、建筑技术与制度发生了重大的变化，建筑师的命运也经历了起起落落。但是，建筑仍然是一种意识形态的反映，烙上了“大写”的政治意识的印记。这种“大写”的建筑应该如史诗般壮观、瑰丽，应该具有写入历史的宏大气魄，以永恒的经典形式载入史册。因此，当代许多建筑仍然追求宏大叙事和永恒统一的主题，单个的建筑却承载了传统、时代等抽象的形而上学的重任。在这种追求“大写”目标的创作环境中，往往以政治思想取代建筑思想，以方针政策取代建筑理论，建筑师只能以被动的身份去附和政治的需要，与建筑作品一起成为体现政治意识形态的工具。

特殊的社会环境和社会条件培养和造就了现代中国建筑师的“群体现象”。邹德侬先生将其概括为七点特征：“中庸和辩证的设计思想和方法；创作中的传统情结和文化使命；高超的设计技艺和折中的倾向；群体性封闭了建筑创作的个性；封闭环境中自发探索现代建筑；建筑创作广有成就的地域品格；形象思维重于建筑理论的思辨。”①“群体现象”中的“建筑创作机制，强调集体创作，追求群体价值”。②群体性压抑甚至牺牲了个体的主体性，个人的积极性和创造性难以发挥出来。

这种群体也不是完全意义上的行动主体，它受控于“国家”的政治意识形态，建筑创作活动并不反映群体与人的意志。从建筑观念和建筑经典理论可以洞察出建筑的主体——人的缺失。如 20 世纪 20 年代以前“建筑是科学”；30 年代开始，提出“建筑是科学技术与艺术的结合”，“建筑反映国家和民族的文化水平”。建国后，建筑方针成为建筑应该遵循的原则，从 20 世纪 50 年代的十四字方针——“适用、经济，在可能条件下注意美观”，到 80 年代的四个因素——“适用、安全、经济、美观”，三个属性——“时代性、民族性和地方性”，三个效益——“经济效益、社会效益、环境效益”。③即使到了 20 世纪 80 年代，建筑师所持的观念仍然停留在西方现代建筑初期的状态：“技术加艺术”，“而且是前者制约后者”。④所有的方针、原则都没有涉及建筑师个体或者群体的特征，也没有直接体现出建筑与人的关系。所有问题的核心在于“人道主义的缺席”，“没有具体的人的体验和人的空间”，没有“小叙事”，没有“生活世界”。⑤

不可否认的是，近 100 年来，中国变化着的社会环境赋予了每一代建筑师群体不同的特征。在同一代建筑师中，由于地域气候、政治影响等方面的原因也产生了群体之间的差异。如“京派”、“海派”、“岭南派”等地域之分，代际

---

① 邹德侬.中国现代建筑史[M].天津：天津科学技术出版社，2001：17-18.

② 邹德侬.中国现代建筑史[M].天津：天津科学技术出版社，2001：18.

③ 邹德侬.“适用、经济、美观”：全社会应当共守的建筑原则[J].建筑学报，2004（12）：74.

④ 林乐义.谈谈我们“建筑师”这一行[J].建筑师，1979（创刊号）：8.

⑤ 朱剑飞.人性空间的出现[M]//崔愷.工程报告.北京：中国建筑工业出版社，2002：179.

以及派别的划分意味着中国建筑师这个整体已经被人为地划分为许多群体，它默认了群体之间差异的存在。但是，相对于西方建筑师显著的代际差别，中国建筑师从历史上的整体来说，思想观念的变化还是微弱的。[①]而且这些差异仍然与人无关，主要的区分标准还是建筑形式：固有形式、民族形式、“社会主义新风格”、“现代建筑”（注重现代建筑的形式、功能特征）等等。尽管从中国第一代建筑师开始就受到了现代建筑与现代主义的影响，但直到“全球化”时代的来临，中国建筑师的中心话题仍然是现代技术语境中（技术与材料）的建筑形式问题。

按照惯例，建筑师的分代是建筑师获得群体认同的一种途径。通过年代的划分或者建筑形式的区别，使得建筑师以“代”或“派”——群体的身份登上历史的舞台。纵观第一代建筑师至第三代建筑师的历史轨迹，每一代当中的个体与个体之间的差异在群体的整合作用下被湮没了，每一个体的特征都是模糊的，他们身上彰显的是群体的身份。直到第四代建筑师的崛起，才意味着这种局面有所改变。

2.2.2 当代建筑师群体的分化与个体的突围

当今活跃在中国建筑创作实践中的建筑师，应该是第三代、第四代以及第四代之后的建筑师。[②]如果说邹德侬先生对中国建筑师群体特征的描述主要是针对第二、三代建筑师的话，第四代及之后的建筑师已经表现出偏离这种特征的倾向。进入20世纪90年代，建筑创作的环境发生了重大变化，全球化已经将中国建筑师置于世界的大背景之中，信息的畅通和视野的拓展，市场原则下的建筑实践给建筑师表达个人的思想提供了可能，赋予新一代的中国建筑师更多的优势和能量，这种能量的积蓄充分体现在建筑师的个体之中，群体特征仍然存在但是群体开始分化。代表新生力量的第四代建筑师的“个体叙事”高调出场，与以第三代建筑师为代表的“宏大叙事”的主流话语和市场经济中的商业化设计潮流分庭抗争。

2.2.2.1 第四、五代中国建筑师的“现代意识”

尽管群体中个体特征开始凸现，描述当代中国建筑师的群体或个体特征仍是一个艰巨的任务。当代建筑师建筑作品中主题和策略的转变，可以折射出建

---

① 本文的这一观点来自于三个方面：一是平行比较，即与国外建筑师的平行比较；另一方面是纵向比较，即中国建筑师本身所持有的建筑观以及中国建筑历史的发展状况而言，李约瑟先生在《华夏意匠》中谈及中国建筑变化缓慢的原因是木构建筑以及建筑师的习惯性思维方式；最后一个方面来自于影响研究，近现代中国建筑的发展主要还是一种输入影响，即西方建筑思想对中国的单向影响——有选择的影响。

② 杨永生.中国四代建筑师[M].北京：中国建筑工业出版社，2002.该书将中国建筑师分为四代：第一代是清末到辛亥革命（1911年）间出生的，多留学国外；第二代是20世纪10~20年代出生，新中国成立前大学毕业；第三代是20世纪30~40年代出生，新中国成立后大学毕业；第四代出生于新中国成立后，在改革开放的年代接受的大学教育。

筑师的主要思想和心理状态的变化，从中可以看出“第四代”及以后的建筑师仍然表现出了某些共同的特质。

1. 个体意识：推崇自我

新一代的建筑师普遍受到纯粹的现代主义的影响，而现代主义的特征在于“对艺术与道德分治的坚持，对创新和实验的推崇，以及把自我（热衷于原创与独特性的自我）奉为鉴定文化的准绳”。[①]

个体意识是在反抗群体意识的过程中凸现的，个体以“边缘化”的姿态表现个体对历史的反思、对城市的反思，并积极寻找个人化的语言从而重新诠释艺术和生活，表现出了“主体性”的自觉。如王澍在二室一厅的商品房里的“造园”活动，他将空间“戏剧化”，只不过是为了建立属于自己的世界。这种个体意识也是一种民主意识，表明建筑师将自身的价值建立在个体的自由基础之上。它不仅表达了对个体的尊重，也是为建筑师创造良好社会环境的基石。

2. 身体意识：关注以图像为媒介的视觉文化

图像在当今社会的重要性赋予时代新的特征，海德格尔指出，“世界图像并非意指一幅关于世界的图像，而是指世界被把握为图像了”。[②]随着“读图时代”[③]的来临，建筑效果图获得了新的地位。建筑效果图，是一种建筑图像，中国古代称之为“界画”，“界画”在中国绘画史中的地位非常低下，[④]而当代的建筑效果图已经从影像效果中获得了与建筑本体相当，甚至超越建筑本体的地位，它甚至获得了相对独立的位置。效果图绘制与建筑设计逐步脱离，催生了遍布全国的规模不一的效果图公司。以水晶石、原景为代表的建筑效果图公司不仅享誉中国，知名度甚至传到了国外。在设计投标或者设计竞赛中，建筑效果图的视觉效果几乎要超越对功能、环境等诸多要素的考虑，在很大程度上决定了甲方的最终选择。“读图时代”建筑的表现方式一方面追求“真实”、“现场”和“细部”的呈现，与此同时，也在追求虚构与真实的混合，在想象中追求模拟未来的可能图景。

图像不仅以二维的平面姿态影响了建筑的“表现”和“阅读”方式，也改

---

① （美）丹尼尔·贝尔.资本主义文化矛盾[M].赵一凡，蒲隆，任晓晋译.北京：生活•读书•新知三联书店，1989：30.

② 孙周兴编.海德格尔选集（下卷）[M].上海：上海三联书店，1996：899.

③ 最早提出“读图时代”这个词的是广州花城出版社编辑钟洁玲女士，她认为“读图”“比‘看图’要更进一步，更深一层，更能将图像的地位提高一个台阶，而不是以往我们一直处于一个纯文本占绝对优势的地位。在阅读的过程中，读者更具主动性，而不是走马观花地，仅为了看图而看图，这图里面和外面都有许多牵连何关系的，我们要‘读’的就是这些”。引自王文英，叶中强主编.城市语境与大众文化[M].上海：上海人民出版社，2004：191.

④ 顾恺之认为：“凡画，人最难，次山水，次狗马。台榭一定器耳，难成而易好，不待迁想妙得也。此以巧历不能差其品也。”（顾恺之《论画》）。张彦远则认为：“至于台榭，树石，车舆，器物无生动之可拟，无气韵之可侔”。（张彦远《历代传名画记》）。

变了建筑美学的观念，建筑从实体的三维“空间”转向平面的二维“影像”。2003年年底，日本的《A+U》杂志推出了“百花齐放”的中国建筑专辑，作品中有张永和的苹果售楼处、远洋艺术中心，艾未未的艺术文件仓库，马清云的父亲住宅，王昀的美善大楼加建，登琨艳的苏州河仓库改造。在这些作品中，造型和影像的表达效果十分显著，它们代表着新一代建筑师的美学观念。随着“建构”理论在中国的广泛传播，建筑师对建筑本体的表达上升到了一个新的阶段，将建筑的表皮——材料与肌理置于一个重要的位置，使得充满符号和影像的表皮建筑以二维平面的姿态呈现在人们面前，削减了其三维形态的实体感觉。它意味着新的形式美学表现在建筑造型上是建筑形态的符号化，它消解了建筑整体的主从关系，要素变得与整体同样重要，甚至要素比整体更重要。

与传统精英文化中的文字相比，图像由从属地位到当代“超越”文字的重要转变，为建筑师的多渠道“表达”提供了新的契机，在影像的“大众文化”支持和“消费意识形态”的背景中，建筑师的创作与思考途径不可避免地与消费主义文化联系在一起。在消解了深度而趋向平面化的消费社会里，这种身体意识表现在注重“看”的效果——关注视觉体验，传达作品中的“影像意识”和“造型意识”。

3. 反思意识

个体的反思意识首先表现为对“民族形式”的批判。这种形式主义与建筑本体的关系受到了质疑。形式语言的匮乏、流行语汇的模仿和信息的冗余甚至成为了第三代建筑师的最大诟病。

回顾中国建筑现代史，形式主义对中国建筑的影响可谓根深蒂固，经历了几次大的反复：20世纪30年代、50年代、80年代三次中国古典建筑的高潮，从固有形式到民族形式再到“形似”、“神似”等评价标准，[①]都是以形式为本位的。对形式主义的追求依然可以在20世纪80~90年代模仿西方“后现代主义”和“解构主义”等建筑的热潮当中窥见一斑，曾经，各种代表“后现代”的符号、构架（如KPF的大檐口）出现在大街小巷。继20世纪80~90年代西方建筑理论研究的一个高潮之后，21世纪随着一些经典的建筑基本理论陆续在中国翻译和出版，中国建筑师开始得以系统地了解西方建筑理论的脉络，同时也反思中国本土建筑的基本问题。因此，“建构”这一并非最新的理论话题开始受到中国建筑师的重视，而且这一话题正好也迎合了当时中国建筑发展的一个大背景：全球化对中国建筑的冲击。

第四代以前的建筑师并没有突破观念的障碍，只是寻求建筑语言的创新，因此他们难以摆脱建筑形式的限囿。而第四代建筑师将观念视作第一位，是在观念的基础上寻求建筑语言的创新，因此，与之前的建筑师相比，第四代建筑

---

① 邹德侬.中国现代建筑史[M].天津：天津科学技术出版社，2001：16.

师不仅仅是呈现出一种新的"美学意识"，更寻求观念上的突破。

个体的反思意识还表现在对城市化、历史和传统的质疑。这种"个体意识"、"反思意识"都鲜明地烙上了"中国性"的特征。所谓"中国性"，就是在"个体主体"中融入了"民族主体"的内涵，或者是面对中国现实的具体投射。在20世纪90年代以前，这种民族主体和个人主体是相互对立的，民族主体压倒了个体主体，如今，个体主体中只是或多或少地保留着些许民族主体的影子。

无论是个体意识，还是反思意识，其共同特征是对具体的个体——人的关注，在作品中体现建筑师的个体意识，创造"人格化"的空间，是新一代建筑师建筑创造的一个共同趋势。这种人格化的空间首先是一种"人性化"[①]的空间，其次，这种空间中体现了建筑师个体的特征，烙上了建筑师个体的特质，因此，它是"人性化"的宏大叙事中的具有个人体验的小叙事的"人格化"的空间，如刘家琨的"主体性"叙事空间，王澍的造"园"活动。

2.2.2.2　消费主义文化语境中的建筑创造

20世纪90年代后，以"全球化"名义影响中国社会的另一种思想观念在中国出现，这就是消费主义的"意识形态"。所谓消费主义的"意识形态"，是指"贯穿于消费（主义）文化中的思想观念"，[②]它"侧重于思想观念的层面，而'消费文化'侧重于物质的、实践的层面"。[③]对于消费主义的理解关键在于："消费已经不再是人们的一种日常生活行为和手段，它本身就已经成为一种目的。""整个社会的重心从生产转移到了消费"——"以消费来决定生产"。[④]

有关"消费"的各种概念——"消费主义"、"消费主义文化"、"消费社会"混杂在一起，难以区分。[⑤]本文将这种以大众流行文化为依托、以消费主义为观念、以消费为目的与体验社会背景，统称为"消费主义"的"文化语境"，这一文化语境并没有明确的界限，它同其他形式的意识形态相互糅杂，相互影响与借鉴，共同构成了当代的社会意识形态。

这种新的意识形态对建筑艺术的冲击表现在："建筑艺术的审美倾向从传统的总体思维、线性思维、理性思维向非总体思维、混沌——非线性思维、非理性思维的模式转变。"[⑥]进而形成一种功利性的新的形式美学观，表现在建筑上是对建筑风格化形式语言的关注，即对建筑造型和形态的片面追求，继而上升为一种符号化倾向，一种形式游戏。而媒体对建筑学领域的介入"僭越"了

---

① 朱剑飞.人性空间的出现[M]//崔恺.工程报告.北京：中国建筑工业出版社，2002：179.

② 王文英，叶中强主编.城市语境与大众文化[M].上海：上海人民出版社，2004：144.

③ 王文英，叶中强主编.城市语境与大众文化[M].上海：上海人民出版社，2004：144.书中认为"消费文化"的范围要大于"消费主义文化"的范围。

④ 王文英，叶中强主编.城市语境与大众文化[M].上海：上海人民出版社，2004：144.

⑤ 消费、消费主义、消费社会、消费文化、消费主义文化概念之间的区别和联系，见华霞虹.消融与转变——消费文化中的建筑[D].上海：同济大学建筑与城市规划学院，2007：20-31.

⑥ 万书元.当代西方建筑美学[M].南京：东南大学出版社，2001：206-231.

其传统的中介角色，不再成为促进设计师与大众之间沟通的催化剂，建筑消费市场信息的反馈成为建筑设计的主要导向。建筑学从一门纯艺术逐渐转型为建立在经济基础之上的商业建筑学，用商业运作的方式来对待建筑设计，导致建筑设计由创造走向一种商业性的建筑制造。

1. 建筑创造与制造

建筑创造和建筑制造是两种不同性质的建筑活动，创造的本质是生产出前所未有的独一无二的作品的活动，是不可重复的，而非模仿他人的。建筑艺术的魅力就在这种独创性之中。此外，建筑艺术作为一种精神生产的产物是无价的。在创造活动中，建筑师作为主体始终是主动的，处于第一位的。

而制造却是一种机械的复制活动。现代化的制造是通过自动化或其他高科技手段，按照特定的程序和操作方式把特定的原料加工成符合主体预定要求的产品，因而制造的本质是一种重复性的简单生产。生产者在制造过程中只是机械的操作者和被动的模仿者，他们不具有创新意识，只按照预先设定的方式复制产品。艺术品可以通过这种方式大规模地生产和复制，大规模的复制使得艺术不再具有权威性。

我们可以通过对建筑制造过程中的生产与消费的分析来进一步阐释其现象学的本质。

1）消费的客体：符号或体验

“消费的对象，并非物质性的物品和产品：它们只是需要和满足的对象。”“要成为消费的对象，物品必须成为符号，也就是外在于一个它只作意义指涉的关系——因此它和这个具体关系之间，存有的是一种任意偶然的和不一致的关系，而它的合理一致性，也就是它的意义，来自于它和所有其他的符号——物之间，抽象而系统性的关系。这时，它便进行个性化，或是进入系列之中，等等；它被消费——但（被消费的）不是它的物质性，而是它的差异（difference）。”“被消费的东西，永远不是物品，而是关系本身——它既被指涉又是缺席，既被包括又被排除——在物品构成的系列中，自我消费的是关系的理念，而系列便是在呈现它。”[①]具体地说，在建筑消费中，消费的对象（即客体）已不仅仅是建筑实体本身，更视其为一种身份、地位、时髦的象征，或是一种与众不同的体验。物质性的产品附加了新的含义和信息，建筑的价格、风格成为一种符号，与某种当下流行的生活方式联系起来，具有与时装同性质的意义。如巨柱式与罗马式风格联系在一起，象征了欧洲贵族的居住理念。建筑价格的炒作也用来显示个人的身份和品位，通常说的“不求最好，但求最贵”就是这样一种消费追求。

2）消费的主体：大众

---

① （法）J·布西亚.物体系[M].林志明译.上海：上海人民出版社，2001：222-224.

消费社会的消费主体又是些什么样的人呢？是大众构成了这一消费的主体。这里的大众并非只是统计学意义上通过数量的多少而计量的人群。西班牙哲学家、社会学家奥尔特加（J. Ortegay Gasset）是这样定义的：“大众不能孤立地或主要地被理解成是‘劳动阶级’。大众是平均的人（the average man）。在这方面，纯粹数量的东西——大量的人——可以被转化成一种量的决定因素：它也就变成为一种共同的社会特质，即彼此没有差别的人，却又在他们自己身上重复出现的种属类型。把数量转换成特质我们得到了什么呢？简单地说，借助后者，我们理解了前者的起源。通俗地说，大众的一般形成意味着，在那些个体中构成大众的欲望、思想和生活方式方面是别无二致的。”①这种大众抹杀了个体的差异而显现出一种同质性。

在建筑消费市场中，平均的大众占人口数量的多数，这种数量优势的需求直接带动了建筑市场的运作。大众的消费意识也就形成了一种主流意识形态：拒绝一切深刻的探寻，具有相同的趣味。

因此，大众化的建筑消费必定体现大众化的世俗本性，这种功利性的形式美学观基础上的消费表现在建筑形态上就是使得越来越多的建筑成为片面的形象游戏，进一步消解了建筑深度及意义。它以一种主流意识形态的运作方式呈现在大众面前，同时通过复制、拼贴等手段排斥边缘意识形态，消解精英意识，以维护本身的主导地位。

3）生产：建筑产业运作

从建筑的生产者来说，生产的大权并非在建筑师手中，建筑师只不过是生产流水线上的操作工人而已。建筑师没有资金，既不承担风险，也不作决策，更无法资助自己的作品，必须依赖他人使自己的作品得以建成实现。这种意义上的建筑师已经失去了建筑设计的控制权，建筑师在建筑设计作品的生产过程当中实际处于一种被动的地位，听命于市场，听命于有钱的业主，完全丧失了其应有的主动权。

而真正掌握生产大权的建筑运营商却是以市场为导向，根据消费者需求生产，另一方面则是有意识地引导或培养消费市场，用媒体宣传或其他各种方式将他们的消费观念输入到大众头脑当中，通过控制消费需求来降低生产风险，其根本目的都是为了其自身的经济利益。在激烈的市场竞争中，最大限度地降低成本成为赢利的关键，标准化生产成为了设计的主流趋势。相比而言，个性化的建筑创造往往不能适应这种“短、平、快”的高效率的生产模式而被淘汰，如今所谓的建筑创造实际演变成为一种模式化生产，失去了作为创造所应当具有的个体化精神生产的特殊意义，成为一种制造。

因而这种意义上的建筑生产也就成为了一种建筑产业，产业的运作原则是

① 周宪. 20世纪西方美学[M].南京：南京大学出版社，2000：60.

遵循商品交换的逻辑，正如住宅的产业化。相应地，建筑设计产品也就具有了商品的意义，它以商品的形式进入市场，为大众所消费。

4）明星建筑：品牌——消费符号

正如其他商品一样，作为商品意义上的建筑也有品牌之分。在这里值得一提的是明星建筑。明星建筑中的明星建筑师犹如漂亮的商品包装，使得建筑这一商品非同寻常，有了更高的商业价值。作为真实具体的人，明星建筑师具有差异社会学上的意义，而在语言符号学意义上，明星建筑师在建筑文本中却是建筑表达意义的构成形式，一种表意符号，符号学与社会学意义在建筑这一特殊的产品中似乎在共同发挥着作用，生产出作为偶像的艺术品的价值。这样，明星建筑通过建筑师的差异社会学意义转换成为一种消费符号。

就像一部电影成功之后不断推出续集一样，一栋建筑作品的商业成功往往能衍生出许多后继的系列产品，或刮起一阵建筑造型元素的流行风，许多其后的建筑作品也无非都是在利用先前成功的作品的知名度和市场号召力，把卖点定位在与前部作品相似的受肯定方面，采用一种修辞学策略，仅仅对其稍加变形和改造——即通过冗余信息的增加，以一种重复的生产模式去迎合同一种社会需求、生活方式和价值观念。因此，当今许多主流的设计事务所在不断生产着类型化、模式化的作品，这些标记式的作品源源不断地流入市场，形成一种主流消费，如KPF的弧形檐口出现在各种类型的建筑形式上。

2. 消费体验：一种商品

以往对建筑的评判主要是在业内进行的专业化的评定，建筑专家具有话语权，尽管由于中国的特殊国情，这种评议不可避免地带有官僚主义的做派。如今，建筑的评审分成两类，一类是专家评审，偶尔也有公众参与。另一类则是基于市场基础之上的建筑制造的评判标准，来自于运营商的经济利益是否得到最大限度的满足，它是通过大众作为消费者对建筑这一特殊商品的认可体现出来的。由于在消费社会中，物品消费是作为一种体验来消费的，这种体验具有自身的价值。托夫勒（Toffler）在《未来的冲击》中提出：继制造业、服务业的繁荣之后将是“体验业”的兴盛。①在传统社会，体验的意义在于确定作为主体的人与环境和历史的关系，是对客体原初的接受的结果。而复制解除了客体在时间、地点上的限制，体验也相应地失去了时空的约束，成为了可复制的产品。消费大众对建筑作品的判断标准取决于他们消费建筑商品所获得的体验是否得到满足，以及在这个过程中的自我肯定是否得到实现。因此，这种意义上的建筑制造又是一种生产者为消费者提供消费体验的制造。

如今，各地兴起的“仿古一条街”或主题公园就是力图为消费者提供一种体验服务的商品。有的运营商甚至宣称他们能“再现《清明上河图》这一宏大

---

① （美）A・托夫勒.未来的冲击[M].孟广均译.北京：中国对外翻译出版公司，1985：200.

场景”或者是让人们“回到侏罗纪公园”。这一类消费倾向的兴起源自人们怀旧情结的日益高涨，在物质生活日益丰富的同时精神却失去了寄托，企图在历史中寻求心灵的慰藉。但是，怀旧也成为了一种商品。这种体验在建筑产业的生产环节上是以一种预设的方式与产品同时生产出来的，生产者以一种先验的姿态告知消费者，将其出售。这种体验甚至是可以通过程序计算出来的，消费者可以通过购买不同的产品相应得到不同的体验。

在物质产品过剩的今天，人们每天都被大量的符号消费所包围，每天承受着各种不同的消费体验，物质产品丰富的当代，人们也获得了前所未有的丰富体验。但是这些体验在越容易获得的同时也越容易被人们丢弃，人们在获得一种瞬时的满足之后迅速地对其厌倦转而去寻求另一种体验和刺激。如同生物的抗药性一样，生活体验在加速更新的同时，人们也越来越难以获得体验的满足感。

2.2.2.3 个体的突围

在第四代及以后的建筑师中，个体已经在“突围”。[①]“突围”是建筑师个体能量的凸现，是建筑师个体在群体中获得了个人的标志。尽管这些个体还是以“集体”的方式亮相，但是，这个“集体”已经不是意识形态中与国家、民族概念对等的“集体”概念了。新的“集体”同样具有社会性，但“集体不同于整体。整体强调‘和’的规模与完整性，集体强调‘同’的力量与一致性”。[②]本文认为传统建筑师的“群体”特征应该是一种“整体”的模式，即以“和”为特征。而新一代中国建筑师的“突围”则是以王澍、刘家琨等为代表的青年建筑师以小组的方式寻求“突围”。这种突围表现在各种建筑或艺术“展览”热和建筑师的“集群设计”热之中。

1999年6月，北京第20届世界建筑师大会的“当代中国建筑艺术展”中，55件代表共和国50年的主流作品辉煌登场；与此同时，作为此次展览附属的“中国青年建筑师实验性作品展”中，8位中国青年建筑师展出了各自的10件作品。这8位建筑师分别是张永和、赵冰、汤桦、王澍、刘家琨、朱文一、徐卫国、董豫赣。有评论认为这次展览是当代中国建筑界的第一次集体式突围行动，具有划时代的意义，使“宏大叙事”黯然失色，也是青年建筑师勇气与自信的体现。[③]“如果说当代中国建筑艺术展的55项作品，是共和国50年建筑设计的总结，也是有些老先生退出舞台时辉煌的谢幕，那么，青年建筑师实验性作品则是序曲，是当

---

① 张莉认为“突围是一种对生存惯性的超越，对‘存在的被遗忘’的发现”。“当代中国建筑界的集体突围基本上呈现出‘彼此呼应’的总体特征，但并不排除在个体之间为寻求突破而进行的酝酿沟通中存在有‘一呼而应’的可能性。”见张莉.集体式突围表演[J].新建筑，2006（2）：87-89.本文的“突围”则指个体意识的觉醒。

② 张莉.集体式突围表演[J].新建筑，2006（2）：87-89.

③ 张莉.集体式突围表演[J].新建筑，2006（2）：88.

下文化语境中心的选择，也预示了中国建筑的发展趋势”。[①]

此后，“长城脚下的公社”（又名“建筑师走廊”）、“国际建筑艺术实践展”、“建川博物馆聚落”、“金华建筑艺术公园”等一系列的展览和设计都在为建筑师宣扬个体意识和个人体验提供舞台（表 2－4）[②]。这些展览保持了一个共同的特征：建筑已经突破了传统建筑学研究的视阈，演变为“事件”，以“媒介”的方式寻求社会的认同，从而获得个体的认同。

参与集群建筑展览两次以上的建筑师名单　　表 2－4

建筑师	长城脚下公社	贺兰山房	浙大紫金港校园	松山湖科技产业园	九间别墅	青浦新城开发	国际建筑实践展	建川博物馆聚落	用友软件园	金华建筑艺术公园	良渚文化村	天津鼓楼街	梅沙海滨步道	氿北文化中心	苏州天亚水景城	次数小计
张永和	√			√		√	√	√	√	√						7
张雷				√		√	√	√			√		√			6
周恺				√		√	√	√				√	√			6
刘家琨				√		√	√	√		√						5
齐欣				√					√		√	√	√			5
王澍				√			√			√			√		√	5
艾未未	√			√			√			√						4
崔恺	√			√			√	√								4
矶崎新					√		√	√								3
大舍建筑				√		√					√					3
都市实践				√								√	√			3
马清运						√	√						√			3
汤桦				√			√						√			3
程泰宁			√					√								2
登琨艳					√	√										2

这种个体对认同的特殊需求诞生于弥漫着消费主义文化的当代中国现实语境中，是差异与同一、个体与群体交融于中国与西方、全球化与地域化这一

① 王明贤.空间历史的断想——中国青年建筑师实验性作品展始末[M]//蒋原伦主编.今日先锋（8）.天津：天津社会科学院出版社，2000：1-8.

② 资料来源：蔡瑜.中国当代建筑集群设计现象研究[D].上海：同济大学建筑与城市规划学院，2006：24.

错综复杂的大背景中的产物。

这些青年建筑师基本上都是在 1978 年以后接受高等教育并活跃在中国建筑舞台上的一线建筑师，既有留洋并从事过建筑实践的“海归”，也有土生土长的本土建筑师。有学者这样概括这个群体的特征：“竞争环境中登上舞台；文化多元变革的环境；自发的现代建筑情结；很少中庸的思想方法；先天的设计市场观念；敏感的先锋性和实验性”。[①]朱剑飞先生评价“他们正以纯粹、解析、建构的现代主义语言，打破装饰的社会现实主义的中国现代建筑传统，及背后的自 20 世纪 20 年代引入的巴黎美术学院的基本体系，大有成就历史突破的趋势”。[②]其中，比较有影响的有：张永和、崔愷、刘家琨、马清运、王澍、张斌、大舍工作室（柳亦春、庄慎、陈屹峰）、都市实践（朱锫、王辉、孟岩）等建筑师。

朱剑飞先生总结了他们的共同点：

“① 他们在设计思想和资金依托两方面脱离了国家政府的直接管辖，获得了相对的自主和自由。② 他们反对 20 世纪 70 年代后期之前的以巴黎美院为基础的主流传统和近几十年后现代商业符号化的设计潮流。他们强调建筑的本体价值，探索建筑设计的内在自主的标准，以超越 20 世纪中国建筑的社会现实主义的主流传统（这种批评的、自主的、建构的立场今天也在发展成抽象的地方主义和批评的都市主义）。③ 他们最自觉、最成熟的论述中，透露出一个潜在的立场，它背离 20 世纪 70 年代后期之前极左的官方意识形态，那种通过巴黎美院的语言讲述关于国家和革命的伟大叙事。这种‘右倾’的立场今天又趋向一个新的‘左倾’，以抵抗市场经济中唯利的资本主义因素。④ 他们努力表达自己独立的设计思想，由此获得‘作者’的自主地位。他们有自己的话语空间，也受到市场的支持和国家的宽容。这个空间包括大学、出版界、展览场所和网络空间（例如 abbs.com 和 far2000.com）。值得注意的是，这个话语空间也延伸到海外机构如大学、展览中心和展览活动场馆（如柏林的埃德斯展览馆（Aedes）、巴黎的蓬皮杜国家文化艺术中心、威尼斯双年展），进入一个国际的网络社会。⑤ 在中国国内，尽管存在着种种问题，设计活动还是受到了国家的宽容和市场的依托，使这些建筑师手中的‘侵越’或‘超前’的设计得以实现（如‘南京国际建筑艺术实践展’和‘北京长城脚下的公社’）。”[③]

在关注这个群体共性的同时，不能忽略其中的个体特征，因为这个群体中每一个体都具有鲜明的个体意识，各自采用了不同的主题和策略，从而表现个体的自我。

---

① 戴路.中国当代青年建筑师的群体特征[J].天津大学学报，2003（4）：166-168.

② 朱剑飞.批评的演化：中国与西方的交流[J].时代建筑，2006（5）：59.

③ 朱剑飞.批评的演化：中国与西方的交流[J].时代建筑，2006（5）：59.

第3章　当代中国建筑师的职业角色与自我认同危机

人的认同包含外在的与内在的认同两个方面的内容。外在的认同通过人在社会中所承担的角色来体现，内在的认同是“自我”的认同。建筑师的外在认同不仅包含了角色的认同，还包括了建筑作品的认同。

知识经济的转型促使当代建筑师向“全能角色”回归，这意味着当代中国建筑师在社会中同时还承担着艺术家、知识分子等其他角色。处于职业化进程中的当代中国建筑师的认同不仅是一种独立性与合法性角色的认同，也包括了内在的自我认同和作为交流的符号——建筑作品的认同。建筑师内在的自我与外在的角色互动体现在专业职责、表达自我以及作品表现之中，这三方面正是建筑师的角色认同、自我认同和作品认同的具体内容。

3.1　当代中国建筑师的职业角色认同危机

人类的社会结构为每个人安排了不同的社会角色。譬如一个人在职业结构中承担的是建筑师、医生的角色，在家庭结构中是丈夫、父亲的角色。社会结构越复杂，人所承担的角色越多，现代社会的每个人都要同时承担多个角色。角色，就是职能，不同的结构组织需要不同的职能来构架和完成特定的功能。人们在社会中承担的角色一般可以分为两种：职业型和非职业型的社会角色，这两种角色有时也混合在一起，难以区分开来。譬如，有的角色是职业型的，但是工作内容又包含非职业型的部分。人作为角色的载体，往往是集职业型和非职业型角色于一身。职业型和非职业型的角色也称为功利型和情感型的社会角色。多重性质角色的存在反映了多重的社会期望与多重的社会归属关系。角色既可以由个体承担，也可以由群体来承担，以群体的方式承担同一角色就构成了职业群体。

3.1.1　中国建筑师的职业角色与“知识服务”

建筑学领域的拓展延伸了建筑师的业务范围，基于社会结构以及建筑层次的多重性，建筑师职业角色也具有多重性，职业角色之间的协调与整合以及角色自身的完善是建筑师承担社会功能的前提。

3.1.1.1　建筑师身份与角色的历史变迁

作为社会分工的结果，角色本是一个中性的概念，角色之间是平等合作的关系。尽管角色的内容不一致，但角色没有等级之分。只有当角色与收入、身份等联系在一起时，角色的内涵被增殖，附加了身份、地位等含义的角色便有了层级之分，它是社会身份和地位的标志。

对建筑师的历史作一个简要回顾将有助于了解建筑师角色与身份地位变化的特征。

古埃及的主要建筑是神殿，其设计者和工匠管理者是最早的建筑师，也是神职的官员和国王的助手，具有很高的社会地位。到了古希腊和古罗马时代，建筑师有了专门的称谓“Architecton”。维特鲁威的《建筑十书》中专辟篇幅描述了建筑师应该具备的才能：全能、通晓各种知识。

“在中世纪，建筑师的名称从历史中消失了，代之以匠师的称呼。但是，匠师却有着很高的社会地位。”①匠师主要负责教堂、修道院的设计与施工，其知识背景主要是神学、数学和几何学。

文艺复兴时期，建筑师从“匠师”中脱离出来重新获得“建筑师”的称呼，这一时期建筑师的地位达到了最高峰。以米开朗琪罗为代表的建筑师，集雕塑家、画家、建筑师于一身，成为人类中的“超人”、“完人”、“巨人”。“他们以艺术与技术的完美一体化体现了那个时代的世界认知范式——人类和自然世界是真、善、美的和谐统一，和谐即是美，真理必然和谐。”②这个时期，建筑、雕刻、绘画成为艺术的三大门类。这个时期各国还成立了各种艺术学院，如法国建筑学院（1671 年）、英国皇家学院（1768 年）、法国国立美术学校（1819 年）等院校成为培养艺术家的摇篮。③“建筑师从艺术的角度把握建筑，先是从培养成为一名艺术家开始，然后成为一名建筑师。……然而，文艺复兴建筑师对建筑的结构技术依然根据经验的法则，而不是力学的计算。因此，从总体上说，文艺复兴时期的建筑师应当定名为艺术建筑师。”④

18 世纪末至 19 世纪初，英国出现了现代意义上的职业建筑师。1791 年成立的“英国建筑师俱乐部”以及 1834 年成立的“英国建筑师学会”标志着建筑师行业的基本形成。20 世纪 30 年代英国率先建立了建筑师职业制度，为今后各国建筑师职业制度的形成起了示范作用。

西方建筑师的历史演变表明建筑师职业身份的形成经历了工匠（Artisan）、艺术家（Artist）、艺术建筑师等各种不同阶段，才形成当今的职业建筑师（Profession Architect）的定位。

---

① 郑时龄．建筑批评学[M]．北京：中国建筑工业出版社，2001：263.

② 姜涌．建筑师职能体系与建造实践[M]．北京：清华大学出版社，2005：14.

③ 姜涌．建筑师职能体系与建造实践[M]．北京：清华大学出版社，2005：14.

④ 郑时龄．建筑批评学[M]．北京：中国建筑工业出版社，2001：270-271.

与国外相比，中国古代没有建筑师的称谓，从事建造活动的是“匠师”。匠师的社会地位很低，“雕虫小技，士人不齿”。工匠的人身依附关系很强，身份世袭、职业固定，而且组织封闭、群体失语。[①]他们都是手工操作的手工业生产者，以经验性[②]技术传承，或是世袭家传，或是师徒相传。

中国第一代建筑师出现在20世纪初，主要由欧美学成回国的留学生组成。一些外籍的设计洋行也进入中国，培养了一批通过设计实践成长起来的本土建筑师。20世纪20~30年代，中国建筑师公会（1927年）、东北大学建筑系（1928年）、中国营造学社（1930年[③]）相继成立，为中国建筑的现代转型奠定了基础。其中，朱启钤先生创办的中国营造学社回归传统的“营造”概念，将建筑师定位于“营造师”的角色，着力于对传统身份的复兴。1927年，留美回国的建筑师庄俊、范文照等人，“目睹彼帮建筑事业之发达”，[④]而我国“建筑师之名称尚未明了”，[⑤]成立了“上海建筑师学会”，后更名为“中国建筑师学会”，创办《中国建筑》杂志，英文名为“The Chinese Architect”（中国建筑师）。1930年春，“上海市建筑协会”成立，创办《建筑月刊》，英文名为“The Builder”，“Builder”的中文意思与“营造师”的概念相近。“Builder”与“Architect”两英文名字的差异反映了当时建筑界对建筑师角色的不同理解。1936年在广州勷勤大学（华南理工大学前身）创办的《新建筑》创刊号的发刊词中，中国新建筑杂志社表达了这样的愿望：“《新建筑》的使命将要把‘建筑’从泥水工匠、土木工程师的观念中解放出来。”[⑥]从而建筑师的角色进一步得到了新的确认。

现代中国建筑师身份的变化从另一侧面反映了社会的变迁。第一代建筑师主要的执业方式是私营事务所，建筑师是自由职业者。1952年的“三反”、“五反”后，私营事务所停业。1951年秋至1952年的知识分子思想改造又清除了建筑师以及工程技术人员的“单纯技术观点”和“立场不稳”等问题。[⑦]至此，建筑师作为自由职业者的身份已经丧失，思想也受到了限制。1956年社会主义改造以后，第一批国有建筑设计院成立，如天津市建筑设计院，中南（湖北）工业建筑设计院等。“随着计划经济体制的不断完善，中国的设计力量就完全

---

① 余同元. 中国传统工匠现代转型问题研究[D]. 上海：复旦大学历史地理研究中心，2005：30-31.

② 经验性技术指的是依据长期实践经验（没有上升到科学理论高度）而创造或发明的物质手段以及方法、技能、技巧等，是以经验为前提的技术。

③ 学术界关于中国营造学社成立的时间有两种说法，第一种说法是中国营造学社成立于1929年，第二种说法是成立于1930年。崔勇博士认为以朱启钤的演讲词为发端，中国营造学社应该是于1930年3月16日正式成立，办公地点临时设在北平珠宝子胡同七号。见崔勇. 中国营造学社研究[M]. 南京：东南大学出版社，2004：63-64.

④ 范文照. 中国建筑师学会缘起[J]. 中国建筑，1931，11（创刊号）.

⑤ 范文照. 中国建筑师学会缘起[J]. 中国建筑，1931，11（创刊号）.

⑥ 发刊词. 献给天才的建筑家[J]. 新建筑，1936，10（创刊号）.

⑦ 邹德侬. 中国现代建筑史[M]. 天津：天津科学技术出版社，2001：89.

纳入政府的控制之中。”[①]之后的几十年里，社会主义计划经济体制和运作方式主宰了建筑业的发展模式，建筑师成为“单位人”——体制内的专业技术人员。

直到20世纪90年代计划经济向市场转型，这种局面才得到改变，1992年以后房地产开发进入高潮，建筑业迅速发展，规划和设计开始在市场经济的模式下运行。经济取代政治直接影响建筑设计，形成了“经济本位”的主导模式。随着设计体制的改革，建筑师进一步从“单位人”转向了“市场人”、“社会人”或者自由职业者。1995年《中华人民共和国注册建筑师条例》的颁布标志着中国职业建筑师体系初具雏形。无论建筑师的身份与地位如何改变，他的主要职责之一是参与建造的活动，从工作内容来说，建筑师一直属于专业技术人员阶层，根据当前阶层的划分依据和划分标准，专业技术人员处于中等阶层的社会位置，它在文化资源方面占据优势，但在组织资源和经济资源方面处于弱势。

当代中国建筑师的地位主要是通过职业和作品来体现的，或者是通过他的成就来获得相应的荣誉，但作品的地位与作者的地位是有差别的。中国古建筑获得了很高的评价，但是创作者本人的地位远比作品的地位低得多，许多古建筑创作者甚至是匿名的。受到关注的匠人也只是寥寥数人，如鲁班、宇文恺，并不能代表他们整个行业的地位和状况。建国后的集体创作模式也延续了建筑的“匿名性”，如北京十大建筑的设计模式。人们往往关注的是建筑作品而非建筑师本人，尤其在中国“官本位”的思想中，建筑师地位的低下也使得建筑师无论是个体还是群体的话语权和社会影响力都是有限的，这也从一个侧面说明了现实中的建筑师并不是一个真正的“精英”阶层。

3.1.1.2　当代中国建筑师职业角色的多重属性

从社会学的角度看，当代中国建筑师的群体呈现出一个“橄榄形”的态势：中间大，两头小。少部分人员处于国家与社会管理阶层，大部分处于专业技术人员阶层。

1. 作为“职业”的建筑师

处于专业技术人员阶层的大部分建筑师所从事的是技术性的职业。处于这一阶层的建筑师群体面临着多重的趋势与选择：首先，建筑师是走职业化的道路还是走专业化的道路？其次，建筑师是艺术家吗？再次，建筑师是知识分子吗？这三个问题最后均可以归结为一个问题，即对建筑师“职业”功能的解答。

“职业”一词有两种含义，一种是与“业余的”相对的概念，另一种是指社会学意义上的专用名词，强调经过系统的理论教育和专业培训获得技术性的、知识化的并属于服务范畴的技能，是“技术知识的熟练应用与伦理实践两

---

① 邹德侬. 中国现代建筑史[M]. 天津：天津科学技术出版社，2001：96.

者的结合”。[①] “职业伦理引导并限制建筑师的行为，它有别于日常的和一般的道德规范。”[②] “契约与冲突理论”（Contractarian and Conflict Theories）认为建筑师与社会签订的伦理方面的重要契约源自早期的其他学科。这种契约理论强调利益（the gains）源自合作（cooperation）。[③]这一理论将社会描述为“相互利益的合作冒险”。[④]

西方建筑师是独立的职业（Profession）工作者（就像医生、律师、会计一样）。“职业建筑师是建造活动中独立于业主和承包商的第三方存在，其职责是公正、公平地执行技术监督和以业主代理身份的管理”。[⑤]职业建筑师是指具备专门的职业技能、恪守独特的职业伦理、享有高度的职业自治这三个特征的职业群体。

2. 建筑师职业角色的多重趋势与选择

显然，职业建筑师应该具备三个基本特征：技术性、独立性和伦理性，而且这三个特征缺一不可。对这三个方面不同程度的强调，则产生了三种不同层次的选择。

1）职业与职位的区别对技术内容的强调：建筑师是职业化还是职位化?

本文所讨论的当代中国建筑师（Architect）泛指从事建筑设计实践活动的专业人士，它包括专业建筑师和非专业建筑师。大部分从事建筑设计的人都是经过建筑学专业的高等教育之后进入建筑设计行业的，但是行业本身的门槛很低，并没有学历、专业等方面的限制，本文把这种具有中国特色的“建筑师”称为“专业”或“非专业”建筑师而不是“职业”建筑师，他们获得的是一种职位（Occupations）。这是一个模糊的“建筑师”概念，建筑师的地位或认同是通过“职位”来体现的，主要原因是中国目前还没有建立起完善的职业建筑师制度与体系，因此无法对“建筑师”作出准确的定位。

1995 年我国颁布了《中华人民共和国注册建筑师条例》，1996 年公布了《中华人民共和国注册建筑师条例实施细则》，规定了建筑师的职业、资格、权利和义务，但是条例中仍然没有详细规定建筑师的职能和义务。目前全国注册建筑师的人数仅有 1 万余人，远远少于从事建筑设计实践的实际人数。

《中华人民共和国注册建筑师条例》的实施标志着职业建筑师制度在中国

---

① 转引自 Tom Spector. The Ethical Architect：the Dilemma of Contemporary Practice[M]. New York：Princeton Architectural Press，2001：8.

② Tom Spector. The Ethical Architect：the Dilemma of Contemporary Practice[M]. New York：Princeton Architectural Press，2001：8.

③ 相关理论参见 John Rawls. A Theory of Justice[M].Cambridge：Harvard University Press，1971.以及 David Gauthier. Morals by Agreement[M].Oxford：Clarendon Press，1986.

④ John Rawls. A Theory of Justice[M].Cambridge：Harvard University Press，1971：4-13.以及 David Gauthier.Morals by Agreement[M].Oxford：Clarendon Press，1986：10.

⑤ 姜涌. 建筑师职能体系与建造实践[M]. 北京：清华大学出版社，2005：7.

内地的开始，“职业”（Profession）的本意“是指使用高等的技术、完成具有高度伦理性的社会任务、获得社会许可和肯定的特殊职业及其功能。其成立一般具备以下五个条件：① 全职工作；② 职业培养学校；③ 职业协会等行业组织；④ 职业认证体系及社会认同；⑤ 职业道德管理及自治机制”。[①]

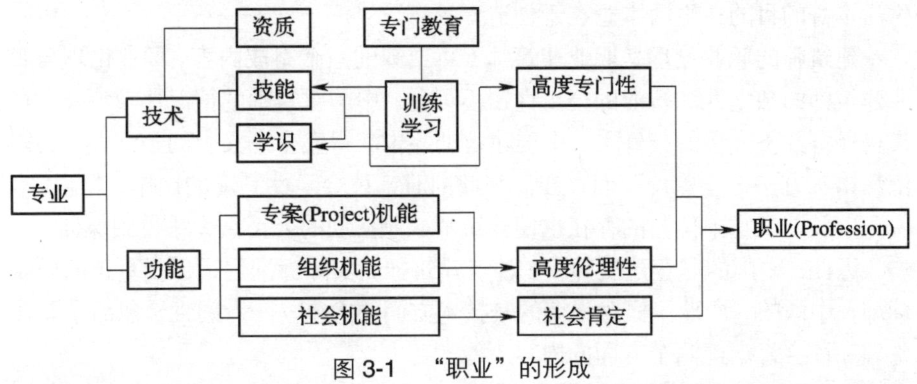

图 3-1　“职业”的形成

从图 3–1[②]中可以看出，从“专业”到“职业”，经历了一个复杂的过程。不仅涉及技术的问题，还包括了伦理性和社会肯定方面的内容。建筑师作为“不安的职业人士”，[③]面对着业主利益与公共利益、美学与社会价值、个人自由表达与主管机构和制度之间的矛盾与冲突而进退两难。

建筑师的职业伦理

古希腊语中“伦理”一词代表“人的住所”。赫拉克利特（古希腊哲学家）、海德格尔都认同了这一解释。中国古代也有类似的伦理说：“仁，人之安宅也；义，人之正路也。旷安宅而弗居，舍正路而不由，哀哉!”（《孟子·离娄上》）

当代的“伦理”是一个更加复杂的概念，它已经偏离了居住的意义，通常指道德等人们之间的行为准则。当“伦理”这一问题置于职业建筑师这一具体的对象中时，它应该包含两者的内涵：它既是居住的问题，也是道德的问题。“居住的问题首先不是建筑学上的而是伦理学上的。不论怎样，它给建筑师提出了问题，并威胁到建筑艺术。人越来越无力或不情愿转入比他们自己那终有一死的自我更重大的事情中。……如此修改海德格尔关于居住的理解，即是呼唤一种建筑，它能对我们本质上的不完善，对他人的需要，对真实而具体的社会的需要作出反应；此外它还必须响应一种广泛需要的理性。这种建筑必然会显示出我们的精神风貌及我们在一个宏大秩序中的位置的不稳定性。”[④]这也就

① Dana Cuff. Architecture：the Story of Practice[M]. Cambridge：MIT Press，1992.

② 日本建筑学会编. 建筑企划实务[M]. 黄志瑞等译. 沈阳：辽宁科学技术出版社，2002.

③ Tom Spector.The Ethical Architect：the Dilemma of Contemporary Practice[M]. New York：Princeton Architectural Press，2001：21.

④ （美）卡斯腾·哈里斯. 建筑的伦理功能[M]. 申嘉，陈朝晖译. 北京：华夏出版社，2001：358–359.

等同于向建筑师提出了伦理方面的要求。建筑师所面对的伦理问题，都可归结为人与自然、人与他人、人与自身之间的关系问题，是日常生活世界中的基本问题，"是人们对人与人生、社会、生物及宇宙的价值关系的思考"。①赵汀阳则认为"伦理学以生活的根本问题为主题；生活的根本问题是生活本意或者说生活本身的目的；生活本意在于创造幸福感"。②

建筑师的职业伦理是职业建筑师不可或缺的一个组成内容。职业伦理与职业建筑师的独立性和行业的公正性密不可分。中国建筑师的情况比较特殊，在市场经济并不完善的条件下，中国建筑师并未获得完全意义上的独立性，必须依赖第三方——"单位"而存在。与此同时，社会隐性制度的运作，"经济本位"以及"长官本位"的存在也使建筑师职业活动的公正性无法得到保证。

因此，中国的职业建筑师——注册建筑师的实际标准远远低于真正的职业标准，中国的"职业"概念强调的是技术方面的内容——专门性，忽略了职业伦理和社会肯定这两个方面的内容。

由上面论述可以得出这样的结论：

建筑师职业（Profession）≠职位（Occupations）≠专业（Major）

这一结论表明《中华人民共和国注册建筑师条例》的颁布并不意味着中国的"注册建筑师"等同于西方意义的职业建筑师，这也"从一个无意的侧面反映了中国建筑师的现状：把建筑师的性质定位'职业'（Profession）省略，换以形式/过程性定位'注册'（Registration），从语义上把国际通行的建筑师的自由职业（Profession，与律师、医生、传教士、会计师并列的独立职业）归为一般的工作职位（Employment，Occupation）"。③"注册建筑师"这一制度并没有考虑建筑师的公正立场和社会责任这一方面的具体内容，也表明了中国建筑师的职业化道路受到了国家与社会的双重约束，建筑师处于国家与社会的双重框架之中。

2）对建筑的艺术性的强调：建筑师是艺术家吗？

在市场经济出现以前，建筑就一直有两种发展趋势：一种是绝对实用的建筑；另一种是展示性的，即功能居于次要地位的建筑。④建筑师经常在这两种选择之间徘徊。功能与形式之间的矛盾，实际上是建筑与艺术之间的矛盾，建筑应该如何确证自己的独立存在？它是建筑师自我的表达？面对当代社会现实，建筑师对这一问题的回答似乎是两难的。一方面，当前建筑师的职责是"知识服务"，并且以"客户"为中心，"每一个项目开始前，建筑师都会思考同一

① 秦红岭．建筑的伦理意蕴[M]．北京：中国建筑工业出版社，2006：292.

② 赵汀阳．论可能生活[M]．北京：生活·读书·新知三联书店，1994：20.

③ 姜涌．建筑师职能体系与建造实践[M]．北京：清华大学出版社，2005：69.

④ Andy Pressman. Professional Practice 101：A Compendium of Business and Management Stategies in Architecture[M]. New York：John Wiley & Sons Inc.，1997：28.

个问题：客户想要什么？”[①]基于客户的利益与要求，建筑师在设计前首先就要忘掉自我。与此同时，建筑师也不断向客户推销自我。“即使是设计一个美学的纪念碑，其过程也如同设计一个完全实用性的设施一样，区别仅仅在于是否有这样的机会允许建筑师将项目进一步理想化，或者是否存在某些限制阻止建筑师这么做。”[②]例如，音乐厅和厂房这两种不同的工程中，建筑师自由发挥的余地就不尽相同。

（1）建筑、艺术与艺术家

纵观建筑师的历史发展轨迹，建筑与绘画、雕刻曾经融为一体，绘画、雕刻从属于建筑的一部分，建筑师集画家、雕刻家于一身，如米开朗琪罗。这种状况一直维持到中世纪以后，绘画、雕塑才逐渐与建筑分离，成为独立并且平行于建筑的艺术形式。尽管如此，这几种艺术形式之间还保持着紧密的联系，但是，在工业革命发生之后这种艺术的统一性遭到了瓦解。

工业革命给 19 世纪西方人类思想带来的一个重要变化就是人文精神和技术理性的分离与对立，并且技术理性占据了上风。技术文明语境将技术视作人类理解方式和价值的源泉，以机器美学为代表的技术理性将建筑与艺术的联系割裂开来。

当人文与技术的对立为人文语境中的艺术与技术理性中的建筑分别带来了表现与交流的危机时，建筑师与艺术家又重新跨越艺术门类的界限，寻求建筑与艺术的融合。20 世纪技术的进步使得摄影和电影加入到艺术的行列之中，电影这一新的艺术形式直接受益于技术的发展，同时，它反过来又成为艺术家批判社会现实的工具。此外，大众时代与消费社会的到来为媒介的发展提供了新的平台，这个高技术支撑的充满图像符号和虚拟现实的话语系统促进了影像和造型艺术的流行。对建筑师而言，则是为建筑师的建筑表现提供了一种新的媒介，建筑再度与绘画、电影等艺术形式结合在一起，建筑师相应地扮演了艺术家的角色。

“艺术家”本意是一个形容词，表示“灵巧的”，在菲尔第耶尔（Furetière）编撰的百科词典里，注释为“不常用的名词，表示自由艺术系的学生或化学家或钟表经营者或一切以艺术与灵魂工作的人”。[③]直到 18～19 世纪，“艺术家”才获得了丰富的内涵，表达了创造艺术作品的群体的意义。联合国教科文组织 1980 年推荐的“艺术家”身份的定义是：“艺术家就是那些将艺术创作看成是生活的重要组成部分，并推动了艺术和文化的发展，被公认为或要求被公认为

---

① Andy Pressman. Professional Practice 101：A Compendium of Business and Management Stategies in Architecture[M]. New York：John Wiley & Sons Inc.，1997：28.

② Andy Pressman. Professional Practice 101：A Compendium of Business and Management Stategies in Architecture[M]. New York：John Wiley & Sons Inc.，1997：28.

③ （法）纳塔斯·埃尼施. 作为艺术家[M]. 吴启雯，李晓畅译. 北京：文化艺术出版社，2005：40.

艺术家的人，他可以与任何一种职位或团体有联系，也可以与任何职位或团体都无联系。”[①]

当代中国艺术家的身份有很大的不确定性，这主要归结为“职业体制”和“使命体制”之间的分裂。使命体制“是一种反映优秀艺术因素的新观念，出现于正式体制的边缘，并逐渐取得胜利，而且再次动摇艺术家的整体地位。这种地位从此由获得灵感的个人，甚至是不为人知的天才的浪漫主义观念决定”。[②]使命体制强调的是灵感、创新、天赋，而职业体制强调教育、制度、专业等等。使命体制培养了许多“业余”画家。独立艺术家的出现给体制内的“艺术家”身份（如大学教授、一级画师、二级画师等称号）造成了冲击。体制内的艺术家通常在大专院校、美院、画院等部门任职，而体制外的艺术家没有固定的工作和收入，靠出售自己的作品来维持生活。独特、创新、不落俗套、具有“天才”般的神赋是这些“使命”艺术家的形象。在这层意义上，任何一个人只要能够认识到自己的创造力并艺术性地表现出来，人人都可以是艺术家。

（2）建筑师作为艺术家

20 世纪学科交叉的研究方法使现代建筑设计和理论的研究步入了一个新天地，同样，现代数学、物理学在分形学、拓扑学和相对论方面的研究给建立在静态三维几何学的传统空间观念造成了很大冲击。分形几何学的多维度概念、拓扑几何学的同构异形观念都消解了欧式几何学具象的形体观念。而数字时代虚拟技术、造型技术的发展更为建筑师创造了巨大的想象与发挥空间。传统建筑学正在重构，建筑语言的规则也在重写，这在一定程度上模糊了建筑与其他艺术形式的界限，从而为艺术家从事建筑创作提供了可能。同时，建筑师也有意或者无意地消解建筑的边界，借鉴装置艺术等新的艺术形式，以新的“概念”或者“观念”重新诠释建筑的含义。

建筑师作为艺术家是一种双重的身份，它贯穿了建筑设计过程的不同阶段，是实践过程中两种角色之间的不断权衡。如勒·柯布西耶既是一位现代建筑大师，也是一位艺术家，他常常从绘画中获取建筑的灵感。建筑与艺术相互渗透，都是感性的具体化和符号化的表现与表达。

正如艺术家的两种体制区分，行走在艺术家与建筑师之间也是凭借两种不同的体制——建筑师的“职业体制”和艺术家的“使命体制”。建筑师作为艺术家，一方面是突破职业体制的限制，承担艺术的“使命感”，强调创造性和独创性，更好地完成建筑师的角色，建筑师的身份与艺术家的身份并不脱离开来，艺术是建筑师的一种视域或手段，为建筑服务；另一方面，通过其他艺术形式，仅仅“表达”作者个体的观念，艺术家的身份与建筑师的角色是分离的，

---

① （法）纳塔斯·埃尼施．作为艺术家[M]．吴启雯，李晓畅译．北京：文化艺术出版社，2005：121-122.

② （法）纳塔斯·埃尼施．作为艺术家[M]．吴启雯，李晓畅译．北京：文化艺术出版社，2005：61.

建筑师是纯粹的艺术家。大多数的国内建筑师处于前一种状态。

从建筑师的培养机制来看，中国的教育体制将建筑学纳入理工科的培养机制当中，传统的“工科+艺术”的教育模式“培养出的建筑执业者一般是从‘艺术视野’及技术角度观察建筑”，[①]因此，艺术仅仅是为建筑的功能与技术服务，是建筑审美的要求，是一种必要条件，艺术仅仅是出于“形式”的需要。

只有当个体的表达愿望超出了建筑作品的表现范围，并且艺术的观念发生了改变的前提下，建筑师的艺术转向才成为可能。新一代的建筑师开始了这样的尝试，他们不再满足于间接或者二手的经验或方法，而是以自身的方式探索、感知和表述城市与空间的概念，如李巨川于 1998 年采用录像的方式完成了一个作品——《在武汉画一条 30 分钟长的直线》，以“一种普通的身体行为——行走，转写了建筑学与城市规划的规范操作”，[②]表达了他最为关心的两个问题：“以几何学作基础的西方建筑学传统对时间经验和身体经验的排斥”以及“当今各种力量通过城市规划技术来实现的对个人日常生活的控制”。[③]同样借助于摄影、绘画、电影、小说等媒介，也可以将个体对社会事件的关注转化为建筑与个体身体经验的关系，如李巨川的另一个作品——《建筑测量——24 层楼到底有多高？（纪念陈宝莲）》，它的产生来自于香港影星陈宝莲在上海跳楼自尽的事件。作者借此想表达的是高层建筑对都市个体生命的含义，“通过一种时间上的经历，呈现出 24 层楼对于我们身体来说的高度”。[④]

艺术表现媒介和手段拓展的背后，不仅是艺术观念和审美取向的变化，也是主体存在状态改变的昭示——从“隐身”到“彰显”。在作品中，融入了强烈的个体特征，个体的经验是检验真理的标准，也借此获得自我表达和自我满足。

（3）艺术家作为“建筑师”：贺兰山房的实践

艺术家投身于建筑创作可以是“业余式的”，并非只是为了生计，也可以将建筑作为艺术表现的“题材”，从而为艺术服务。他们仅仅是为了在建筑领域施展个人才华，因为建筑创作活动的边界本身具有很大的不确定性。传统建筑学的审美范围不断扩大，建筑创作以及个体表达的方式也趋于多元化。建筑不仅仅是一种造型艺术，也可以是一种影像艺术，或是一种表演行为艺术，当然也可以是一种事件，或一门社会艺术。它既可以是具有膜拜功能的艺术，也

---

① 黄雯. 当代中国建筑的价值缺失[EB/OL], [2005-07-10]. http://www.abbs.com.cn/topic/read.php?cate=2 & recid=13923.

② 李巨川. 关于《在武汉画一条 30 分钟长的直线》[J]. 上海艺术家，2002（5）：101.

③ 李巨川. 关于《在武汉画一条 30 分钟长的直线》[J]. 上海艺术家，2002（5）：101.

④ 李巨川. 建筑测量——24 层楼到底有多高？（纪念陈宝莲）[J]. 时代建筑，2003（5）：92.

可以是走入寻常人家的“实用”[①]艺术。尤其是受到艺术的“日常生活化”的影响，建筑的可操作性范围呈现扩大化的趋势。因此，艺术家可以关注建筑的造型，也可以通过“装置”或“表演”等行为艺术的方式来表现艺术家的思想观念。大多数艺术家作为“建筑师”的建筑作品的规模较小、功能也比较简单，这类建筑类似于实用艺术或者是纯粹的“观念”艺术。因此，在这个意义上，很难区分他到底是建筑师还是艺术家，身份的质疑已经并不重要，重要的是作者本人的观念是否能够清晰地表达出来。在金华艺术园的作品中，17 位艺术家与建筑师共同展示了 17 件具有“雕塑”感的作品。

而 2004 年“贺兰山房：艺术家的意志”中则展现了 12 位艺术家的作品（表 3-1），这一项目位于银川贺兰山金山乡艾克斯星谷，占地面积 6000 亩，一期建筑面积 6300m^2。这 12 位艺术家都是第一次设计建筑作品，他们采用了两种方式：一是在建筑的设计中融入艺术家通常喜欢的“观念”，另一种是把建筑“当成一个装置去做”。[②]

贺兰山房项目名单[③] **表 3-1**

序号	艺术家	单体别墅名称	建筑面积
1	何多苓	泉水别墅	402m^2
2	周春芽	太湖石系列	450m^2
3	吴山专	餐字高路	571.2m^2
4	王广义	意志	408m^2
5	叶永青	草叶间	1134.85m^2
6	宋永平	撒福一山房	519.13m^2
7	曾浩	它屋	486.77m^2
8	张培力	洗尘阁	432m^2
9	耿建翌	几何体	466m^2
10	毛同强	金山房	550m^2
11	丁乙	台邸别墅	421m^2
12	洪磊	曲径闻风山房	480m^2

负责设计贺兰山房中“国际青年中心”的叶永青说：“建筑也是一种艺术表达形式。可是在国内有很多人当它是工科课程，所以才会让那么多的城市‘长相’越来越雷同，失去自己的个性和光彩，我们想要表达的就是这个主题。”[④]

---

① “实用艺术通常指的是对日常生活用具、生产工具等对象更多侧重于比较有限的物质功能结合的一种美的加工，任务远比建筑简单，对象远比建筑为小，效果也更有限。”萧默．“白马非马”及其他——“建筑艺术”的概念及其属性[M]//萧默建筑艺术论集．北京：机械工业出版社，2003：160.

② 顾丞峰．下一个乌托邦[EB/OL]．http：//arts.tom.com/1029/2004/7/29-54944.html.

③ 资料来源：http：//bbs.far2000.com/viewthread.php?tid=58427.

④ http：//bbs.far2000.com/viewthread.php?tid=58427.

尽管艺术家擅长材料和形象的运用，但“艺术家的自由仍然是有限度的——他们的想象力受制于既有的图式”，[①]艺术家们抛开了建筑学的思维束缚，痴迷于“个人理想”与“天马行空的想象力和形式感”，[②]建筑在他们眼中是想象、创意、趣味和标志的“巧妙”组合，自恋的、自我的艺术家的意志“已超越了自然的意志、环境的意志”，甚至是“建筑的意志”。[③]

越来越多的中国艺术家在进行着建筑的实践，如艾未未。艾未未认为自己最大的特征“就是没有身份”，他也“并不认为自己是个艺术家”，他说“这足以使我可以从事任何我想做的事情”。[④]他认为自己能做建筑。在他看来，以什么样的身份从事建筑应该不是个问题，能不能的问题不是由别人来界定的。显然，他注重的是个人的表达，而表达不需要受到职业体制的限制。否定“艺术家”的身份也就是否定了对艺术对象的限制，因此，他能做建筑。

“对他来说，做建筑与他正在做的任何一件事情，并没有太大的区别。无非是在以另一种方式理解和描述现实的状态，去看待可能性，去做出必要的选择，去排除了不合时宜的陈词滥调，去告诉人们事物也可以是这样的。”[⑤]

同时，他认为：“做艺术和做建筑是两种困难。做建筑，由于它本身有一个限定条件，那么它的结果有一个相对完善的合理性，达到这一点，这件东西基本上是一个完善的东西。做艺术是没有这个完善的。每当它完善的时候，就是这个东西已经失去这个意义和你要重新颠覆它的时候了。所以说，做艺术的敌人是来自自我的。如果你愿意妥协，你永远是完善的。如果你不愿意妥协，你永远是支离破碎的，不可能完善的。这完全是两种含义上的斗争，或者是抗争吧。”[⑥]尽管艾未未否定了表达对象的限制，他还是认识到了建筑的特殊性，认为建筑具有某种局限性，或者说是有止境的，而他心目中的艺术是没有止境的。建筑需要自我与外界的平衡，而艺术则无需做到这一点。

（4）建筑师的新角色：策展人

20 世纪 90 年代末，国内一部分艺术家和建筑师开始借助艺术展览的形式扩大自己的影响，使得“策展人”这一角色也进入了中国建筑师的行列，通过策展人，建筑展览以确定的主题走向“体制外”的运作模式。目前活跃在艺术或建筑展览中的策展人有王明贤、朱其、许江等，许多建筑师也承担起策展人的角色，如刘家琨、张永和、马清运均以策展人的身份组织过不同主题的建筑展览。

---

① 顾丞峰．下一个乌托邦[EB/OL]． http：//arts.tom.com/1029/2004/7/29-54944.html.

② 翟永明．谁服从谁的意志？[J]．读书，2005（2）：153.

③ 翟永明．谁服从谁的意志？[J]．读书，2005（2）：153.

④ 陈淑瑜．没有身份的身份——艾未未访谈[J]．时代建筑，2006（2）：13.

⑤ 陈淑瑜．没有身份的身份——艾未未访谈[J]．时代建筑，2006（2）：12.

⑥ 陈淑瑜．没有身份的身份——艾未未访谈[J]．时代建筑，2006（2）：15.

尽管这一行业在国内尚处于萌芽阶段，但策展人这一职业在西方已有 100 余年的历史，“它的产生与西方博物馆、美术馆体系的建立密切相关”。[①]16 世纪西方私人博物馆兴起，出现了在馆内负责藏品研究、保管和陈列的专职人员，就是策展人的前身。直到 17 世纪，随着私人博物馆向公众开放，博物馆开始组织艺术展览或陈列，出现了早期的策展人。后来许多国家博物馆或者专业美术馆中也出现了类似的角色，成为艺术机构的常设策展人。[②]

当代艺术策展人是指“一种专门根据某个艺术主题思想筹划资金、选择艺术家、组织一个展览的职业”。[③]一般是由具有艺术史背景的批评家、艺术杂志的主编等担任，他们是艺术领域的学术带头人。策展人这一角色在西方建筑体制中处于十分重要的地位，西方的各种展览往往以策展人为核心。“策展人”模式进入中国最早始于 1989 年的“中国现代艺术展”，由批评家扮演着“策展人”的角色，通过展览来表达批评家对当代艺术的思考，策展人掌控着展览的主题，并选择艺术家，从这一方面来说，策展人具有话语权。

“严格意义上的独立策展人则出现在 20 世纪后半期”，[④]瑞士人赫拉德·史泽曼被认为是“独立策展人”的开创者。通常国内许多展览一般由国家机构主办，或者策展人具有在国家机构任职的背景，而独立策展人是“非体制意义上的文化自由人”，[⑤]由于国内赞助艺术体制和艺术基金体制不够完善，独立策展人在资金来源、策划和运作等方面与国外有较大的区别。

建筑师成为策展人，不仅是角色发生了变化，更重要的意义在于通过介入展览的运作机制，表明了建筑师将批判的精神与自身的地位、身份的关注结合起来，尤其是独立策展人，他的独立性直接脱离了体制等方面的限制，培养了建筑师的组织、管理等方面的能力，不仅扩大了建筑师个人的影响力，而且促进了相关的批评、研究等活动的开展。

3）对建筑师的公共性与社会性的强调：建筑师是专家？还是知识分子？

社会分工的细化以及市场经济的体制使得国内建筑师常常忘记了另一重身份——知识分子。无论是中国还是西方，现代意义的建筑师都是受过教育的工程师、科学家或专业人士。中国第一代建筑师至今，基本上也是受过高等教育的技术人员，根据中国社会阶层的划分，属于知识分子的行列。

（1）文人、学者、知识分子

在中国，文人、学者、知识分子都是指掌握着一定知识的人，这三种概念之间存在着相通之处，许多情况下可以互相替代。细分的话，可以找出其间的

---

① 杨应时．西方语境中的“独立策展人”及其在中国的兴起[J]．艺术·生活，2007（1）：21.

② 杨应时．西方语境中的“独立策展人”及其在中国的兴起[J]．艺术·生活，2007（1）：21.

③ 朱其．关于中国当代艺术和独立策展人[J]．艺术·生活，2002（2）：8.

④ 杨应时．西方语境中的“独立策展人”及其在中国的兴起[J]．艺术·生活，2007（1）：22.

⑤ 朱其．关于中国当代艺术和独立策展人[J]．艺术·生活，2002（2）：9.

差异。学者指“以研究专门知识为职业的”，并且“归属于某个组织或机构”的“职业知识人”，专指“大学里的教授和研究所里的研究员”。[①]而文人的范围则要模糊得多，古代人读书的目的是走上仕途，以现代的观点来看，是将教育资本转化为组织资源，在官本位的中国社会中，文人表达的是一种饱读诗书，为了追求自娱自乐或者达到某种实现自我的高雅境界。当代文人可以指代处于体制之外的自由人，“与学者相比，文人的职业性不强，或者说他没有专门的职业，缺乏对社会主流体制的归属感。与知识分子相比，文人几乎没有权力色彩”，是“相对自由的知识人”。[②]

许多建筑师在从事实践的同时还兼有教师或学者的身份。张永和既是非常建筑工作室的主持建筑师，同时又兼任北大建筑学研究中心主任的职务，后来又担任了美国麻省理工学院建筑系系主任一职。马清运也身兼数职，一边从事设计实践，一边在大学任教。王澍的第一身份，也是教师。

教师的身份明确了许多建筑师——作为研究体制内的学者的具体工作内容，如果他们同时也从事建筑设计，与设计院和事务所的建筑师相比较，则多了几分学究气，作品也多了一些研究性的成分，因此也就多了一种称谓——“学院派建筑师”。但是，他们往往并不局限于这一身份，甚至游离于这一固定身份之外，同时处于文人、学者、知识分子等多种层次的“位置”之间。

（2）知识分子的定义

中国当代意义上的知识分子边界很模糊，泛指“受过教育的人”。《现代汉语词典》中知识分子的解释是：“具有较高文化水平、从事脑力劳动的人。如科学家、教师、医生、记者、工程师。”知识分子是一种“公共角色”。

“知识分子”[③]也是一个“进口”的术语。知识分子的普遍特性是它的公共性，公共性包含三种含义：“第一是面向（to）公众发言的；第二是为了（for）公众而思考的，即从公共立场和公共利益，而非从私人立场、个人利益出发；第三是所涉及的（about）通常是公共社会中的公共事务或重大问题。”[④]西方知识分子的独立、自由（身份的自由与言论的自由）、公共性都是现代知识分子的重要资质。

马克思·韦伯将知识分子定义为掌握文化成果并领导某一文化共同体的群体；曼海姆把知识分子称为“漫漫长夜的守更人”，在葛兰西、萨义德等人的

---

① 黄伟林．文人·学者·知识分子[J]．南方文坛，2003（2）：15.

② 黄伟林．文人·学者·知识分子[J]．南方文坛，2003（2）：15-16.

③ “知识分子”（intelligentsia）一词最早源于俄文 интеллигенчия，出现于 19 世纪的俄国。一批身处上层社会接受过西方教育的俄国人，对当时的俄国主流社会采取了一种批判的态度，因此他们被称为“知识分子”。而在 19 世纪末的法国，发生了“德雷福斯”事件，左拉、雨果等文人发表了题为《知识分子宣言》的文章，他们也因此被称为“知识分子”。

④ 张爱华，储德天．公共知识分子何以可能？[J]．社会观察，2004（5）：36.

论述中，有一个基本的共识就是，知识分子的基本特征在于他的“批判精神”。这种批判可能又有两个层面，一是专业层面的知识的形成与增长作为内驱力；二是社会层面，在专业以外为社会公共事业尽力。[①]

利奥塔对现代知识分子的定义是：“一种普遍主体”（universal subject）。“在我看来，‘知识分子’更像是这样的思想家，他们把自己置于人类、人性、民族、人民、无产阶级、创造物或其他诸如此类的地位。也就是说，他们把自己等同于被赋予普遍价值的主体，并从这个角度分析形势，开出处方，为主体的自我实现，或至少是这种实现过程的进展，提出建议。”[②]这意味着现代知识分子“承担着超越自身专业以外的具有普遍性的社会职责。”[③]利奥塔在1983年7月16日的《世界报》上发表了《知识分子的坟墓》一文，文中描述了当代新语境中具体的、务实的知识分子的形象，不再是那种具有普遍主体性的知识分子。他认为这种改变——现代知识分子神话的终结源自“元叙事”[④]（metanarratives）的危机。

（3）中国知识分子的命运及与大众的关系

中国从未出现过西方意义上的知识分子，中国的知识分子是一个特殊的群体，其历史可以追溯到古代的“士”。自西汉儒家社会政治体制建立以后，儒家思想统治中国社会文化长达几千年，士大夫阶层一直是社会文化与价值的定义者、统治者与维系者。直至19世纪末20世纪初这种社会文化构架才面临崩溃。它来源于“新型知识分子”的出现，他们以新的知识结构挑战儒家思想。“五四”运动时期涌现了一大批新的知识分子，宣扬启蒙思想，中国意义上的知识分子是从这时出现的，“五四”时期的知识分子是一个独立的群体。

20世纪40～50年代，知识分子从属于“人民大众”，但它是作为一种单独的群体被提出的，与“小资产阶级”相联系，仅仅处在以工人和农民群体为核心的外围，受到工人和农民的领导和监督。这种地位产生的是微妙的结果，使得他们与工人阶级之间总是有一种若即若离的联系，他们自视高于工人阶级但是很多时候也受到工人阶级的嘲弄。因此，知识分子在大众当中处于边缘的位置，甚至作为迂腐、狭隘、保守的角色受到嘲笑和讥讽——“四体不勤，五谷不分”，自然与“五四”时期“启蒙者”的位置相去甚远。

20世纪80年代，意味着一个新启蒙运动的开始。“新”是相对于20世纪

---

① 李欧梵，季进. 再谈知识分子与人文精神[J]. 江苏大学学报（社会科学版），2004（1）：8.

② Jean-Francois Lyotard. Political Writings[M]. Minneapolis：University of Minnesota Press，1993：3.

③ 李惠国，黄长. 重写现代性[M]. 北京：社会科学文献出版社，2001：12.

④ 所谓“元叙事”，就是指那些能够为科学立法的哲学话语。他用“现代一词指称任何根据某种元话语为自己立法的科学，他们明确地求助于一些宏大的叙事，如精神辩证法、意义的解释学、理性或劳动主体的解放以及财富的创造”。所谓为科学立法，就是指“被赋予权威的立法者为科学话语和命题提供规定性条件的过程”。

初的“五四”时期而言的。知识分子的地位逐渐提高，他们与大众的距离和差别仍然存在，但是这种差别获得了正面的评价，知识分子一改落后的形象，走在了普通大众的前面，知识分子也得以逐渐恢复了精英意识。当时的“市场”具有积极的意义，它帮助社会中的个体摆脱了种种束缚，实现了个体的解放与自由，知识分子也处于受尊重的地位。而到了20世纪90年代，市场的现实使得知识分子的地位一落千丈。“接踵而来的市场经济，不但没有满足知识分子的乌托邦想象，反而以其浓郁的商业性和消费性倾向再次推翻了知识分子的话语权力。”①20世纪90年代以后，中国知识分子面临三大挑战：其一是知识分子公共性的丧失；其二是知识分子的再度边缘化；其三是后现代的再度崛起。②

从中国知识分子的地位可以看出，知识分子并没有占据主流的意识形态，只是依附于主流意识形态之上。知识分子不是“立法者”而是“阐释者”。“阐释者”的意图是“让形成于此——共同体传统之中的话语，能够被形成于彼——共同体传统之中的知识系统所理解”，“它所关注的问题是防止交往活动中发生意义的曲解”。③

与国外知识分子相比，当代中国的知识分子还不是一个成熟的独立的群体。中国知识分子通常以学院化的方式生存，其经济基础是占据主导地位的国有化体制，科研机制也来源于国家政府的经济投入，这种依附性决定了中国当代知识分子的身份是体制化的附庸，不可能以独立的方式存在。

在中国的古代建筑史中，建筑师的称谓是“匠人”、“工匠”，他们大多数以匿名的姿态参与着整个建造的过程，并且“匠人”的社会地位很低。建筑师成为知识分子群中的一个组成部分，也是近现代以来才能获得的“殊荣”。在20世纪90年代以前，知识分子的职业范围相对弱化，主要强调受过高等教育的内涵，职业上具体涉及的是教师、工程师等人。而90年代以后，由于建筑师的职业体系逐渐明朗，建筑师的知识分子身份逐渐趋向于以职业为依托，具有较大的独立性，中国建筑师这一职业群体基本可视为知识分子阶层的成员，而不仅仅只是特指那些以高校教师为代表的建筑师。

（4）技术语境中的知识分子

伴随着工业化的进程，西方以逻各斯中心主义为基础的科学性认识方式进入中国，中国的教育体制——工科与文科，以及知识的两大系统——科技知识和人文知识的分野相应产生了两种类型的知识分子：人文型和技术型的知识分子，他们分别建立在对立的价值原则基础上。而技术产业化的结果“一方面是工业产品为人类的生活构筑了一个人工制品的生存世界，另一方面是制造工业

① 许纪霖，陈思和，蔡翔，郜元宝．道统、学统与政统[J]．读书，1994（5）：48.

② 许纪霖．中国知识分子死亡了吗？[J]．出版参考，2003（15）：9.

③ （英）齐格蒙·鲍曼．立法者与阐释者[M]．洪涛译．上海：上海人民出版社，2000：6.

产品的技术逐步成为人类理解方式和价值原则的支点”。[①]学科分类日益专业化和细密化，知识分子也日益专家化，各自专注于自身领域的研究，每个人都能成为各自领域的权威，公认的权威不再存在。与掌握材料的丰富性和技术手段的高超性相比，人类的思想却更加混乱：

“在人类知识的任何其他时代中，人从未像我们现在那样对人类自身越来越充满疑问。我们有一个科学的人类学、一个哲学的人类学和一个神学的人类学，它们彼此之间都毫不通气。因此我们不再具有任何清晰而连贯的关于人的观念。从事研究人的各种特殊科学的不断增长的复杂性，与其说是阐明我们关于人的概念，不如说是使这种概念更加混乱不堪。”[②]

马克思·舍勒的这番话表明了知识体系的分裂导致了人关于自身的观念的分裂，指出了知识分子的具体研究领域的局限性和狭隘性。如果说，“学者长于专门知识，倾向专门化和职业性；文人长于灵感知识，倾向才艺型和自由化；知识分子长于公共知识，倾向政治性和道德感”。[③]与理想的公共性知识分子相比较，当代中国的知识分子则偏离了这一轨道，走向了研究具体与专门知识的“知识分子”，知识分子成为了“学者”。因此，当代中国社会出现了“知识分子淡出、文人消失、学者成为文化界主流”的普遍现象。[④]

中国工科教育模式培养出来的建筑师自然属于技术型的知识分子，尤其在技术文化的语境中，受到现代主义思想的影响，建筑师重点关注于新型建筑材料和技术的使用，关注于建筑物质层面的“技术”表达。当代中国都市中以摩天楼为代表的高层建筑的发展，挑战的不仅是技术，而且挑战了人不断膨胀的欲望，这种欲望的背后是器物主导的、形式体验的文化精神。

由于当代中国建筑师普遍具有良好的教育背景，个别明星建筑师也能关注公共热点问题并能够产生公众影响，从而表现出一种“公共性”，即“是指知识分子在自己的专业活动之外，同时把专业知识运用于公众活动之中，或者以其专业知识为背景参与公众活动。这些公众活动包括政治、社会、文化等各个方面，而这种运用和参与是以利用现代大众媒介等公共途径发表文字和言论为主要方式”。[⑤]它具有双重属性：“一方面，知识分子的‘超然性’是以其‘人格化的专业’创造自然普世性价值，这种遵循理论逻辑由私转化的公是最大的公；另一方面，知识分子的‘介入性’是以‘专业化的人格’创造社会局部性价值，这种遵循政治逻辑由公转化的私是层次分明的公”。[⑥]

---

① 冯黎明. 技术文明语境中的现代主义艺术[M]. 北京：中国社会科学出版社，2003：8.

② 转引自：(德)恩斯特·卡西尔. 人论[M]. 甘阳译. 上海：上海译文出版社，1985：29.

③ 黄伟林. 文人·学者·知识分子[J]. 南方文坛，2003（2）：16.

④ 黄伟林. 文人·学者·知识分子[M]. 南方文坛，2003（2）：16.

⑤ 许纪霖. 公共性与公共知识分子[M]. 南京：江苏人民出版社，2003：10.

⑥ 陈冬生. “公共知识分子”话语及其公共性辨析[J]. 理论视野，2005（6）：59.

3.1.1.3　知识、职业角色与人文精神

当代中国建筑师的职责主要体现为工作的创造性和创造性地解决问题。创造性既指建立在社会文化基础上的建筑知识与能力，也包括将已有的其他领域的成果在建筑中创造性地运用。创造性地解决问题指基于服务社会、尊重人性的思想，从而对城市、建筑等物质环境与人的关系的一种疏导，[①]并促使建筑师从专业人士转变为职业人士的角色。

创造性地解决问题是一种知识服务。知识服务是制度、技术与伦理的交织，不仅技术是一种知识形式，观念、艺术也都是技术的表现形式，职业伦理则是强调“如何”使用技术，制度是知识的合法化。这三者综合在一起，形成一种能力，这是完整的知识的概念，它体现为建筑师的职业目标。

1. 职业建筑师的目标

职业建筑师的产生不仅是自身行业发展的需要，更是社会的需要。最早的职业建筑师产生于英国，原因是社会需要行业的公正性，以保证市民与公共的利益。18 世纪末至 19 世纪初的英国，资本主义迅速发展，城市不断扩张，城市建设进入一个飞速发展期。城市的膨胀为土地投机和建筑商品的开发带来无限的商机，一些负责施工营建的承包商乘机捞取钱财。为了控制开发的成本以满足大量顾客的需要，经济因素成为城市建设的首要因素。由于社会契约取代了传统的个人之间的信任，而承包商、营建者与设计师串通一气，凭借他们在建筑市场的优势，损害了建筑与城市的公共利益以及业主的私人利益。因此社会迫切需要独立的、公正的、集诚信与专业于一身的职业代理人的出现。现代职业建筑师产生于这一历史环境之中，它“正是以职业代理人和专业设计者、监理人的诚信和专业能力为基础取得社会认同的。因此，职业建筑师的本质是以被认证的自由职业的形式，独立、公正地维护职业的诚信（包括技术上和权益上的），以公共监督人和中立协调人的身份保证建造过程的公开与公正，从而保障公众和业主的利益不被专业化的手段所侵害”。[②]

职业建筑师从它的诞生开始，就一步也离不开社会的需要，建筑服务的职业性质的出发点是社会而不是私人的利益，从这一基点出发，职业建筑师才可能实现它的目标：[③]

（1）让所有人类聚居地的居民有良好的生活质量；

（2）尊重人的社会、文化和美学需要的技术运用；

（3）建成环境的生态平衡和可持续发展；

（4）建筑被评价为每个人的产权和职责。

---

① 杨宁. 后工业时代建筑师角色内容的转向[D]. 上海：同济大学建筑与城市规划学院，2005：9-11.

② 姜涌. 建筑师职能体系与建造实践[M]. 北京：清华大学出版社，2005：16.

③ 1996 年国际建筑师协会（UIA）和联合国教科文组织（UNESCO）提出的《国际建协、联合国教科文组织关于建筑教育的宪章》中未来建筑教育的目标，也是职业建筑师的目标。

2. 各司其职、各尽所能的“职业意识”

当代建筑师多元角色的可能似乎为建筑师创造了一个回归“超人”、“完人”的前景，这也是建筑师的理想中的完美角色。但是，在市场机制还未完全成熟的中国社会中，由于官本位、经济本位等多种因素的影响，建筑师在社会中的实际角色有很大的落差。那么，建筑师发展的方向是回归职业的领域，还是成为全能型的时代超人呢？

埃米尔·涂尔干（Emile Durkheim）认为以职业分工为基础的合作产生的是“有机团结”的社会，劳动分工的主要依据是根据每个人的能力来分配工作。[①]能力，体现了个体的角色领会与角色功能的有效性。不同的角色“扮演”着不同的功能，角色之间的联系是人与人之间的联系，是人的积极的能动作用，而不是物的团结或者物与人的团结。

勒·柯布西耶认为一名优秀的建筑师必须首先立足于职业，“建筑师固然是以完美的建筑设计为自己的追求，但作为一种职业，进一步说是作为一种谋生手段，建筑师的设计必须而且不得不满足社会的需求，否则他就只能退出历史舞台”。因此，建筑师首先是一名职业者，而不是以艺术家为首要条件，也不是以知识分子为充分条件。职业建筑师不仅是建筑师的自我定位，也是知识分子的安身立命所在。当代中国社会不存在“普遍性”的知识分子，知识分子都被专业化和学科化，成为“具体”的知识分子，即当代中国社会的知识分子都拥有具体的职业。

陈思和先生将这种“职业意识”称为知识分子的“岗位意识”，他认为“岗位意识”的确立是现代知识分子的主要价值取向。知识分子的队伍在不断地分化，知识分子逐渐成为“专家型”的知识分子，对岗位的认同和岗位意识的确立，是当代中国知识分子的理性自觉，体现了“知识”的价值属性，从而体现了知识分子的独立价值。[②]在这基础上，通过传播知识的途径，再将自身的价值转换为社会价值，从而为当代知识分子的价值实现提供了一条现实的途径。

“岗位”是一种“在”的状态，而不是人“属于”岗位，按照汤因比的说法，即物在空间中存在着，但又跟那个空间是对立的。它只有在那里才能发挥作用，但它不“属于”那个世界。[③]陈思和认为“对于体制而言，不是说超越岗位，而是要超越职业”。“岗位”包含两层意思，“一个是职业，一个是超越”。[④]

职业，作为社会分工的结果，限定了建筑师的服务内容，要求建筑师立足于自己的岗位，即以职业为依托，提供专业的服务，这是建筑师的基本立

---

① （法）埃米尔·涂尔干．社会分工论[M]．渠东译．北京：生活·读书·新知三联书店，2005：262.

② 何清．陈思和教授的人格理想和学术道路[J]．复旦学报（社会科学版），1996（6）：105-107.

③ 何清．陈思和教授的人格理想和学术道路[J]．复旦学报（社会科学版），1996（6）：103.

④ 何清．陈思和教授的人格理想和学术道路[J]．复旦学报（社会科学版），1996（6）：103.

场——专业人士，其服务的内容是技术、观念、制度等的综合体，它们都是知识的表现形式。

“岗位”意味着建筑师的职业意识中包含了两种内容，一种是知识的服务，另一种是建筑师的批判精神。前者体现的是建筑师的专业性，突出建筑师作为专家、专业人士的特质；后者体现的是建筑师的公共性，体现建筑师作为公共知识分子的特征。

同时，建筑师也不应该为职业所限，在服务规范化的同时，突破专业的局限，最大限度地创造个体的社会价值。因此，知识分子视野中的建筑师“职业意识”应是以社会为导向的知识服务意识。

3. 建筑师、艺术家与知识分子：三位一体

文艺复兴时期，建筑的标准是真善美的统一，建筑师将个人的才智融于这一标准之中，因此建筑师往往是时代的超人和完人，集建筑师、艺术家、人文主义者于一身。他们的建筑作品中之所以完美地呈现着人文主义的精神，是因为建筑师首先是一位“人文主义”[①]者，其次才是建筑师和艺术家。

由于建筑学科的理性与感性的特征，建筑师成为一种特殊的知识分子，如密斯所说，“没有理性的力量，建筑只不过是一种玩弄形式的空洞游戏，而不受非理性因素启发的建筑也只能是一项乏味的工程”。建筑师的知识体系跨越了人文和科学两大学科，因此，建筑师作为知识分子兼有科学知识分子和人文知识分子的双重特征。而“知识分子所扮演的角色，事实上就是一种启蒙式的人文主义者的角色”。[②]而在艺术家的创造性中，对自身价值的思考以及创造性的表现方式，也体现了“人”的主体意识，体现了人对自身及对世界意义的追问。艺术作为意义的载体，传达了作者的思想。现代主义的目标是作者自身，是作者的自我确证，使得艺术与人类互为本体，它超越了美学的内涵，具有人学的特征。

当代中国建筑师的职业化过程中，有一个重要的组成部分，即职业伦理。建筑师的职业伦理主要是指“建筑伦理”，它是一种“态度”，“即以建筑为媒介对待人类社会和自然环境的态度”。[③]它涉及道德与利益的关系，具体表现

---

① “人文主义”的英文名是 humanism，是个外来词。原指欧洲文艺复兴时期对希腊、罗马的古典文化的回归，借此来反对欧洲的宗教束缚，这些人被称为“人文学者”，他们所采用的知识被称为“人文主义”。19 世纪以后欧洲出现了人文学科，人文是指对人的知识的研究。中国的“人文”两字最早出现在《易经》中，“观乎天文以察时变，观乎人文以化成天下”。这里的人文指人世间的各种事物，与西方的“人文”是两个不同的概念。中国西方意义上的“人文主义”源自吴宓为代表的学衡派，该学派创办杂志《学衡》传播人文主义思想。学衡派认为人文主义无东西方之分，具有普适性价值。李欧梵，季进. 再谈知识分子与人文精神[J]. 江苏大学学报（社会科学版），2004（1）：1-2.

② 李欧梵. 人文精神的现代化[N]. 解放日报，2007-08-12（8）.

③ 陈喆. 建筑伦理学概论[M]. 北京：中国电力出版社，2007：1.

为建筑师“如何面对眼前利益与长远利益，局部利益与整体利益，自身利益与业主及建筑使用者的利益”。[①]利益代表着人的价值观，是价值理性的体现。价值理性是一种人文尺度的理性表现形式，是人文主义的基础，它与实用主义相对立，实用主义也就是工具理性，因此，建筑师职业包含着人文主义的内涵。

由此可见，人文精神一直贯穿于职业建筑师、艺术家、知识分子这三种角色之中，具体表现为职业伦理、艺术创造以及公共知识分子的使命，使得三者之间有一种共同性，紧密地结合为一个有机体。因此，建筑师、艺术家、知识分子三位一体，统一于人文主义的精神，这也说明了角色的背后是具有能动性的“人”，角色不是一个面具或者一种功能，而是人的作用的体现，因为角色的完成需要角色领会、角色校正以及角色互动等一系列主动性的行为。

建筑师的多元角色始终贯穿于建筑设计的实践过程之中，尽管在不同的语境中建筑师工作的具体内容不尽相同，但始终是处于建筑师的“知识服务”这一基本框架之中，融汇了多方面的角色的合力，梁思成先生将其概括为哲学家的头脑、社会学家的眼光、工程师的精确和实践、心理学家的敏感、文学家的洞察力和艺术家的文化修养。[②]

因此，当代中国建筑师面临着双重任务：一方面，建筑师不得不将职业视作谋生的手段，通过将知识变成产品或者服务以获得生存的可能；另一方面，社会竞争的激烈以及知识经济的发展要求建筑师不断创新，突破自己的职业角色，拓展视野，更新技术和观念。同时，不健全的执业环境也要求建筑师在社会空间中不断提高自己的地位和影响力，改变不合理的制度，建立和完善新的职业体系和职业机制，拓展职业的发展空间。

3.1.2 职业角色认同的危机

建筑师的职业化和职业服务的全球化、类型化促进了建筑师不同角色之间的合作与交流，但是，由于社会等级以及社会结构的差异，建筑师的职业身份受到了来自多方面的压力，既有角色内部分化产生的矛盾，也有职业发展与社会结构的错位导致的危机，职业伦理的缺失也让建筑师的独立性和公正性受到质疑。

3.1.2.1 职业发展脱离社会的框架

建筑师职业的发展始终受到社会的影响，表现为知识经济中知识与服务的增殖和生活形态对设计服务的影响。

1. 知识经济时代的知识增殖

当代经济是以信息技术为基础的、由知识要素驱动的、以互联网为运作工

---

① 陈喆．建筑伦理学概论[M]．北京：中国电力出版社，2007：21.

② 林洙．困惑的大匠——梁思成传[M]．济南：山东画报出版社，2001：207.

具的经济。资本的范围不再是传统的土地、原料、资本市场、劳动力、机器，“人力资本”——人格化的科技知识成为最新的、同时也是最具有价值创造力的生产要素。由于人力资本不同于可以被占有的有形资本，人力资本成为了非垄断的资本，这有利于建筑师保持独立的身份，也有利于建筑师的创造力的发挥。

信息化的知识经济提高了建筑师的工作效率，同时建筑师通过各种渠道获得的信息量也迅速增加，建筑师的眼界更加开阔，解决问题的方法更加多元化，因此，建筑多元化的趋势更加明显。显然，知识经济的最终效果是产品和服务的更加多元化，从而实现了知识的增殖。

由于社会结构和生活形态制约着空间形态的发展，建筑师应该如何在其中实现知识的创造性运用？建筑应该体现空间与生活形态的特征，反映它们之间的关系。国内许多建筑师往往片面地强调建筑的形式与功能，脱离或遮蔽现实语境。他们往往将视域局限在一小批传统建筑经典的教条化理解当中，例如对美学、各种建筑风格的关注等等，忽略社会架构的多元化趋势。设计的过程中排除了研究主体的个人思考，一方面导致了人文关怀的缺失，另一方面，研究主体与社会联系的缺乏导致研究脱离社会大众的支持与认可，而陷入“曲高和寡”的尴尬境地。

由于现实中的生活形态直接表现为人口结构、家庭结构等方面的变化，建筑师应紧跟这些变化，将知识的积累与发展方向建立在社会文化的复杂性和差异性基础上，并采取相应的对策，知识经济中知识的增殖就体现在建筑空间形态的多样化之中。

2. 城市住宅的多样化需求

以住宅为例，当今中国的住宅片面地追求“大”。这种“大”是否适合中国的国情？住宅户型、面积的大小尽管与经济水平相关，但更多地取决于家庭结构、人口组成等方面的因素。据统计，1990 年全国城镇家庭户均人口为 3.50 人，到 1998 年下降到 3.16 人。这也就意味着目前大多数城市家庭已经基本上为 3 口之家，家庭人口减少的同时，家庭户数不断增加，住宅需求总量增加。家庭的小型化导致住宅的消费结构发生了变化，居民对一室一厅和二室一厅的住宅需求加大。

其他因素，如地域差异（东部、中部、西部地区的差异）、大中小城市的差异等都使得住宅需求有了很大的变化。与这一趋势相反的是，中国的耕地资源却在不断减少，仅在 1997 ~ 2004 年间全国耕地就减少了 667 万 hm^2（1 亿亩）。[①]人口控制专家宋健认为，中国现有的条件适宜居住的人口是 6.5 亿 ~ 7 亿。[②]用地

---

① 宋建军，石培华，肖金成. 土地市场治理整顿实情[J]. 中国发展观察，2005（3）.

② SongJian，Tuan ChiHsian and Yu Jing-yuan. Population Control in China[M]//Theory and Application. New York：Preager Press，1985.

紧张的同时住宅使用面积不断加大，1989 年出售的商品房平均每套的面积为 $65.5m^2$，1997 年达到 $80.83m^2$。[①]许多大中城市还出现了大量的高档住宅小区、别墅区，使得住宅供需矛盾更加突出。

新的类型还在不断出现，如丁克家庭、单身家庭；如果再考虑年龄的变化，2000 年中国老年人口占总人口的比例约达 10%，这意味着中国开始步入老龄化社会，[②]这一比例还在逐年加大，由此带来了老年人的居住问题。针对养老形式的多样化，创造符合老年人生理、心理、社交需求的居住建筑与环境迫在眉睫。

住宅的多样化体现了不同的市场需求。以往的福利分房需要的是均一的住宅类型，这种“匀质”住宅不仅户型单一、面积统一，外形、空间等都受到了限制，它是计划经济下的福利分房制度的产物。如今，住宅已经实现产业化，市场需求在不断变化，建筑师需要不断调整策略，主动出击，广泛收集资料，才能使自己的作品适应市场的需求。

3. 农村建设问题

城乡二元制的社会结构导致了城市与农村之间的距离在不断加大。建筑师往往关注的是城市建筑，忽略了广大农村地区的建筑发展问题。近年来，不仅城镇住宅数量不断攀升，农村住宅面积也增长迅速。“1979 年到 1999 年的 20 年中，全国城乡共建住宅 170 亿 m^2，而其中城镇住宅实际只有 40.6 亿 m^2，仅占总量的 24%，农村住宅面积高达 129.4 亿 m^2，占 76%。九五期间我国城镇年平均建成住房 6.2 亿 m^2，农村年平均建成住房 6.7 亿 m^2，2001 年，全国城镇竣工住宅面积 5.4 亿 m^2，农村竣工住宅面积 7.4 亿 m^2。”[③]但是，与如此大的规模形成鲜明对比的是，农民住宅建设还处于盲目的自由发展状态。

由于农村建设存在着许多先天的不足：基础设施不完善，村庄无规划，建筑无设计，队伍无资质，监管无机构，并且建设无任何章法，游离于各项法规、规范、标准之外。农村建设的质量直接制约着城市化的进程，城市化不仅是一个乡村到城市的转化过程，也是乡村本身现代化的过程。

农村建筑直接与农民的生活形态相联系，是他们的生活方式的直接体现。在建筑多元化与地域化趋势中，农村以及乡土建筑的发展直接涉及人们的生

---

① 杨帆，阎小培. 近十年来中国城镇居民居住状况分析[J]. 城市问题，2000（4）：21.

② 从 2000 年开始，我国老年人（60 岁以上）占总人口的比例约 10%，按照国际标准，60 岁以上老年人口占总人口比重达 10%以上，或者 65 岁以上老年人口比重达到 7%以上，就属于老龄化社会。这意味着中国已进入老龄化社会。预计到 2025 年，我国 60 岁以上的老年人口将达到总人口的 27. 8%，老龄化问题已经成为一个严峻的现实。

③ 转引自：邓建伟，卢健松. 关于农宅建设的调查与思考[J]. 长沙民政职业技术学院学报，2003（6）：13.

活、习俗、仪式等诸多传统，是与建造者息息相关的建筑形式。清华大学陈志华教授曾经多次造访浙江温州永嘉县的楠溪乡，描述了那里的人们自得其乐的乡土生活。面对全球化的冲击，这种乡村生活该如何面对即将甚至已经到来的变化？建筑师是否应该走出城外，实现技术“下乡”——为农村提供技术支持，在社会主义新农村建设中寻找施展自己才华的机会？正如埃及著名的建筑师哈桑·法赛毕生致力于面向农民和低收入家庭的建筑设计，国内建筑师也应该将目光转向一直被忽略的农宅，重视农村的建设，只有将农村和城市的差距不断缩小，中国“低”品质的建筑设计质量才能得到根本改变。

其他诸如城中村的问题、生态问题等等都是社会发展过程中需要面对的实际问题，只有当建筑师将自己的职业目标与社会的需求结合起来，才能体现知识的价值。

3.1.2.2　职业伦理的缺失

法国社会学家涂尔干认为“一般社会成员共同信仰和情感的总和”，即“集体意识”是社会得以整合的基础。但在现代社会，劳动分工越来越多地替代了共同意识曾经扮演的角色。①他意识到，仅仅靠社会分工本身的力量是不能完全实现社会整合的，而集体意识又在不断衰弱。涂尔干把目光投向了“职业群体”和“职业伦理”。他认为通过建立规范体系，可以对职业活动关系紧密的群体作出有效的规定，从而整合社会。

作为职业建筑师，职业伦理是一个不可或缺的重要组成部分。职业伦理的产生源自社会分工的需要，是职业群体“有机团结”的一个重要环节，也是职业建筑师保持独立性和职业公正的一个重要因素，是建筑师作为职业群体获得社会认可的一条重要渠道。职业伦理在国内建筑师群体中一直没有得到应有的重视，职业伦理往往与道德伦理混为一谈。

1. 职业角色内部的分化：甲方、乙方建筑师的角色等级

基于“建筑服务”的社会分工导致了建筑师具体职能的差异，当这种差异与角色社会资源的占有差异联系在一起时，原本平等的角色便有了等级之分，甲方、乙方建筑师不仅是角色的差异，还有服务与被服务的关系，有领导者与被领导者的区分。

甲方建筑师包括政府部门的管理者以及房地产公司的建筑师，在社会阶层中，他们具有组织资源和经济资源的优势，因此决定了他们在决策方面具有裁判权。基于利益的差异，他们更多地考虑的是政府的“成绩”、公司的效益，忽视建筑师的专业价值，使得处于一线的建筑师往往被动地接受各种外在的、与建筑无关的“附加条件”。

而建筑师与房地产的联姻甚至是谄媚产生了这样的结果：由建造商或开发

① （法）埃米尔·涂尔干．社会分工论[M]．渠东译．北京：生活·读书·新知三联书店，2005：108.

商决定作品的骨架和基本实体，而由建筑师负责提供一个极具诱惑力的外壳包装。在这样的设计机制下，许多建筑师成为了工业产品的形象设计师。各种风格的建筑形式层出不穷：欧陆风、中式别墅等等。

亦或建筑师成为政府部门的御用建筑师，亦或政府职能部门的管理者成为"领导"建筑师，成为"政绩"或形象工程的贡献者。以北京为例，"长官意志"的盛行造成了20世纪90年代中后期遍布北京大街小巷的"亭子式"建筑，并试图通过"亭子"夺回古都风貌，建筑师的主动地位丧失殆尽，最具反面教材意义的例子是耗资几千万元强加在北京西客站屋顶部位的亭子。

角色等级的存在不仅使一线的建筑师处于弱者的地位，在夹缝中生存，也使得甲方建筑师之间不断进行着博弈，即经济资源与组织资源之间的较量。地方开发商与政府部门之间的利益冲突以及较量的过程和结果都可以在建筑中直接体现出来。大量烂尾楼的出现不仅是一种经济决策的结果，也是角色之间较量的直接产物。如上海环球金融中心经历了多年的停工与多次的修改，最后生成了一个遭到大多建筑业内人士质疑的形象。

虽然社会结构决定了乙方建筑师的社会位置，但位置并不是一成不变的，要实现位置的"移位"，乙方建筑师必须将自身文化资源的优势转换为经济资源或者组织资源，从而实现位置的上升。另一方面，处于甲方或者乙方位置上的建筑师即使角色位置不变，在设计或者决策过程中，也可以将政策、利益、专业等因素融合在一起，进行"换位"式的思考，在设计中多考虑商业的利益，在设计中介入运作，在决策中注重专业的价值，角色背后人的能动性将得到充分的发挥。

2. 建筑师的"市场化"：职业人和经济人

伴随着中国的社会转型，传统的"单位职业伦理"关系逐渐瓦解，而现代工业社会所需要的职业伦理还未成熟，形成了职业群体和职业伦理的不确定和标准的不统一，使得职业群体无所适从。转型前"中国大多数社会成员被组织到一个个具体的'单位组织'中，由这种单位组织赋予他们社会行为的权利、身份和合法性，满足他们的各种需求，代表和维护他们的利益，控制他们的行为"。[①]个人的政治、经济和文化资源的拥有量与单位息息相关，单位——而不是职业——是获取社会资源的有效途径。作为一个"社会人"，只要他进入了单位，就自觉或不自觉地被社会化为一个"单位人"，把单位形态中的行为规范和取向作为自己的行为规范和取向，从而形成单位职业伦理。这种单位职业伦理不同于社会分工条件下自然形成的职业伦理，它不是以职业群体及其利益、形象作为依托的伦理，而是以本单位利益和形象作为依托的伦理。随着单

① 李汉林，渠敬东. 制度规范行为——关于单位的研究与思考[J]. 社会学研究，2002（5）：2.

位制的衰弱，单位职业伦理逐渐瓦解。[①]

不仅单位职业伦理阻碍了职业伦理的转变，市场经济原则的泛化也影响了职业伦理的有效形成。市场经济遵循“成本最小化，利益最大化”原则，这一经济原则在市场经济不完善的前提下也被应用于经济领域之外的政治、文化和道德领域，导致这些领域本身的标准被市场经济的原则侵占。“职业人”或“社会人”变成纯粹的“经济人”：只追求经济效益，不涉及职业伦理道德。

这种职业伦理在中国当前的语境中首先表现为公正的权利与义务。社会公正既是建筑师独立性的表现，也是建筑师通过职业参与社会事务的基本立场，公正涉及个人的价值观问题，它表现为建筑师如何在利益与道德之间进行取舍，如何在专业中维护公共利益，体现对弱势群体的关注，如何处理建筑师与建筑师之间的关系问题。其次，职业伦理表现为对环境问题的关注，突出地表现为建筑师的生态意识。生态问题不仅是中国的问题，也是全世界人民共同面对的问题。

职业伦理的缺乏、社会肯定的不一致导致了中国的建筑师行业中专业技术的不成熟，缺少建筑师个体之间行为的协调与监督机制。职业伦理的缺失使得建筑师偏离了公正的基本立场，建筑师的服务意识已经转化为与资本的有效结合，成为实现个人理想的有力资源。建筑师为市场服务，为有钱的业主服务，似乎离社会责任越来越远。中国式的别墅、低密度的豪华住宅、与房地产牵手的“楼盘现象”，丝毫不考虑对公共利益的侵犯，对有限资源的掠夺，置国情不顾，置公众利益不顾。“由于高收入群体的支付能力高，市场为了迎合他们所谓对品位、环境等方面的追求，不遗余力地‘圈环境、圈资源’。当前表现最为突出的就是风景旅游地的瓜分热。……如果政府对社会公共空间资源不加以有效控制，社会公共资源有可能会成为私人资本的摇钱树，社会的公共空间会不断地受到侵占和蚕食，这必然在一定程度上会影响到普通公民的生活质量。”[②]

“城中村”、“握手楼”的出现，在一次次地叩问建筑师的社会义务。许多建筑师持这样的观点：贫困、城市无序蔓延、平民住宅等问题与己无关或者无能为力。在设计市场上，面对不完善的市场经济体制，设计师相互之间恶性压价，扰乱市场秩序，形成恶性竞争的局面。“京派”和“海派”建筑师互相嘲讽，恶意挖苦。处于象牙塔的建筑学术界也存在着学术危机。进口的话语、抽象的理论、基础研究的缺乏是当代中国建筑学教育的普遍现状。“建筑学术危机至少在某种程度上是建筑职业危机的一个反映：建筑实践越远离社会整体的

---

① 辛会芳. 从涂尔干“职业群体”的社会整合观看中国和谐社会之建构[J]. 长春理工大学学报（社会科学版），2006（3）：10-11.

② 万勇，王玲慧.城市居住空间分异与住区规划应对策略[J]. 城市问题，2003（6）：13.

需求，它（建筑学术）就会越倾向于成为一个过于审美化的话语，仅仅专注于某个暴发阶层的对奇观文化的痴迷。在建筑学院里，这种话语经常为一种神秘化的理论状态所供养，而那些理论又大多引自于其他学科，远离环境设计的基本状况和需求。”①

3. 设计成为一门生意

许多建筑师具备了市场经济中的灵活头脑，将“建筑学”作为一门生意，通过媒体进行广告宣传，建筑师与媒体之间互相谄媚，媒体则利用自己的话语优势，对少数建筑师进行炒作和包装。

建筑设计向着产业化的方向迈进。以同济大学为例，在高校和政府的共同打造下，形成了以同济大学为中心、以城市规划、建筑设计等技术行业为主、与设计相关的服务行业为辅的一条产业链，成为具有代表性的“同济现象”。许多建筑师的主要任务就是方案设计和施工图设计，并不介入项目策划、施工监理等建筑的全过程。业主在决策和判断过程中过分依赖方案，凭着模型、效果图这些表面化和形式化的东西就作出决策，而忽略了形式背后的功能、造价、技术可行性、使用维护成本等方面的因素，因此无法保证建成的效果和质量。设计师们闭门造车、熬夜赶图，多快好省地完成各类建筑文本和施工图，几乎无暇顾及弱势群体、农宅、生态等与己“无关”的问题。

一些建筑师和设计人员无视基本的设计原则和设计规范的要求，甚至为甲方提供钻法律空子的技术支持，严重违反了职业道德，影响了职业的公正性。金经元先生谈到了当前中国规划行业中的一些社会病态现象：

“当前，有些城市规划方案也表现出这种病态：不重视现场调查，不认真分析资料，不研究城市区位和历史传统，不考虑环境容量，不注意城乡关系，不关心人民利益，甚至不尊重地形图上已经标明的地形、地貌现状，最为重要的依据，莫过于谁出钱，按谁的意图作画。贫乏的内容，在计算机、绘图仪、摄像机、数码相机、复印机等等‘高科技’手段的辅助下，形成了装潢精致的文本和声光电综合表演的汇报；花花绿绿的图案，随意抄袭的文字，再加上各种光辉的头衔和有来头的落款，就迎合了业主的需要。甲方得到了‘政绩’，乙方得到了‘奶酪’。至于指导建设，完全由业主说了算。什么环境保护、政府行为、人民利益，一概抛在脑后。”②

专业技能几乎完全主导了当代中国建筑师的发展方向，而这种方向仅仅是跟随毫无目标的混乱的形式美学和流行趋势，相应的职业教育体系也没有弥补这一缺漏，远远落后于国外成熟的建筑师和规划师职业教育体系。以美国为例，

---

① （美）肯尼斯·弗兰普顿（Kenneth Frampton）《新世纪七点——一个不合时宜的宣言》（1999 年 UIA 国际建筑师协会北京会议主题发言），转引自：朱涛. 是“中国式居住”，还是“中国式投机+犬儒”？[J]. 时代建筑，2006（3）：45.

② 金经元. 规划师的“奶酪”与伦理[J]. 规划师，2002（7）：13.

建筑师职业教育的标准中强调了三个方面的内容：知识、技能和价值观。其中规划师的基本价值观主要涉及以下几个层面："作为政府行为的规划师的工作必须体现社会公正、公平，为市民提供经济福利，在使用资源时讲求效率。理解在民主社会中政府的角色定位，重视、保证公众参与，在保护个人权利的同时，保证集体利益和公众利益。尊重多元的观点，尊重不同意识形态（如宗教信仰）的共存。保护自然资源，保护蕴藏在建筑环境中的重要的社会文化遗产。遵守专业实践和专业行为中的职业道德，包括规划师和公众的关系，注重在民主决策过程中市民参与的地位。"①

职业伦理是建筑师职业实践过程中反省自身、思考建筑的一种内在方法，它有助于建筑师不断提高职业声望、提升职业地位、获得"合法性"。由于当代中国建筑师普遍缺乏社会的整体意识和责任感，传统的"工科+艺术"的教育模式"导致一批批的建筑执业者只会从'艺术视野'及技术角度观察建筑，却没有自觉意识到建筑与文化传承、社会公正等事业的紧密联系，丧失对社会大众生活状况及城市、乡村发展的敏感，而将视野局限于一小批明星建筑师和标志性建筑上，脱离了最广大的社会全体。"②甚至在经济利益的驱使下，建筑师成为先富起来的一部分人的代言者，借助富人的经济力量来实现个人的理想，缺少对社会低收入人群和其他弱势群体的关注。"而对于社会发展的关注提示我们，中国的'建筑艺术展'、'双年展'不应该与纽约或威尼斯的一样，它应该包含更多的中国现实问题，如城市化、城市结构转型、低收入住宅、村镇规划、乡村农民的自宅建设（总面积达几十亿平方米），乃至棚户区改造等"。③这些是现实语境中存在的迫切需要解决的问题，我们的社会需要多一些人文的关怀，少一些政绩工程和形象工程；多一些公益事业，少一些"烧钱"的建筑；多一些务实的建设，少一些"长城脚下的公社"之类的作秀工程。

3.1.3 社会角色认同的危机

角色的领会和承担展现了人们在生活中充当的身份，即人们把角色行为看作是身份的表达方式。社会生活中的建筑师在职业之外还扮演着知识分子的角色，作为公共知识分子的一员，建筑师的作用却在逐渐消隐，这也从另一个侧面反映了知识分子在中国社会中的尴尬地位。文化场中地位的相对滞后、精英意识的缺乏、人文精神的失落等诸多因素共同影响了建筑师公共角色的塑造，使得建筑师的职业群体在公众脑海中留下的是一个模糊的社会形象。

3.1.3.1 精英意识的缺乏

许多分析认为：市场经济的影响，以及大众文化的兴起造成了中国知识分

---

① 张庭伟. 知识·技能·价值观——美国规划师的职业教育标准[J]. 城市规划汇刊，2004（2）：7.

② 黄雯. 当代中国建筑的价值缺失[EB/OL], [2005-07-10]. http://www.abbs.com.cn/topic/read.php?cate=2 & recid=13923.

③ 朱怿. 多元视野下的建筑美观[J]. 建筑学报，2005（1）：75-76.

子在当代社会中公共形象的缺失。[①]这种分析具有一定的道理，但是还不够全面，知识分子确实面临着市场经济和大众消费文化两个方面的压力，这只是问题的一个外部环境，从知识分子自身的角度来看，中国知识分子自身的懦弱以及精英意识的缺乏也是造成这一局面的重要原因，其中精英意识的缺乏是由于建筑师在社会结构中所处的地位决定的。建筑师的精英意识表现为通过建筑来实现改变社会现状的目标，超越现实以实现精神的自由，在寻求解决危机的同时，不断建构理想世界的模型，提供人类的终极信仰。

1. “场”中的位置

知识分子仅仅占有文化资源的优势，尽管“文化（技术）资源的重要性在近十年来上升很快，它在决定人们的社会阶层位置时的重要性并不亚于经济资源”。[②]但在“场”中起决定作用的是组织资源和经济资源，知识分子该如何将文化资源转化为组织资源和经济资源，从而实现社会地位的上升呢？由于人们的社会身份不再是通过血缘等继承性的（或先天性的）方式一次性获得，而是通过自己的职业和角色等不断建构的，所以提升职业和角色的作用力成为建筑师的目标。

信息社会的发展给每一个体带来了大量的信息和知识，但社会分化和利益认同的差异造成了话语权占有的不均等和分配的不合理，[③]因此，对信息的选择差异和占有程度的区分体现了个体身份的差异。资源的占有程度不同以及资源之间转化的落差都会导致角色等级的差异。

尽管现代的专业人士和知识分子“是真正相信自己受到自己职业使命的感召、自己的工作很神圣的现代人”，[④]但是“场”中的位置决定了理想与现实之间存在着巨大的差异，文化资源的优势无法与经济资源和组织资源抗衡。歌德在《浮士德》中描绘了一个现代知识分子的原型：他出卖自己以求名垂千史。知识分子与普通人一样，都有物质需求，但他们的精神需求迫使他们将自己神圣化为先锋。马克思无情地剥去了知识分子头上的光环：“只有当他们找到工作的时候才能生存，而且只有当他们的劳动增殖资本的时候才能找到工作。这些不得不把自己零星出卖的工人，像其他任何货物一样，也是一种商品，所以他们同样地受到竞争方面的一切变化的影响，受到市场方面的一切波动的影响。”[⑤]

---

① 文理平. 关于“人文精神”讨论综述（上）[J]. 文艺理论与批评，1995（3）：119-134.及文理平. 关于“人文精神”讨论综述（下）[J]. 文艺理论与批评，1995（4）：123-139.

② 陆学艺主编. 当代中国社会阶层研究报告[M]. 北京：社会科学文献出版社，2002：4.

③ 张德明. 当代中国文化批评的社会功能[J]. 文艺研究，2002（4）：23.

④ （美）马歇尔·伯曼. 一切坚固的东西都烟消云散了——现代性体验[M]. 徐大建，张辑译. 北京：商务印书馆，2003：149.

⑤ 转引自：（美）马歇尔·伯曼. 一切坚固的东西都烟消云散了——现代性体验[M]. 徐大建，张辑译. 北京：商务印书馆，2003：150.

以职业为基础的契约社会将职业和分工放在了首位，但是这并不等于个人只需要依附于某一正当职业，通过努力就可以体现自己的美德和价值。这种“职业主义”的观点曾经很流行，但是在现有的社会等级结构中，这种乌托邦式的理想根本无法实现，因为“人”不仅是自然人，还是具有各种社会属性的“历史人”，“职业主义”只能产生“专家”，它并不能改变知识分子的地位。光环的消失促使许多知识分子清醒地意识到了自己的尴尬处境，因此有了出世还是入世之争。

2. 出世与入世之争

人们通常把轴心时代（雅士培认为轴心时代是从公元前 1000 年左右开始到公元前 500 年左右）对待现实世界的不同态度分为出世和入世精神，出世精神视人生为苦海，视尘世为罪孽，主张人们通过忍耐、顺从、禁欲等方式赎罪而离开并超越现实世界，祈佑来世能进入与现实世界并存但高于现实世界的彼岸世界。代表入世精神的儒家，则充分肯定现实世界，肯定世人的生活本身就是一切。儒家提倡学以致用，从个人角度来说，是修身、齐家、治国、平天下。

儒家的“出世”思想与道家的“入世”思想一直是古代之“士”所争论的话题。它同样适合当代作为知识分子的建筑师。他们也面临着两种选择：无条件参与生产与消费的机制，或者批判并拒绝参与。前者成为“政客”或者“商人”型的知识分子，后者的代表是学院派的知识分子。

出世与入世反映了市场经济中建筑师的两种态度，第一种是“批判并（尽可能）拒绝参与”，第二种则是“无条件参与到生产与消费的机制中去”。[①]持第一种态度的往往是高校的建筑学者，以精英的姿态拒绝商业化的侵蚀，他们也被称为“学院派建筑师”，第二种建筑师则表现为“商业建筑师”，将建筑视作“产品”或“商品”，从事建筑制造和建筑生产的活动。建筑师们把设计当作一门生意，而政府则将其整合为一门产业。

建筑师一跃成为市场经济中的文化商人，眼前的利益与得失完全霸占了建筑师的精力，建筑师们没有闲心来思考职业目标或者职业发展的未来走向，对形式主义的关注远远超过了对社会的关注，走一步看一步的心态暴露了行业在处于景气时期的浮躁心理。知识的力量朝向“经济”资本的“有效”转化却并没有提升建筑师在“场”中的位置。

3. 国家大剧院设计竞赛引发的风波

除去艺术界的几次展览标志着一小部分人在为争取自己的身份而努力，学者或专家型的中国建筑师一般局限在象牙塔里探讨学术理论。直到 1998 年国家大剧院设计竞赛举办，标志着一个新的建筑时代的来临。

这一竞赛历经了一年零四个月的时间，前后两轮竞赛，三次修改，最后由

---

① 张永和.第三种态度[J]. 建筑师，2004，4（110）：24.

法国建筑师保罗·安德鲁的“湖中仙阁”方案中选。在第一轮竞赛时建筑界就掀起了评论的热潮。设计任务书的要求就具有典型的中国特色，即三个“一看”：“一看就是中国的、一看就是北京天安门附近的、一看就是剧院的建筑”，“要求十分空洞，洋溢着中国式的幽默”。[①]

更深刻的评价来自于另一篇文章：“国家大剧院凝聚了浓烈的意识形态因素，即国家的、民族的、甚至时代的要求，对于这个未出现的空间与场所，已经做出了强烈的暗示。”[②]

任务书的不明确、竞赛规程的更改、媒体的“非常”报道与公众的“异常”关注等诸多因素促使国家大剧院设计竞赛成为了一个导火索，引发了一场文化意义的大争论，它不仅是正方和反方、东方和西方文化的较量，也不仅表明了建筑师关注自身创作环境的意识，它更是国家意志与民间意志的斗争。它成为一次事件，42位院士和104名建筑师联名上书有关部门，反对保罗·安德鲁的方案。工程曾一度停建，后又低调复工。

国家大剧院设计竞赛引发的风波作为一个事件，凸现了建筑师——公共知识分子的身份。萨义德则认为“知识分子的代表，他们向社会宣扬的观念或理念，并不是为了强化自我或颂扬地位，亦非有意服侍有权势的官僚机构和慷慨的雇主。知识分子的代表是在行动本身，依赖的是一种意识，一种怀疑、投注、不断献身于理性探究和道德判断的意识”。“知识分子是具有能力‘向（to）’公众以及‘为（for）’公众来代表、具现、表明讯息、观点、态度、哲学或意见的个人。”[③]一般意义上的艺术家和科学家虽然从事与知识生产和分配有关的工作（按葛兰西的观点都是知识分子），但知识分子更应该是“那些运用专业知识，运用接触专门知识的能力以及使用符号的能力来为更为广泛的公众谋利益的人”。[④]萨特曾说，一位原子能科学家在研究原子武器时不是个知识分子，但是，当他在反对核武器的抗议信上签名时就是知识分子。[⑤]

以院士为代表的上书事件代表了知识分子的一次集体行动，尽管这次行动以失败告终。之后，建筑师这一群体又开始沉默了。于是，库哈斯来了，CCTV办公大楼中标了，尽管反对声一片，但更多的还是沉默。之后，是更微弱的针对水立方、鸟巢的质疑声。

4. 建筑师的明星化、时尚化

---

① 曾昭奋. 大剧院设计和使用的民主性[N]. 建筑报，1998-09-22（7）.

② 贺承军. 国家大剧院方案面向北京市民[N]. 建筑报，2000-10-05.

③ （美）爱德华·W·萨义德. 知识分子论[M]. 单德兴译. 北京：生活·读书·新知三联书店，2002：23，16-17.

④ （美）杰弗里·C·戈德法布. “民主”社会中的知识分子[M]. 杨信彰等译. 沈阳：辽宁教育出版社，2002：35.

⑤ （美）杰弗里·C·戈德法布. “民主”社会中的知识分子[M]. 杨信彰等译. 沈阳：辽宁教育出版社，2002：35.

机会与市场还是制造了许多文化明星，如商人建筑师、文人建筑师，以及各种艺术家、大师。中国本土在不断涌现自己的明星建筑师，同时也不断邀请国外的明星建筑师来参加建筑实践以及进行交流与合作。这些明星都有不断被时尚化的趋势，不断被推向神坛，他们的言论、思想被奉为金科玉律。社会学意义上个体的差异又重新被笼罩上了许多"光环"，"光环"的随意性模糊了许多界限。

首先，明星建筑师并不等同于先锋（advant）建筑师。当今的消费文化提供了制造明星的温床：空间成为事件，建筑成为表演。明星建筑师是广告学、市场学和社会学结合的产物。许多建筑师通过设计竞赛等方式获得了较高的知名度，成为了明星。而广义的先锋概念"是艺术和文化的一种先驱现象，……它应当是一种前风格，是先知，是一种变化的方向，……这种变化终将被接受，并且真正地改变一切"[①]。先锋意味着对现行规范的叛离。建筑先锋派往往"需要从建筑师的身份走出来，进入到那些被一直认为与建筑无关的领域（知识领域与非知识领域），包括一切被禁忌的领域。在这些领域中，专业化的建筑语言会与陌生的环境要素产生神奇的化合作用，它们将丧失掉其原本的学科意义，而获得新生"。[②]当建筑先锋派完成了他们变革建筑的使命，这些先锋建筑也就转变为经过概括和总结的经典或者传统。

明星建筑师并不一定就是大师（master），"在整个建筑创作的发展过程中拓展了人对建筑的感知领域的是大师，而单纯意义上的明星则只是在某些领域进行直白式的推动。明星们不发明，只发现，这一点是他们与大师的区别，他们善于将某种已存在的理论和设计手法加以夸张并将其推到极致"。[③]

大师的作用不仅仅在于作品的成功，还在于他们能够成为一代甚至几代人的楷模。例如，德国著名建筑师格罗皮乌斯不仅创办了包豪斯这所学校，还传播了全新的建筑教育思想，是国际公认的现代主义建筑的四位大师之一。包豪斯本身作为20世纪20年代的先锋派，颠覆了新古典主义的旧规范。格罗皮乌斯认为："一个建筑师只有做到动员其他本国的工业达到足以支持起一个新的设计学派，并且只有这个学派能够成功地取得权威地位；不然的话，他是不能希望实现自己的理想的。"[④]同为大师之一的密斯曾经对他作出了极高的评价。

西方建筑师的明星效应在中国的影响可谓是深远的，从北京、上海，到广州，明星建筑师们留下了许多风格迥异的建筑作品，国家大剧院、CCTV办公大楼、水立方等。许多评论认为：中国已经成为外国建筑师的试验场。与此同时，中国也出现了少数知名度不断提高的国内明星建筑师，他们的作品也在逐渐受到重视，如张永和已经俨然成为中国建筑界的文化代言人。他们的身份也

① 王春元，钱中文主编. 法国作家论文学[M]. 北京：生活·读书. 新知三联书店，1984：568.

② 胡恒，王群. 何为先锋派——先锋派简史[J]. 时代建筑，2003（5）：26.

③ 莫天伟，赵巍岩等. 明星运作[J]. 时代建筑，2003（4）：71.

④ （德）华尔德·格罗皮乌斯. 新建筑与包豪斯[M]. 张似赞译. 北京：中国建筑工业出版社，1979：25.

是一种暧昧的姿态，受过西式的教育，在西方与中国之间进行着摇摆式的“设计”活动，他们往往运用西方的理念对中国的问题提出质疑，或者进行一种尝试性的实践。如张永和推行的“基本建筑”，并陆续在晨兴数学中心等具体工程中成功地完成了具有个体特征的一些建筑实践。

明星建筑师在不断被时尚化的同时，一些负面效应也在不断凸现，许多作品反逻辑的结构形式、夸张的造型、不合理的造价等等因素都给明星建筑师的作用带来了质疑。在明星建筑师的光环下，我们需要多一些理性的思考。明星建筑师不是万能的，时尚也并不等于进步，应该找合适的建筑师做合适的项目，防止对明星的过度追捧。当前国内的招投标机制尚待完善，建筑作品的评价机制也有待建构，只有在公平的竞争环境中，以及具有良好的运作机制和评价机制中产生的明星建筑师，或者是组织良好、高效率的明星团队，才能使得明星建筑师成为建筑艺术的引领者，通过明星效应促成良性的循环。

3.1.3.2 人文精神的缺失

职业建筑师、艺术家、知识分子——三位一体的理想角色为人们描绘了一幅当代“超人”的完美的行为模式。如果说职业形象体现的是标准化和正规化，艺术使命则强调创新和创造。具有使命感，“就是感觉被召唤从事某种活动，从此不再为了计算利益得失或服从礼节或者义务而生存，而是为了发自内心的个人的强烈爱好去生存。就是全身心投入一种事业，感觉自己生存的目的就是这一事业，感觉是上天注定的”。①

当建筑师将“使命感”融入到创作之中，艺术作品便获得了人格化的特征：它从一位建筑师的一个作品到其全部作品再到其整个建筑生涯。因此，不难理解建筑师必须担负着建筑、城市环境与社会生活导向的多重责任，而且这种责任一直贯穿于建筑师的整个职业生涯之中。

1. 建筑师的文化使命与人文精神

自20世纪80年代以来，消费文化的出现使得中国的文化格局改变了以意识形态统帅主流文化的格局。“大众文化在文化格局中的位置日益凸现出来，它所固有的快乐原则和交换逻辑有力地改变着文化产品的生产方式和消费方式，一种实用理性，消费意识形态，现世观念有所增长，追求感性化、快餐化和平面化的文化消费模式盛行，而对意义的寻觅和人文理想的憧憬却被弃置一旁，理想褪色，热情淡化，精神因素稀薄。因此，20世纪90年代的文化主题是如何在市场经济负面效应的统治下拯救精神。”②

在政治、经济、艺术这三者中，政治和经济追求的是现实的物质利益，只有艺术融入了人们的理想色彩，指导着人们的精神追求。而对艺术的研究在经

---

① （法）纳塔斯·埃尼施. 作为艺术家[M]. 吴启雯，李晓畅译. 北京：文化艺术出版社，2005：64.

② 转引自：高兵. 呼唤崇高——21世纪文学精神的价值取向[J]. 河北学刊，2001（11）：69.

历了从庸俗社会学到建筑本体的审美研究的转型之后，20 世纪 80 年代后期，又从审美研究转向文化研究，在这一系列的转变过程中，人们最终发现不是外在的形式语言而是深层次的文化意义决定了艺术的影响力。中国艺术的未来只能建立在自己的文化基石之上。

“文化领域是意义的领域。它通过艺术与仪式，以想象的表现方法诠释世界的意义。”①文化空间决定着人们的命运、性格以及体验生命的特征。建筑，作为城市的一个组成部分，它所形成的艺术决定着建筑本身的质量，从而也决定着一个城市的空间品质。这意味着，建筑并非私人收藏品，而是城市大家庭的一个公共成员。因此，建筑，尤其是历史性建筑，其私人化的历史已经被消解，而转化成大众共同的历史记忆，上升为城市历史的一部分。城市中的建筑承载着公共的记忆，成为我们的精神寄托，正如宗教建筑。这种浓缩了时间与空间的建筑，已经成为一种集体无意识的积淀，一种文化的象征。建筑师的使命则是塑造并延续这一文化空间。

技术语境中的角色认知导致了建筑师、艺术家、知识分子从各自的技术和专业角度进行思考，缺乏角色的综合能力。由于职业实践过程中起主导作用的通常是专业技能，因此建筑师的目标仅仅局限于解决物质环境的居住问题，往往忽视了居住的精神内涵；建筑师通常也不主动在专业以外为社会公共事业尽力，使得建筑师无法承担起知识分子的社会公共角色，价值层面的问题被降低至达到功利目的的手段的地位。

过分急功近利是导致人文精神在近代失落的一个重要原因。在具体的建筑操作中，当代中国建筑师通常关注于技术手段解决现实问题，并把它视为最终的目标，忽略了人的终极关怀。只有在创造中思考人的意义与价值，并且将它融入到当代中国建筑师的职业化进程之中，使得专业技能体现人文精神内涵，才能实现建筑师、艺术家和知识分子角色的三位一体。人文精神是对“人”的“存在”的思考，是对“人”的价值与生存意义的关注，也是对人类命运的思考与探索。它超越了“国民性”，上升到人性的高度，形而上的人文精神显示了人的终极价值。②

2. 关注弱势群体

在中国当前语境中，建筑师作为知识分子的使命突出地表现为两个方面：一方面是对弱势群体的关注；另一方面是营建公共空间。它反映了建筑师应该遵循的价值取向，是知识分子的公共性的体现，也是建筑师职业伦理的重要组成部分。

---

① （美）丹尼尔·贝尔. 资本主义文化矛盾[M]. 赵一凡，蒲隆，任晓晋译. 北京：生活·读书·新知三联书店，1989：30.

② 高瑞泉，袁进，张汝伦，李天纲. 人文精神寻踪[J]. 读书，1994（4）：73.

何谓弱势群体？关于弱势群体的界定，并无统一的、具体的量值或数值的定论。它是“一个相对的概念，在具有可比性的前提下，一部分人群比另一部分人群在经济、文化、体能、职能、处境等方面处于一种相对不利的地位”。[①]弱势群体就是对这些处于相对不利地位的人群的称谓。从社会学上的角度来说，弱势群体的本质特征可以归纳为三个方面：社会性资源分配上具有经济利益的贫困性，生活质量（包含物质生活状况和精神生活状况两个方面）的低层次性，承受风险的脆弱性。[②]

社会的进步是人的进步，是全民整体的进步，而不是以一小部分人为代表的局部的进步。因此，只有当人与人之间的差距缩小甚至消除，才能真正实现人类的共同目标。2000年意大利威尼斯的第七届建筑双年展的主题是“少一点美学，多一点伦理”（Less Aesthetics，More Ethics），这次展览关注的是城市贫困人口的居住问题。

“在原始时代，建筑的本质就是居住。原始建筑的根本特性，只能体现在居住文化亦即家文化中。我们把‘家’当作一种文化，是因为，作为与残酷自然力相对照的人类文明，它从本质上区别于自然形态的动物巢穴。”[③]人类巢穴远远超越于动物巢穴，它不仅是一种生存空间，而且是一种情感空间。

当代的居住问题，不仅仅是一个建筑问题，更是一个社会问题。勒·柯布西耶在《走向新建筑》中曾提到建筑与社会的密切关系：“一切活人的原始本能就是找一个安身之所。社会的各个勤劳的阶级不再有合适的安身之所，工人没有，知识分子也没有。今天社会的动乱，关键是房子问题：不搞（新）建筑就要革命。”[④]当代中国的城市居住空间占有程度的巨大差异引发了强烈的社会反响。现有的国土资源条件仅能供给6.5亿～7亿人口“适宜”地居住。[⑤]有限的社会资源（如土地）与社会制度的不完善（如分配不公）叠合在一起，造成了当今中国城市普遍存在的“住房难”问题。以住宅为例，一方面，经济适用房远远供小于求，另一方面，天价豪宅、别墅热销，社会的弱势群体大部分被剥夺了“居住”的权利，生存条件的恶劣为社会带来了不稳定的因素。

居住的权利，是一项基本的人权。联合国《人类住区温哥华宣言》（1976）指出：“拥有合适的住房及服务设施是一项基本人权，通过指导性的自助方案和社区行为为社会最下层的人提供直接帮助，使人人有屋可居，是政府的一项义务。”这不仅仅是政府的义务，也是职业建筑师的一项义不容辞的义务。同

---

① 秦红岭. 建筑的伦理意蕴[M]. 北京：中国建筑工业出版社，2006：292.

② 金钊. 转型期社会弱势群体的界定及对策[J]. 唐都学刊，2003（4）：79-80.

③ 杨新民. 原始建筑的本质及其现代启示[J]. 建筑师，1992，8（47）：42.

④ （法）勒·柯布西耶. 走向新建筑[M]. 陈志华译.天津：天津科学技术出版社，1998：8.

⑤ Songjian，Tuan ChiHsian，Yu Jing-yuan. Population Control in China，Theory and Application [M]. New York：Preager Press，1985.

时，“住宅问题也是一个时代的问题。社会的平衡决定于它。在这个革新的时期，建筑的首要任务是重新估计价值，重新估计住宅的组成部分”。[①]

住宅作为每年建设量最大、建设速度最快、与百姓最为密切的建筑形式，其被重视程度理应放在首位。然而，奇怪的是，住宅并没有受到中国建筑师的青睐。住宅近几年来的受关注程度也是随着房地产的升温才逐渐加大，以致于住宅逐渐成为“房地产”的代名词。

在“以人为本”的口号下，许多建筑实际上体现的是以“先富起来的一小部分人”为本的原则。在很多建筑师眼里，设计城市的背景建筑不能施展自己的才华，他们认为只有设计超高层建筑或有巨资垫底的大型建筑才能有成就感。因为背景建筑基本都是些普通的建筑，是规模较小的大众化的建筑，它们通常受到经济、技术、材料、规模等方面的限制，缺少雄厚的经济资本。名利的驱使和社会责任感的缺乏使这些建筑师在接受背景建筑这样的设计时思想上不够重视，设计则敷衍了事。尤其是一些公益性和福利性的建筑设计项目更是没有建筑师愿意接受设计委托。事实上，真正优秀的建筑并不是用钱堆砌起来的，优秀建筑的评判也不是以规模大小来决定的。建筑师不是通过为富人服务来谋生的职业，建筑师也不应期望借助富人的经济力量来实现自己的理想，流水别墅这样的项目只是极个别的例子。在经济利益至上的当代社会，尤其要强调建筑师的责任感：建筑师应该具有平民意识，应该为大众服务。

例如，当前中国城市化的进程中一个很普遍的现象就是大量民工涌入城市，伴随着人口的迁移带来了许多新的城市问题。城市化进程从另一个角度来说是农民身份变化的过程。一方面城市的建设需要他们，这是一种吸引力（pull）的关系，另一方面，当农民工要求享受与城里人同等的待遇时，城市却将他们排斥（push）在外。这一对矛盾的存在体现的是一个社会待遇不公的问题，也是政策的缺陷所导致的。当问题出现的时候，如何应对成为关键。面对一些经济发达的城市和地区出现的“城中村”和“握手楼”现象，建筑师应该做些什么？对普通民众的关注，尤其对社会弱势群体的关注应该在规划和建筑中有所表达。建筑师应让自己的设计更好地体现社会多方面、多阶层的需要，真正实现人性化服务的目标。

3. 营建公共空间

知识分子不仅仅是公共利益的维护者，也应该是公共空间（public sphere）[②]

---

① （法）勒·柯布西耶. 走向新建筑[M]. 陈志华译. 天津：天津科学技术出版社，1998：7.

② public sphere 一词也可译作“公民社会”、“公共领域”，但“领域”一词往往指某种法定的机制性的东西，因此，本文认为“公共空间”的译法更准确。有学者认为城市公共空间如酒吧、咖啡馆等只是一种“熟读西方文化谱系后的想象性移植”，并非真正的哈贝马斯的民主政治的“公共领域”。他认为，上海酒吧是一个可供选择的，使人感到舒心适意的文化消费空间之一。见王文英，叶中强. 城市语境与大众文化[M]. 上海：上海人民出版社，2004：32-33.

的促成者，即不遗余力地去营建公共空间，这里的公共空间有别于西方的公民社会。哈贝马斯认为欧洲 18 世纪社会制度的发展奠定了公民社会的基础，这种理想模式与 18～19 世纪资本主义与自由市场紧密相连，人们可以通过公共媒介（报纸、杂志）或在公共场所（广场、咖啡馆）发表自由的言论。

中国目前还没有出现市民社会，因此不存在西方意义上的公共空间，中国有公共场所（更准确地说是场地），但它们没有形成“sphere”，“sphere”是具有物质、精神、社会于一体的时间、空间的存在，它的特征是“透明”。“透明”（transparency）有两层含义：“‘透’是一种物理现象，即光线或者说光波投射到我们的视网膜上，‘明’是一种心理现象，即视网膜上的成像经过大脑加工而得到的感知。”[①]它表明了公共空间的两重属性：物质与精神的结合。

中国的“民间”文化可以看作是中国特色的“公共空间”，是中国的大众文化，它建立在传统农业社会基础之上，恪守着以民为本的价值立场。这样的民间文化在等级制的社会中视作“庶民”文化。传统的中国民间文化受到地域的限制较大，而现代社会的民间文化发展前景逐渐被信息社会中网络文化取代，网络空间的主体是虚拟的人，如近年来兴起的网络空间“西祠胡同”等。网络空间给人们提供了自由发表言论的空间。

近些年来，以 ABBS 为代表的网络空间和以报纸、期刊为代表的媒体空间正在逐步为建筑师营建一个体制外的民间的“公共文化空间”。ABBS 建筑论坛分为建筑企业、学术专业、空间数字化、建筑技术、建筑教育、艺味深长等几个讨论区。每个讨论区中又有分论坛。2002～2003 年间，讨论的热点问题集中于库哈斯、张永和等建筑师。[②]以往的建筑明星都是体制内的建筑师，如工程设计大师等称号都是国家颁发的，那么，民间所塑造的明星则包括张永和、刘家琨、王澍等体制外的建筑师以及朱涛、王南溟等批评家。这些民间的建筑师更受到建筑院校学生的欢迎。

建筑师如何介入这种意义上的公共空间呢？只有当建筑艺术作为一种公共概念，让人们分享某种共同的社会现实，它才能提供一种场所感，促进某种公共空间的形成。这种公共空间并非实体性的存在，而是人与人之间平等交流与对话的“氛围”。作为一种原发的动力，一种促成交往的媒介，提供了一个自愿的而非强制性的开放环境，让多元的思想在这里碰撞，让民主和自由在此体现。这种氛围有助于消除建筑实体所带来的界线与隔阂，遮蔽现实生活中的社会性问题。艺术一旦营造了平等思想的“空间”氛围，就升华为空间中的公共思想。它直接或间接引发了身体与空间、身体与艺术、身体与经历的相互认同，当这种公共性的艺术唤起了私人的记忆时，人们将它当作生活中一种相似

① 费菁．超媒介：当代艺术与建筑[M]．北京：中国建筑工业出版社，2005：137.

② ABBS 编．ABBS 2002～2003——建筑论坛精粹[M]．北京：中国建筑工业出版社，2003：4.

的经验或空间感觉，因此它不再专属于某个特殊群体，而具有了真正意义上的公共性和普遍性。

公共空间的营建需要通过行动（action）来实现，当代政治哲学家汉娜·阿伦特分析了劳动（labor）、工作（work）以及行动（action）这三种最基本的活动之间的区别。她认为，劳动仅仅是满足生命必需的手段和服从于动物本能的活动，它受制于和服务于生物的必然性，是人们为了在大地上生存和种族的繁衍而进行的生产活动，古希腊将这种活动归入家务的私人领域。工作既不是自然的，也不是天赋的活动，工作营造了一个与自然界截然不同的"人工"世界。而行动则是通过他人的在场标定个人存在以及揭示个体自由的一种活动，它的实现场所和条件是公共政治领域，其间人们能够形成平等对话。她认为，现代社会的困境在于它带来的是一个劳动的社会而不是行动的社会，使得人们退回到私人领域，从而丧失了公共感。陈思和先生说："20 世纪知识分子最大的悲哀不在于政治上不得意，而在于自己失去了赖以安身立命之本……我们既然已经失去了传统的庇护，唯一能守住的只能是我们的岗位。"①

4. 小结

建筑师的角色涉及诸多方面的内容：经济、技术、艺术等等，处于文化场中的建筑师远不止是工程师、艺术家、知识分子这些角色。尽管当前社会正经历着剧烈的变化，传统的建筑学的观念不断受到质疑，建筑师的角色与使命也在不断变化之中，但仍然不能动摇建筑师职业的独立性和完整性，并在此基础上形成了以职业为核心的角色多元化的话语权。

无论建筑师是职业人士，还是知识分子，他承担的是一种专业的角色，也是一种社会角色，最基本的一点：他们都是"人"。建筑师不是"称谓"，是具有"称谓"的人，将人与"称谓"——角色分离开，或者说将建筑师抽象为一种符号，都是不科学的。人文精神始终是建筑师各种角色的实质内容，只有紧紧围绕"人"，才能进一步深入分析当代中国建筑师面临的问题。这个"人"是真实的、具体的人的集合，而不是抽象的人的概念。

3.2 当代中国建筑师的自我认同危机

新中国成立后相当长的一段时期里，中国特殊的政治环境造就了个人服从集体的"无我"状态，作为"人民"的建筑师，建筑创作的活动受到诸多因素的限制，个人的主体意识被"民族主体性"和"群体主体性"遮蔽，个体的人的价值被贬低。人是"社会"的人，"人就是人的世界，就是国家，社会"。②这种"抽象的个人"将人的本能、欲望、需要都看作是独立于社会环境的一种固

---

① 陈思和. 试论中国知识分子转型期的三种价值取向[J]. 上海文化，1993（创刊号）.

② 马克思恩格斯全集（第一卷）[M]. 北京：人民文学出版社，1960：452.

定的心理特征。[①]由于自我意识的缺乏，个人主动或者被动地融入到集体之中，追求“民族认同”。

20 世纪 80 年代的文化讨论再次给中国的知识分子补上了一堂启蒙的文化课。知识分子开始反思个体主体性的丧失。“将人还原为人”的“个体”认同逐渐浮出地表，突破了长期占据主流地位的“民族”认同模式。

当人具有了个体意识之后，开始关注“自我”，个体的经验和主体的自觉不断融入到创作之中，体现了经济利益、个人欲望等多方面的需求，拉开了个体主体与群体主体之间的距离。

3.2.1 建筑创作主体的话语转型

在新的语境中，建筑师主动或被动地参与了“现代社会”或者是“民族国家”的想象性缔造，通过建筑创作的话语实践进行身份阐释和角色定位，建筑师表现建筑的内容和表达方式的转变共同构筑了一个新的时代：建筑师不仅关注“如何表现建筑”，同时关注“谁在说”、“怎样说”。

3.2.1.1 知识的叙事：建筑师的创作与表达

建筑的语言本质为建筑师的“叙事”[②]提供了可能，建筑师得以通过“叙事”的方式表达和传播自己的思想。叙事（narrative）本是一个文学术语，现代意义上的叙事已经成为了一种文化的理解方式，它是一种表达方式，是人类在时间中认识世界、社会和个人的一种基本方式。

作为“文本”[③]的建筑，其叙事的表达方式也使得建筑与文学之间建立了某种联系。如同文学中的神话、寓言，建筑也轻而易举地在历史的关系中寻求依托的对象，在多重叙事中隐藏了社会结构的组织方式。

任何时代都有占主导地位的叙事知识[④]，有“宏大叙事”(grand narrative)，也有小叙事。叙事知识的重要功能就是提供合法性，现代知识的合法性具有主体的维度，是通过人来实现的。采用不同的“叙事”方式，主体的形象与主体的欲望在建筑作品中得到了揭示。群体主体不再是中国建筑师唯一的姿态，自我唤醒了建筑师个人的主体意识，以独立的身份表达建筑师的个人观点成为建

---

① （英）史蒂文·卢克斯. 个人主义[M]. 阎克文译. 南京：江苏人民出版社，2001：68.

② 叙事是西方叙事学的核心概念，如今已经渗透到人文学科和社会学科中，成为一种多门学科共享的核心术语。

③ 文本的概念，巴特认为文本不是作品，也不是客体，它产生于作者与文字间的关系空间，它是一个生产场所。文本也是一种意指实践，其核心是矛盾形式出现的多元性，文本作为生产活动，是作者与读者相遇并进行语言游戏的场所，是生产的过程。文本是意指，而意指是一个过程。文本的主体服从能指的逻辑。意指不是意义，不是交流，不是再现，也不是表达。陈永国. 互文性[J]. 外国文学，2003（1）：78.

④ 利奥塔尔将“知识”区分为科学和叙事，他认为知识是一种“能力”(competence)。科学主要指“知道什么”。知识的合法性包含两个方面的内容：“何为知识”？与“谁决定什么是知识？谁知道什么需要被决定”？

筑创作的新特征。这些建筑思想和应对策略共同组成了建筑主体话语的基本内容。当代中国建筑师面临的挑战是如何将个体、现代主义理念和国家的意愿结合在一起，这也意味着如何将自我表述为“我们自己”，建筑师通过各自的作品对当下的各种问题作出了不同程度的回应。

3.2.1.2　“群体主体性”与宏大叙事

受中国儒家文化的影响，中国的“建筑创作机制，强调集体创作，追求群体价值”。[①]在群体价值观的背景下，民族认同[②]获得了优先权，因此，中国建筑师更期望以一种整体的形象获得合法的身份。当代中国的文化转型中，有一种文化倾向便是追求“民族”特色，即对“传统”的认同与包容，使得“传统”在多元化趋势中占有一席之地，“民族”这一标签重新获得了合法地位。而强调民族化往往与主旋律和政治意识形态联系在一起，因此建筑作品所表达的内涵呈现出一种“整体性”，这种整体就是所谓博大精深的中国传统文化，如“天圆地方”、“九宫格”。在主流意识形态的“询唤”下，“意识形态把个人询唤为主体。换言之，意识形态将具体的、现实的和经验的个人变成服从一个具体表述性机构的主体的个人”。[③]艺术只不过是一种“象征”，这种象征的意义往往趋于单一，具有明确的语义。

尽管政治意识形态的力量已经弱化，其垄断性已经被消解，然而借助各种方式仍然可以对其本身进行强化，如通过经济上的财力支持，文化项目上的优先选择，构成了其特有的“意义生产方式”和生产条件。[④]体现在建筑中便是以群体、抽象的方式追求宏大叙事，[⑤]再现永恒统一的主题。这种“大一统”的观念是中国传统社会的主要精神支柱，它忽视私人话语的存在，以抽象的概念取代真实的个人感受，强调整体消解个体。纪念性建筑是这类建筑的最好例子，在这些建筑中，政治意义是首要的，建筑本身的其他功能是次要的，“所指压倒能指，意义的中心逼迫能指退至次要地位。……产品往往以宏大的气魄和崇高的精神震撼并征服受众。其意义的密集和单一性往往使得作品能指的变化较小。”[⑥]同理，其他建筑类型的设计重点也是再现这种传统精神，即便是强调传统与现代的结合，也偏重于传统元素的表达。而传统如何在建筑形体上表

① 邹德侬. 中国现代建筑史[M]. 天津：天津科学技术出版社，2001：18.

② “民族认同……不是国家形成之前的一种自然属性，而是一个政权在获得了政治权力后长期培养的过程。”在历史上，文化和建筑曾被用来为政治和民族野心服务。引自：(美)迪耶·萨迪奇，海伦·琼斯. 建筑与民主[M]. 李白云，任永杰译.上海：上海人民出版社，2006：51-52.

③ (美)尼克·布朗. 电影理论史评[M]. 徐建生译. 北京：中国电影出版社，1994：141.

④ 周宪. 现代性的张力[M]. 北京：首都师范大学出版社，2001：131.

⑤ “宏大叙事”是法国哲学家所创造的文化批评术语，一般认为它指一种与以个体经验为基础的“私人叙事”相对应的历史叙事方式，以群体、抽象和形而上为基础。宏大叙事是形而上的，它制造叙事霸权。

⑥ 周宪. 现代性的张力[M]. 北京：首都师范大学出版社，2001：136.

现又成为普遍关注的焦点问题，当代中国最具合法性的建筑样式可以这样表达："与周围环境协调，既体现传统，又反映时代特征。"尤其是在某些特定历史文化环境的建筑设计当中，这句话经常作为设计要求被写入设计任务书，成为一种契约。通常，传统形式或传统风格的建筑作品成为首选，在某些地区或特殊地段，民族形式大行其道。带着意识形态的烙印，它以主流和正统的姿态写入建筑经典的历史之中。

在各种官方性的设计竞赛和设计评奖中，宏大叙事的设计理念往往可以获得优先的合法地位。例如，当今中国最具代表性、最具权威性的评选之一——住房和城乡建设部组织的部级优秀建筑设计评选，从每次的获奖作品中便可看出主流建筑设计的风格特点和审美趋向。在每次的一等奖作品中，对传统主题的表达都占据一席之地，如北京图书馆新馆等作品。这些作品体现的是对传统的观念、思想等"形似"的模拟和简化。然而建筑创作的传统情结难以掩盖建筑形式语言的苍白无力，尽管对传统建筑语言形式的探索在某种程度上保持了文化的连续性，构成了民族文化特有的意象与母题，但这种程序化的标志和形式语言要想作为"文化之源"、"文化之根"的形象代言人，似乎有些单薄无力，它带来的审美疲劳更是无法抵挡另两种价值观的代言人——消费主义的流行建筑与探索性的实验建筑所带来的强大的视觉冲击力和引人深思的心灵感受。在各种官方奖项的背后是主流文化的失落，表面的荣耀仍挡不住其衰退的命运。因此，如何使这些建筑所具有的象征性价值从其多重价值中凸现出来，使其作为民族与文化的象征意义并超越美学与艺术本身的意义，成为当代传统"经典"建筑不得不重新思索的核心内容。

以北京为例，"表面上看，北京可能是当今全球大都市中最有可能实现理想的公共领域的城市，而且其历史便是一部扼杀个体意识、神化集体意志的历史。但恰恰是这段历史——个体的皇权意识升华成集体意识和国家意识，并通过图示化的城市规划写到建筑学中，为北京的建筑学埋下了祸根：建筑成为了意志的象征。"[①]20世纪90年代中后期的北京将所谓象征传统的"亭子"加盖到几乎所有的公共建筑之中，企图用亭子"夺回古都风貌"，如北京西客站，这段时期成为北京当代建筑史中的一段低潮期，即便是后建成的中华世纪坛等这样一类建筑也被贴上了官方主流意识形态的标签。

3.2.1.3 "异化的主体"与商业运作

在工业文明和市场经济的共同作用下，现代西方社会步入一个消费社会，即由文字文化转为图像文化，从物品消费转为符号和体验消费的社会。西方社会的消费主义文化给中国也带来了较大的冲击。尽管中国社会如今还不能称为真正意义上的消费社会，但中国也出现了消费主义的种种迹象，在文化艺术方

---

① 王辉. 迷狂的北京[J]. 时代建筑，2003（2）：47.

面突出表现为文化的大众化转型。艺术的大众化使得艺术走下高高的圣殿，同市民化的审美结合，走入人们的日常生活中。艺术成为商品的同时，艺术深度平面化和娱乐化，而媒介对社会无孔不入的渗透更是加速了这一倾向。在建筑领域，这种平面化的二维效果使得人们对空间的品质不再重视，反而更看重建筑材料、质感及外观的卓越，注重建筑外表的呈现。

既然建筑不能避免政治的枷锁，自然也不能逃脱经济的制约，尤其在市场经济社会中，人的功利性态度使得建筑已经沦为一种商品。在建筑商品的生产、流通、消费过程中，建筑师不再是精英分子，他们被经济利益这只无形的手所控制，身不由己，成为商品生产流水线上的一个设定程序。金钱、效率主宰着生产的原则，即所遵循的原则就是以最小的输入换取最大的输出——这也就是"技术叙事"。对建筑师而言，建筑创作的劳动成为了异己的活动，因而建筑师也就成为了异化的主体——"非人"。海德格尔将这样的人称为"常人"（das Man）——一种平均化了的存在。"常人"并不特指某个具体的确定的人，而是一群没有差别的人，是日常生活中最普通的人。他们没有个体，只有群体形象。这种平均状态消解了个性和创造性。在现代社会中，习性和惯例将人们的日常生活规章化和制度化，人已经成为一个工具性的存在，合理化成为人们行为的准则。

建筑，因而也呈现一副千篇一律的面孔。流行，更是推动了这一趋势的发展，它提供了把个人活动变成样板的普遍规则。这种平均状态的建筑之间的模仿，导致每个建筑都是一面他人的镜子，互相成为各自的虚像。"常人"的建筑就像一粒鱼子酱消失在一摊黏糊糊的混沌物中，彼此融合淹没自己。

以住宅为例，国内大量千篇一律的居住小区拔地而起，从南到北，从东到西，建筑毫无地域特征。为了解决数量、质量和效率之间的矛盾，最好的解决方式似乎是采用流行的建筑语汇。流行表面上是一种认同的标志，事实上流行样式通过传媒、商业的运作沦为一种消费符号，它消解了建筑的主体和客体的差异性，也使得建筑师的能动作用在商业利益的驱动下消失殆尽。这些大规模生产的快餐式的建筑群体，就是人的工具理性延伸的产物。

当今最流行的建筑便是商业化的表皮建筑和明星建筑，在表皮建筑中，表皮大都与功能和空间组织无关，它关注的是形体本身而不是形态所反映出的逻辑结构，表皮的信息化与媒体化最终使得视觉的主体往往成为了建筑的意义所在。而明星建筑则有国家大剧院、"鸟巢"、"水立方"、CCTV 办公大楼等，仅凭这些建筑的效果图，就已经创造出了令人匪夷所思的视觉效果。尽管这些建筑建成后实际效果要远远逊色于效果图的表现，尽管它们在室内空间处理上并没有出现新的变化，仍然是一种传统的建筑空间形式，但是这并不影响它们成为大众和媒体的焦点，观众的视线都聚焦在外层的表皮上。这些项目的中标使得相似的建筑设计手法迅速在中国掀起热潮，各种材料质感的表皮被复制、拼贴、仿真，运用到各种建筑当中。最常见的如木百叶和金属百叶被大量使用在各种建筑的外表面。

不仅如此，在这个消费主义盛行，媒介无孔不入的时代，事件，加上媒体的宣传，构成了“明星建筑师”活动的舞台。建筑成为表演，空间充满事件。明星建筑师的表演就像紫禁城三大男高音演唱会这类的商业运作一样让人们拭目以待，西方建筑师在中国建筑舞台上轮番登场，法国建筑师安德鲁、德国建筑师赫尔佐格、荷兰建筑师库哈斯为国人进行了一场场精彩的演出。在各种表演和事件的视觉感官的刺激需求中，建筑正朝着平面的影像化方式生存和发展。许多建筑师紧跟外国明星建筑师身后，使得国内出现了大量模仿之作。

城市的面貌也因此发生了重大变化。“城市变得崭新而划一，很多破落陈旧的老城区，一下子变得年轻，有如新拓的市区，而真正的市郊，在近 20 年的急骤短促的建筑轮汰之中，呈现出似是而非，却又千篇一律的模式。城市的历史仿佛被截为数段，那与自然环境氤氲而生的种种不同的城市格局，被横平竖直的宽大马路代替。迅疾成长的高楼，记载着工业时代来临的激情。许多留着匆忙痕迹的新建筑，似乎从标准工厂中批发生产而来，带着种种先天的不周。……这些街区唯一可以引以为傲的就是它们的年轻，一种一瞬即逝的特质。……脱去陈旧却饶有特色的老外套，换上一种所谓‘现代’的标准制服。正是这样的制服，使得我们在享受新规划建筑的种种便利的同时，不得不面对这样一个悖论：要么是破旧的老房子，要么是‘现代’的新高楼；要么呆立于历史时间的旧刻度中，要么站在一个新时代的零点之上。我们似乎别无选择。”[①]似乎不抛弃传统，社会就无法进步，这种观点给城市的发展带来诸多弊端。尤其在旅游热和开发热的大潮中，越来越多的历史古城遭到了毁灭性的打击。

3.2.1.4 “个体主体性”与私人叙事

如果说，“群体主体”的宏大叙事是民族主义的延续，而商业化的建筑运作代表的是对西方消费文化的一种认同与靠拢，那么，对个人身份认同的推崇则产生了新的一代建筑师，这些新的主体——“个体主体”往往以精英的姿态活跃在建筑领域中。他们站在“群体主体”和“异化主体”的对立面，通过消解统一性和普遍性，挑战“统一性”的宏大叙事，批判媚俗倾向的流行消费，表达反权威、反中心的主题，带有强烈的个人主义和主观主义色彩。在建筑上，他们强调艺术家的精英地位和建筑师的主体地位，即建筑的生产是通过建筑师来实现的。他们认为建筑作为一门艺术，必须摆脱政治、经济的他律功能的制约，也不应该承载太多的社会意义和责任。对建筑师而言，则是注重私人话语的个体表达和个体经验的个人化书写，实现个人的主体地位。建筑只不过是建

---

① 许江．眺望城市[J]．时代建筑，2003（1）：21．

筑师自我表现的一种方式，建筑师希望通过这种独特的“认识你自己”的艺术旅程表达主体的个人意志。

近年来兴起的实验建筑以其大胆前卫、不拘一格的设计理念和表达方法逐渐获得人们的认可。尽管和西方国家相比，中国的实验建筑还处在刚刚起步的阶段，但是相关的探索和实践已经为人们打开了一扇通往艺术的大门。以张永和、刘家琨、董豫赣、马清运等为代表的建筑师近年来活跃在中国实验建筑创作的前沿，在他们的推动下，越来越多的实验建筑艺术展也相继在公众前亮相，举例如下：

（1）“中国青年建筑师实验性作品展”（时间：1999年，参展人：张永和、赵冰、汤桦、王澍、刘家琨、朱文一、徐卫国、董豫赣及北京工业大学建筑系学生）;

（2）“变更通知——‘中国房子’建造五人文献展”（时间：2001年，参展人：张永和及其非常建筑工作室、王澍、刘家琨、董豫赣、朱竞翔）;

（3）“首届梁思成建筑设计双年展——梁思成纪念馆构思方案”（时间：2001年，参展人：张永和及其非常建筑工作室、王澍、刘家琨、董豫赣、李巨川、王家浩、汪建伟、宋冬、曾力等建筑师和艺术家及全国22所大学的青年学生）;

（4）“十字路口——城市公共环境艺术方案展”（时间：2001年，参展人：刘家琨、王劲松、曾力、余加、李巨川、王家浩、汪建伟、宋冬、展望等建筑师和艺术家）;

（5）“柏林‘土木’中国建筑展”（时间：2001年，参展人：艾未未、张永和及其非常建筑工作室、刘家琨、马清运及其马达思班、王澍等建筑师）;

（6）“土木回家”（时间：2002年，参展人：张永和及其非常建筑工作室、艾未未、刘家琨、马清运、王澍等建筑师）;

（7）“混凝土——中国现代艺术的边缘空间”（时间：2002年，参展人：艾未未、张永和及其非常建筑工作室、顾小平、李巨川、刘伟、王强、王家浩、杨志超）;

（8）“都市营造——2002上海双年展”（时间：2002年，参展人：陈幼坚、张智强、刘家琨、马达思班、董豫赣、王澍、南京大学建筑研究所、张雷、陈志华与乡土建筑、大舍建筑工作室、王家浩、罗永进、施勇、翁培竣、杨福东、郑国谷、曾力等共68人）;

（9）“节点——中国当代艺术的建筑实践”（时间：2003年，参展人：艾未未、陈妍音、丁乙、梁绍基、林一林、路青、施勇、王兴卫、翁奋、向利庆、萧昱、徐坦、严逢林、颜类、朱青生）。[①]

---

① 秦蕾. 当代中国实验性建筑展实录[J]. 时代建筑，2003（5）：44–47.

以 2002 年第四届上海双年艺术展为例，其主题是“都市营造”（Urban Creation）。“这个主题强调从文化的角度来思考和表现都市建设、都市空间及其与都市人群的相关问题。”[①]这次双年展希望超越建筑学科以及美学的范围，从社会学等其他的视域探讨现代都市人的生存空间。这些展览为实验艺术与公众和业内人士的交流提供了一个良好的平台。在这些作品中，建筑师从宏观转向微观，从空洞的想象转向务实地解决具体问题。他们已经不再从哲学的宏大命题出发，而是将立足点放在艺术的真实表现层面。

实验建筑师的作品大都具有概念化的主题，建筑师往往先提出问题，然后再探索一种可能的解决方法。他们也非常注重作品的视觉冲击力，力图在形式上有所突破。这种实验艺术在形式上的革命性来自于对西方文化的引进，但这并不意味着实验建筑师否定传统，他们的兴趣更在于传统艺术在当代社会的功能转换。通过“陌生化”的方式，许多传统文化与艺术被赋予了新的生命力，在新的视野中获得了存在的合法性。如张永和将他对竹的个性化理解运用到他的“竹”系列设计中，竹已不再是文人雅士们抒情言志的寄托物，也不仅仅只是传统园林的景观元素。在张永和的“竹化城市”中，竹已经成为城市的一种绿色管网。他对竹的偏爱在南宁的半岛规划中更是体现得淋漓尽致，烘托出了张永和作为文人建筑师所偏爱的竹文化意象。

然而与另两种建筑趋向中心化地位所不同的是，实验建筑还处在一种边缘化的位置，在“反对一切正统的建筑学的话语中心的基础上，它更直接地强调对个人的生存体验而言是十分真实的建筑表达方式。”[②]他们如此概括自己：“我们必须把自己置身于学科的边缘，置身于当代生活的具体体验之中，在对生活的偶发事件和空间的特殊现象的观察体验过程中，去发现设计和创作赖以为本的概念。寻求对于我们自身精神生活而言乃是十分真实的表达方式。……原创性建筑的发生，只能建立在这种试验性的态度之上。”[③]这种观点在某种程度上也折射出了实验建筑师的身份和心态：他们当中大多数都是高校的老师或学者，以精英知识分子的姿态担负着艺术创新的重任。

不可否认，相比于西方艺术先锋性的思想观念，中国的实验建筑的理论和实践缺少原创性，实验建筑在可实施性上还存在一些问题。大部分建筑忽视社会功能，忽略了建筑的公共性，仅仅局限于一些私人领域的尝试。建筑师经常陶醉在一种自我满足和自我陶醉的狭小艺术天地内，很多作品与社会生活脱节，逐渐形成了实验艺术的“自恋”特征。这也造成了实验建筑的影响力较弱，只能是小范围内的操作，许多建筑成为纸上谈兵的“试验”建筑，

---

① 许江. 都市的乡愁[J]. 北京规划建设，2003（5）：74.

② 饶小军. 实验建筑：一种观念性的探索[J]. 时代建筑，2000（2）：13.

③ 饶小军. 实验建筑：一种观念性的探索[J]. 时代建筑，2000（2）：13.

不可能具有社会革命性的意义，自命清高、脱离大众社会基础也注定其生命力比较短暂。

但是，实验建筑的启蒙意识——对大众文化和政治意识形态的挑战和质疑态度，为中国建筑的发展注入了新的活力，中国建筑缺少的正是这种变革精神，只有通过变革，建筑才有飞跃式的发展。此外，实验建筑师对否定传统折中的胆识，充分体现了个体自我意识和主体的觉醒。

3.2.1.5 平庸的“多元化”

多种因素与介质的相互碰撞、相互消融最终产生了这样的局面：一方面是伴随着文化的世俗化，新的元素不断出现；另一方面是个体获得了一定的力量，但是却无法整合为一个团体。

在轰轰烈烈、如火如荼的中国建筑市场中，我们可以找到表达各种主体文化意象的建筑实例，他们在竞争中共存，在共存中竞争，并以文化的形式融入到社会生活之中，这个异质的多样性社会俨然已经成为多个小集体或个体的总和。“建筑实践呈现出一种充满混乱的丰富，……城市未来的方向不可预知也没有被有效地控制”①，以北京为例，当集体不再是单一的，而是由数个，乃至无数个有力量的集团或个体所构成的集合，北京的建筑学便成了多种意志的表象，北京成为一座失去了哲学的城市。

不仅北京的建筑如此，其他城市的建筑也处于一种混乱和无序之中，形成了大量没有共同尺度的碎片，它们共同折射出建筑的主体——人的多重立场。一方面，建筑的主体面临着丰富的可能性；与此同时，现代人发现自己处于一片混乱的价值冲突之中，当人们丧失了对各种矛盾的把握时，建筑也处在一片混沌的复杂性和矛盾性之中，这也是人类最真实的生存状态。

显然，无论是抽象的宏大叙事，还是具体的经济利益和个人的主观感受，都忽略了现实的复杂的社会问题，缺少强大的整合能力，仍然不能完成现代人的需求，在一片杂乱无章的碎片、冲突和对立中，这种各自为营的主体取向导致建筑学的生存与发展出现了失范的局面。它造就的毫无方向感的混乱的“多元”只能是一种平庸的“多元化”，个体认同背后的群体性的意义在被瓦解。这种平庸抵消了个体的作用力，也导致了合力作用的丧失，最终导致了人的再次“平均化”，群体现象再次占据了上风，个体作为主体的力量仍然薄弱。

3.2.2 群体主体的认同危机

作为“他者”的民族，群体主体在民族的独立进程中发挥着重要的作用。现代的民族概念是“一种想象的政治共同体——并且，它是被想象为本质上是

① 黄雯. 当代中国建筑的价值缺失[EB/OL], [2005-07-10]. http://www.abbs.com.cn/topic/read.php?cate=2 & recid=13923.

有限的，同时也享有主权的共同体”。[①]即使在“东方主义”时代或者是后殖民时代，群体的想象仍然是社会的主题之一。

3.2.2.1 想象的共同体

西方主导的现代科学与知识体系不断地取代东方本土文化的地位，它对东方文化的侵蚀表现为社会的整体意识正随着人们思想的多元化和去中心化土崩瓦解，使得第三世界国家或民族的身份缺少自身定位，呈现一种弱势和被消解的状态。而消费文化的盛行使社会的总体意识被平面化和简单化，关注个人体验的私人叙事逐渐盛行，媚俗的出现使得崇高逐渐被消解，因此，在当前语境下追求宏大叙事和道德伦理显得尤为迫切。

通过宏大叙事的方式，文化形式发挥其政治功能——将建筑“经典化”，赋予其意义，从而建构政治、经济和文化“场”，并通过国家机构——学校、媒体等一系列制度的运作得以实现。具体来说，则是通过设立各种官方的评奖制度，对一些作品给予鼓励，而这些奖励的获得与个人的职位升迁和职称评定等挂钩，或是通过教学以范例和专题的方式给予研究，或以权威的面貌出现在传媒当中。

宏大叙事的理念也就被规范化为社会惯例的一部分，它同时也在社会中被制度化，“形成一种审美符号，……宣称具有某种无限的有效性，……它决定了生产者的行为模式，又规定了接收者的行为模式”。[②]它通过经典化的方式实施着建筑史的重写和建筑作品的筛选功能，发挥着建筑记忆机器的作用。这种制度化运作方式直接影响了建筑的创作与评论机制，规范化的构造直接导致了它的占有式的生存方式，建筑中私人话语消失而集体话语加强。

纵观中国现代史的发展轨迹，民族形式、民族风格形成了一种经久不衰的建筑艺术风气。以北京为例，20 世纪 80 年代民族传统风气与现代主义风气并驾齐驱，90 年代欧陆风的盛行也未能挡住以北京西客站为代表的“夺回古都风貌”的民族传统形式。1992 ~ 1994 年间，民族传统形式建筑的数量连续三年超过了建筑总数的 50%，1994 年高达 62%，欧陆风的西洋古典建筑形式则从 8% 增至 20%。[③]

这种民族形式体现的是“民族”的身份，是“我们”而不是“我”的集体意识，体现的是个人意识的相似性，它“关于一个人和个人经验的故事最终包

---

① 吴叡人．认同的重量：《想象的共同体》导读[M]//（美）本尼迪克特・安德森．想象的共同体．吴叡人译．上海：上海人民出版社，2003：9.

② Peter Bürger，The Decline of Modernism[M]．University Park：The Pennsylvania State University Press，1992：6.

③ 数据来源：张勃．近二十年来北京建筑艺术的三种风气及其未来动向[J]．时代建筑，2003（2）：13.

含了对整个整体”和民族命运的“艰难叙述”。[①]集体的人格完全吸收了个体的人格。这种集体意识和群体身份强调统一性而非差异性，它构成了“种族”和“民族”的特征，并继续维持着以信仰和意象为基础的集体形式，是为了获得足以对抗“西方”话语的文化霸权而采取的策略。民族形式合法化的途径使得官方的伦理、文化价值成为人们普遍接受的行为准则，表现为人们“自愿”接受官方提供的生活方式。

民族的群体认同对个人而言，“它是一种主观信仰，表现为政治主张或政治立场，指个人对其所处政治共同体合法性的主动认同，并愿为维护共同体的生存和发展作出贡献”[②]。个体通过群体获得民族认同，从而获得对自己身份的确认，即个体认同归属于民族认同。“民族国家是一个共同体，归属一个国家就是通过归属赋予自己一种身份，如成为一个澳大利亚人、德国人或法国人，从而知道我们是谁。”[③]

可以说，20 世纪 80 年代以来，意识形态改变了以往的阶级特征，转化为社会、文化、艺术等表现形式，阿尔都塞曾用大写的普遍主体（Subject）代表笼统的社会权威，他认为个体或群体只不过是“意识形态”控制下的幻象，是社会体制构造了人的身份。这种身份不是自足的，个体没有形成独立的主体意识，需要想象性的认同将群体的自我误认为主体，群体主体的“民族”身份构成的是“想象的共同体”。这种民族的自我肯定正是中国主流意识形态的“现代的原则”，即把希望“寄放在民族的未来，寄放在后世子孙的连绵不绝上”。[④]

3.2.2.2 “家”的原型

1. 对“大一统”的追求

建筑既融实用性和艺术性于一体，又以“器”的形式反映着社会文化风范。中国自古就有“尚大”的建筑倾向和对永恒的追求。甲骨文中记载古人以“羊大为美”（许慎《说文解字》）。在孔子的“大”中，有效法天的崇高、功绩的伟大、典章的光辉、内容的丰富等多种含义。而秦朝的建立意味着大一统的政治格局的形成。自此，大凡天上地下、山川草木、宇宙人物，无一不归乎“统一”。“大一统”成为一种绝对的、普遍的、永恒的道理和法则，是政权、所有权和道德伦理的大一统。这是一个将天地、时空、疆域、万物、人伦、道德、

---

① （美）杰姆逊. 处于跨国资本主义时代中的第三世界文学[M]//张京媛主编. 新历史主义与文学批评. 北京：北京大学出版社，1993：251.

② 林震. 台湾民主化进程中的国家认同[J]. 台湾研究集刊，2001（2）：68.

③ Ross Poole. Morality and Modernity[M]. London and New York：Routledge，1991：95.

④ 王岳川，尚水主编. 后现代主义文化与美学[M]. 北京：北京大学出版社，1992：66.也有学者认为，中国历史并非是大一统的格局，历史上的中国，分裂的时间远远多于统一的年代，见：葛剑雄. 统一与分裂：中国历史的启示[M]. 上海：上海三联书店：1994.但这一事实并不能否定在人们的思想观念中，大一统是一种理想的格局。

政治、宗法等世界万象都囊括其中、统于一体的“大”境界，为此确立了一整套将建筑作为信仰空间和等级制度的体系。即便是小型建筑，也力求体现“以小见大”的意境。在当代社会，这种大的倾向仍然保留在人们的观念之中，“大”的意境所体现的是民族、集体的身份，[①]而个体的消隐则成为当代社会矛盾冲突的一个起点。[②]

2. 家与民族的同源

传统社会是以血缘关系为基础的宗法社会结构，它以“家”为基本结构，家国同构。梁启超在《新大陆游记》中说：“吾中国社会之组织，以家族为单位，不以个人为单位，所谓家齐而后国治是也。周代宗法之制，在今日其形式虽颓，其精神犹存也。”家既是一个群体，也是一个组织结构，它赋予其成员以身份：下至父子，上至君臣。家即天下，所谓“天下一家，中国一人”（《礼记·礼运》），家是世界的中心。而自鸦片战争开始，西方这一强大的“他者”给“家”造成了冲击。中国近代社会的变迁也正是重建新“家”的过程。由于他者的介入，这个“家”的称谓变成了“民族”。

当代社会形成的是以职业分工为基础的契约社会，是崇尚知识本位的现代文化形式。相比于社会制度的快速转化，文化心理层面则显示出一定的滞后性。尽管建筑作为文化的载体也应该实现新的转型，但是，人们普遍的社会心理还处于转型前的阶段，心理意识和思维方式仍然是局限于“家”或“民族”的身份追求。建筑师虽然获得了新的知识体系和知识形式，但是却没有减轻自己身上的负担，依然无法将它应用于创新之中，无法突破传统道德与审美的沉重负累。因此建筑形式的表达依然承载了国家、民族形象的重任，追求象征性[③]的表现方式。建筑师所谓的理想主义也是依附于群体、屈从于群体的“精神理性”，在想象中虚构一个理想的完美的“自我”，并由此获得自己的身份。建筑师的个体仍然摆脱不了“民族”的影子，因此摆脱不了家的原型。

“家”的体制，体现了当代建筑师对士大夫这一传统角色的回归：依附于意识形态，与体制合二为一，表明了建筑师的入世姿态。

3.2.3 异化主体的认同危机

中国的现代性是以西方为摹本的，而西方现代性的历史也是一部反抗现代性的历史。现代性是“本能造反逻各斯”（舍勒），“本能”就是“欲望”，“逻各斯”就是“理性”。套用德里达的术语，反抗现代性的历史也可以称为是“逃

---

① 有学者认为这一点有别于古代建筑，“早期的建筑只是体现个人与外部的权力”。见：Hasan-Uddin Khan. Contemporary Asian Architects[M]. Köln：Taschen，1995：16.

② 仪平策. 中国审美文化史（秦汉魏晋南北朝卷）[M]. 济南：山东画报出版社，2000：35.

③ 象征追求意义大于形象或结构本身，追求意在言外的效果。

避逻各斯中心主义”的历史。先后出现了叔本华的“生命意志”[①]、尼采的“强力意志”[②]、弗洛伊德的“原欲”[③]、拉康的“欲望主体”[④]和德勒兹的“欲望机器”[⑤]等，都是以“欲望”对抗“理性”的代表。[⑥]

欲望的载体——“身体”的解放代表了一种“现代性”的趋向。“精神理性”逐渐让位于“感性的肉身”。感性的主体正好迎合了大众文化的要求：追求形象对感官的刺激。

3.2.3.1　欲望的主体

“消费主义的意识形态”[⑦]将人还原为人——从抽象的人还原为感性的肉体的人，即具有欲望的生命体，它以身体为媒介，注重视觉体验。

1. 欲望的主体：身体、欲望与理性

个体的解放是身体摆脱了压制，身体是自我的一个标志性特征，我和你不同是因为“我的身体和你的身体不同”。身体的差异决定了个体的差异。尼采的口号是，一切从身体出发。什么是尼采的身体？海德格尔将它解释为权力意志，德勒兹认为身体仅仅是纯粹的欲望本身，欲望不受到压制，而且生产着现实。

肯定“欲望”也就是肯定了个体的生命的形态，古人云：“未知生，焉知死！”重视生命的现时也就是肯定生命的形态，也等同于尊重欲望。欲望的表达强调了生命的肉身以及意义向度。作为主体的人的觉醒，首先表现为欲望的主体。欲望主体的基本活动状态是需求（to demand）和满足（to be satisfied）。需求是外指性的，满足是被动内指性的。欲望主体在不断的需求和满足的循环中得到彰显。当主体的欲望放大到一个临界点时，理性出场了，理性对欲望进行调节和抑制，人作为主体在欲望和理性之间徘徊。

2. 能指的欲望

欲望，通常被理解为“本能”。但实际上欲望存在两种阐释模式：“本能模式”和“目的模式”，西美尔曾经解释过两者（“本能行为”和“目的行为”）之间的差别，“为充饥而食属于第一个范畴；为享受美味佳肴而食，则属于第

---

① 叔本华认为世界是意志表象的世界，意志是不能遏制的冲动，是欲求。

② 尼采认为强力意志不是一种存在，不是一种声称，而是一种激情。一切意义都在于强力意志。生命充满着强力意志。

③ 弗洛伊德认为人的生理的肉身冲动就是“原欲”，它是生命的本质力量。

④ 拉康认为欲望的产生假定了他人的存在，欲望只能在与他人的关系中才能产生。

⑤ 德勒兹认为欲望不仅是个人而且是整体社会发展的动力，一切事物都处在生产中，生产的过程就是欲望的过程。

⑥ 程文超等．欲望的重新叙述[M]．南宁：广西师范大学出版社，2005：351.

⑦ 消费主义意识形态指的是贯穿于消费（主义）文化中的思想观念，它侧重于思想观念的层面，而消费文化侧重于物质的、实践的层面。见：王文英，叶中强主编．城市语境与大众文化[M]．上海：上海人民出版社，2004：144.

二个。性行为若作为动物本能冲动则属于前者，若导向特定种类样式的享乐，则归于后者"。[①]当然，有些生理欲望既包含本能性的动机也包含目的性的动机。人们将欲望描述为能指或能指的不断运动。欲望作为能指，作为从一个能指转向另一个能指的没有终结的运动，其所指在能指下方的滑动，是意义不断淡化与蒸发的过程。[②]

拉康认为欲望从本质上说是一种空屋，一种不在场，一种等待他者填充的空白。把欲望定义为"存在的缺乏"(lack of being)。正是这种"缺乏"促使人们为了存在，为了他人的承认而奋争。人们在不断地吸收、内化他人的欲望过程中获得自我的建构。

3.2.3.2　欲望超越理性

当"欲望"伴随现代性进入中国时，它成为文学领域鸳鸯蝴蝶派所追求的感官享受的功能。新中国成立后，个体的"欲望"被扼杀了，个体屈从于国家与集体之下——"无求无欲"。直到 20 世纪 80 年代初"人道主义"的争论才将"欲望"从囚牢中解放出来。

1. 身体的满足

身体与欲望的放纵在消费主义的文化语境中得到了最大的满足，欲望启动了市场。消费社会里最美的消费品是身体。[③]人们对主体的思考是建立在对身体的想象之上的。自我的实现成为了肉身欲望解放的运动，由直觉、梦幻、潜意识、原始欲望等肉体的感觉经验构成的自我，被抽离了人道的、科学的、美学的内涵，生活的意义成为了享受、消费与满足。

对于人类而言，生存的意义既不体现历史，也不预示将来。"重要的在于每时每刻出现的那种不可再现的'当下性'。生活在技术和消费中的现代人，告别了历史，专心体会着瞬间感觉经验的韵味。"[④]

不仅身体的体验是人获得满足的来源，身体还代表着人的形象，"成为时尚的表现场所。它是可塑的、有延展性的，可以改造、变异、强化。在消费文化中，身体可以锻造成任意的形象"。"身体甚至占据了真'我'的中心舞台，它相当于自我 (self)。"[⑤]

人们的日常生活中，视觉是认知的源泉，身体的感官主要通过视觉来体现，因此，人们建立了一套"视觉中心主义"的传统，即"以视觉性为标准的认知制度甚至价值秩序"，[⑥]随着影像文化对生活的全面渗透，世界转变为形象的存

① Georg Simmel. The Philosophy of Money[M]. New York：Routledge and Kegan Paul Ltd.,1990：204.

② （英）伊格尔顿. 文学原理引论[M]. 龚国杰译. 北京：文化艺术出版社，1987：197–198.

③ （法）让・鲍德里亚. 消费社会[M]. 刘成富，全志钢译. 南京：南京大学出版社，2001：139.

④ 冯黎明. 技术文明语境中的现代主义艺术[M]. 北京：中国科学出版社，2003：37.

⑤ （加）大卫・莱昂. 后现代性[M]. 郭为桂译. 长春：吉林人民出版社，2004：115.

⑥ 吴琼. 视觉文化的奇观[M]. 北京：中国人民大学出版社，2005：2.

在，成为视觉可感知的碎片。“世界被把握为图像了。”[①]

视觉文化中诞生了新的形式主义美学，它将建筑的表皮提到了一个前所未有的高度。“表皮”这个概念最早由勒·柯布西耶提出，他在《走向新建筑》里曾把建筑分为体量、表皮、平面三个要素。在柯布西耶看来，“体块被表皮包裹，建筑师的任务是使包裹体块的表皮生动起来”。[②]但实际上表皮在柯布西耶那里没有独立的地位，而是为体量服务的。当代中国的建筑表皮大都与建筑的主体功能和空间组织无关，它关注的是形体本身而不是形态所反映出的逻辑结构，因此不能也不需要体现内部和外部的关系，有时还故意带来一种内部关系的错觉。简而言之，表皮与内容无关，这与密斯的“皮”与“骨”的关系是不一样的。在这里，表皮是第一性的，而密斯则认为功能是第一性的。同理，表皮也不是建构的，表皮与建构无关。当表皮占据了视觉主体的时候，它传达了自己的信息，而使得建筑本来的东西处于弱势的地位。表皮的信息化与媒体化最终使得视觉的主体往往成为了建筑的主体。

空间的移植、形象的拼贴使得日常生活充满了景象的堆积，视觉的狂热超出了心智的理性，像脱缰的野马沉溺于形象享乐之中。技术化的视觉体验构成了主体的形象游戏——看与被看的“场”，“‘凝视’不仅是主体对物或他者的看，而且也是作为欲望对象的他者对主体的注视，是主体的看与他者的注视的一种相互作用，是主体在‘异形’之他者的凝视中的一种定位。因此，凝视与其说是主体对自身的一种认知和确证，不如说是主体向他者的欲望之网的一种沉陷”。[③]可见，身体并没有获得自主性，片段的感觉经验形成的是碎片化的人的概念，瞬间感觉的不可把握换来的是时间性的焦虑。对历史的抛弃和未来的不确定仍然无法回答这样一个问题：“我们是谁，我们从哪里来，我们到哪里去？”

2. 激进的人类中心主义

欲望不仅表现为自身肉体和感官的满足，它还不断膨胀。欲望的对象不断向外扩张，表现在人与自然的关系之中，它“在决定对待自然的方式时，人类的欲望及其满足是唯一值得考虑的东西。这就意味着一种掠夺性的伦理学：人们不必去顾及自然的生命及其内在价值；上帝明确地规定了世界应由我们来统治（实质上是‘掠夺’）。如果我们不去掠夺自然，那就等于说我们没能意识到我们心中的规定。”[④]这就是“激进的人类中心主义”，一种极端的人类中心主义。理性已经无法控制欲望，人类将自我置于世界的中心。

近年来，环境和生态问题日益严重，使得生态建筑成为一种发展趋势。这

---

① （德）海德格尔．林中路[M]．孙周兴译．上海：上海译文出版社，1997：86.

② （法）勒·柯布西耶．走向新建筑[M]．陈志华译．西安：陕西师范大学出版社，2004：15.

③ 吴琼．视觉文化的奇观[M]．北京：中国人民大学出版社，2005：8.

④ （美）大卫·雷·格里芬．后现代精神[M]．王成兵译．北京：中央编译出版社，1998：218-219.

种建筑的深层含义却普遍地被消解为一种当下最时髦的建筑商品标签。目前国内几乎所有的设计都要标榜自己是“生态”的，就像食品一旦贴上“绿色”标签就比较畅销，这些生态的举措无非是在外立面多了层百叶之类的构件罢了。由于国内尚无关于生态建筑的明确指标，是否生态也就根本无法验证。大多数国内的“生态建筑”实际是一种商业炒作行为的产物，是通过建筑外立面的拼贴和附加进行包装的产品，只是在建筑外皮上大做文章并冠以生态的标签和高技的成分，是一种伪生态建筑，这种行为既不是适合我国国情的建筑生态研究，也并没有创造出一种适宜的生态建筑语汇。可以说，“生态建筑所关涉的不仅仅是技术问题，也不仅仅是艺术问题，而是更深层次的文化问题、哲学问题和伦理问题”。①

身体不仅承载着个体的欲望，也是个体交往的中介。身体的社会性不仅表现在人与自然的关系之中，同样表现在人与人之间的关系之中，2003年的SARS危机暴露了以身体为媒介的交往问题，在这场危机中，“人们撕毁了他在社会中的面具角色，将霍布斯所说的自保（self-preservation）本能表现出来”。②“社会性急剧地向个体性退缩。”③人们的日常生活与交往几乎被冻结，人又回到了自身的微小空间之中，社会交往与公共空间的重挫带来的是信念的危机，是对人类中心主义的一次嘲弄。在危机过后，建筑师重新思考被视觉垄断的公共空间的“质量”，即在视觉的感官之外，公共空间的基本问题——通风、卫生等问题才开始受到应有的重视。

3.2.3.3　占有式的生存

1. 占有与存在

在当代社会中，存在的本质似乎必须通过“占有”来标志，“是”必须转化为“有”，或者“是”等同于“有”。“谁一无所有，谁也就一无所是”，④“现代消费者已可以等同于这样一个公式：我就是我所占有和我所消费的一切”。⑤“占有”原本同私有制的产生相关，占有的对象通常是物，“我占有某物”以人与物对等的方式将人标志出来，物代表着人，人就是物。显然，这一观点有悖于人道主义的思想——马克思认为人类的目的是有价值地生存，而不是占有很多价值。“是”即“在”（Sein），在印度—日尔曼语中，“Sein”用词根“es”表达，它表示“生存，在现实中存在”。“这种生存和现实性被解释为真实性、合乎逻辑性及真理性。”⑥它不仅是主体及其属性之间的认同确定，还表达出存

---

① 万书元. 当代西方建筑美学[M]. 南京：东南大学出版社，2001.

② 汪民安. 身体、空间与后现代性[M]. 南京：江苏人民出版社，2006：86.

③ 汪民安. 身体、空间与后现代性[M]. 南京：江苏人民出版社，2006：87.

④ （美）埃·弗罗姆. 占有或存在[M]. 杨慧译. 北京：国际文化出版公司，1989：13.

⑤ （美）埃·弗罗姆. 占有或存在[M]. 杨慧译. 北京：国际文化出版公司，1989：25.

⑥ （美）埃·弗罗姆. 占有或存在[M]. 杨慧译. 北京：国际文化出版公司，1989：22.

在的现实性、确证性和真理性——本质而非表象。

欲望的满足是不断地通过消费的方式来获得。这是一种占有的生存方式：人对物的占有。这也决定了人与人之间的联系是以物为中心的人—物—人的模式。

弗罗姆用占有与存在这两个概念分别代表了“两种基本的生存方式；两种其彼此之间以及与世界之间完全迥异的指向；两种不同类型的性格结构，它们各以其优势而支配着一个人所想、所感受、所行动的全部内容”。[①]占有是对世界的占有，将任何事物包括自身都占为己有，存在正好相反，它是个人以实在的形式与世界保持真实的联系。德国神学家麦斯特·爱克哈特将这种存在理解为人的力量的生产性描述，在古典意义上是指“能动性”，在他那里就是“走出自我”。[②]

弗罗姆认为人应该“有价值地生存，而不是占有很多价值”，[③]他明确地区分了占有与存在的差别，“占有和存在是人类经验的两种基本不同的形式。正是它们各自的强度决定着个体性格的不同及各种社会性格类型之间的不同”。[④]

2. 当代中国大跃进

当代社会的人越来越趋向于以物为中心，即占有式生存。而在中国的“大跃进”语境中，占有式的生存突出地表现为对量的追求胜过对质的追求。

马克思主义的线性发展观勾画了这样一种循序渐进的人类社会发展模式：前现代、现代、后现代，……在中国，它被误解为时间能够将整个日常生活或者是整个社会联结成一个整体。线性的发展观将时间压缩，体现为速度。超越时间、追求速度的思想主导着人们的行为模式。于是，中国的城市化进程被一种前所未有的尺度和速度所左右，建造活动的突出成就表现为对量的追求胜于对质的追求。量不仅表现为数量，还表现为高度、速度和效率。在高度上，表现为对摩天楼的推崇。中国的摩天楼数量增长速度惊人，高度也日益攀升，例如上海环球金融中心的高度为492m，高度居世界第一，刷新了金茂大厦88层的国内第一、世界第三的“荣誉”，而这一数字很快又将被筹建中的高度为580m的“上海中心”超越。

这些数字也从另一个侧面反映了建筑师的工作效绩。库哈斯曾经“赞扬”过中国建筑师的高效率生存方式：“中国建筑师在最短的时间内为最少的报酬设计了最多的量。中国的建筑师数目是美国的 1/10，他们各自在 1/5 的时间内在设计着 5 倍的量，并赚着 1/10 的设计费。这相当于 2500 倍于一个美国建筑师的效率。”20 世纪 90 年代中期，他指导的哈佛研究生小组对中国珠江三角洲城市发展做过一次调研，调研的结果汇编成了一本书——《大跃进》。正如这本书的标题所昭示的，珠江三角洲，“被一种对尺度和速度都是世界前所未有的发展

---

① （美）埃·弗罗姆．占有或存在[M]．杨慧译．北京：国际文化出版公司，1989：22-23.

② （美）埃·弗罗姆．占有或存在[M]．杨慧译．北京：国际文化出版公司，1989：59.

③ （美）埃·弗罗姆．占有或存在[M]．杨慧译．北京：国际文化出版公司，1989：13.

④ （美）埃·弗罗姆．占有或存在[M]．杨慧译．北京：国际文化出版公司，1989：14.

的不懈追求所左右。这个现代化的大漩涡被珠三角两个经济特区的存在所推进：混合了资本主义与共产主义的实验室制造了全新的都市内容。”①库哈斯也采用了一种快餐式的记录手法，浮光掠影地勾勒出一幅全景式的城市化的图像。

3.2.4 个体主体认同的危机

由于现实生活中的人都是具体的真实的个人，是日常生活中真实存在的人——“小写”的人。“小写”的人是对“大写”的人的消解，“小写”的人对自我存在的关注意味着个人主体意识的发展和对个人身份认同的追求，尤其在全球化的背景中，强烈的身份危机感推动着个体的创新和潜能的发挥。“小写”的人强调个性与差异，在独创性的模式中解决自我表达与确证的问题。

3.2.4.1 临时的“集体”形式

建筑师的个体意识不仅是反思意识和视觉文化中的影像表现，并呈现了个体和他者的“在场”，而且反映在群体的关系中，新一代的建筑师采取的是临时的“集体”形式。

作为个体的建筑师，都是具体语境中的具体的人，“现代性不是把社会或共同体看成首要的东西，……而是把社会理解为为达到某种目的而自愿地结合到一起的独立的个人的聚合体”。②德国哲学家费尔巴哈认为个人和群体是统一的一体。“孤立的、个别的人，不管是作为道德实体或作为思维实体，都未具备人的本质。人的本质只是包含在团体之中，包含在人与人的统一之中，但是这个统一只是建立在‘自我’和‘你’的区别的实在性上面的。”③

首先，“集体形式”是一种权宜之计，没有所谓统一的“创作理念”，没有体制的约束，是自由的个体的组合。这种组合往往以展览或策展人的方式进行更替：不断变化着的主题、不同的组合，即使是同一主题，但是采取的是各自不同的表达方式。许多新锐建筑师通过展览的形式跨越了地域限制，获得了自己的认同“空间”。另一方面，“集体”作为一种营销与宣传的策略，根据不同的市场（market）进行不同的主体组合与定位（position）——政府与建筑师的合作，房产商与建筑师、艺术家的合作，以及纯粹建筑师的内部合作。通过专业性的组织和广告效应，并且与媒体的积极合作，将少数个体的“集体”行为演变为公共的（public）和职业的（professional）事件。

其次，“集体形式”的灵活性在于其不断流动的、变化着的身份与角色，既有建筑师与艺术家的合作，如“双年展”；也有建筑师与政府部门的合作，或者建筑师、艺术家、政府、房地产商等共同的参与，产生了诸如金华艺术园等集群建筑的现象。

---

① Chuihua Judy Chung，Jeffrey Inaba，Rem Koolhaas，Sze Tsung Leong，eds. Project on the City1：Great Leap Forward[M]. Köln：Taschen，2001，coverpage.

② （美）大卫·雷·格里芬. 后现代精神[M]. 王成兵译. 北京：中央编译出版社，1998：5.

③ 费尔巴哈.费尔巴哈哲学著作选（上卷）[M]. 北京：生活·读书·新知三联书店，1959：185-186.

这一集体的范围在不断扩大，许多建筑师加入到这一“集体”——“圈子”之中，“集体”的身份反过来加强了个体的“标记”。

集体的影响力吸引了许多主流建筑师向它靠拢。体制内的主流建筑师逐渐向“非体制”靠拢，这依靠的不仅是新一代建筑师的影响力，也是主体与个体意识走向觉醒的表现。

这种“集体形式”在保留了个体特征、保持了个体独立性的同时，也传达出一种新的信息，它跨越了艺术形式的界限，扩大了艺术的影响力，促进了艺术家的整体的合力作用。

相比于费孝通先生介绍的西方的“团体格局”，临时的“集体形式”同样强调了个体的平等，强调了个体的权利，尽管群体的属性并未完全明确，但是，相对于传统建筑师的状态——消失于群体中的弱化的个体，临时的集体已经迈出了一大步。

3.2.4.2 自我与角色的分离

完整的个体主体既是角色的统一体，也是心身的统一体，即保持自我的完整性。

1. 职业角色：外在的自我

在现代社会中，人与人之间形成了契约关系，而非传统的情感型的信任关系，功利价值观取代了伦理价值观的主导地位，中国社会越来越多的职业角色正在由情感型转为功利型。职业和社会角色的比重远远超过人的情感需求，使得人们在完成职业角色之余，寻求精神的寄托。

人本来是职业型和非职业型角色的统一体。这也意味着自我和角色是统一的。现代社会的商品化进程，使得社会分工多样化、精密化、细致化和专业化，从而加剧了社会角色的分化及其与“自我”的断裂。“个性消失或掩藏于经过分门别类的专门训练而获得的职业功能背后。……表现角色与自我分离状态的典型意象是‘面具’。意识到自我同角色的分离，‘面具意识’便油然而生。”①

戴着“面具”的角色成为了表演，使得角色成为了另一个“自我”。这种自我模式的特征是“角色与自我的分裂”，实际上成为了“自我”的分裂，一个真实的自我和一个面具角色扮演的假自我。

麦金太尔的伦理学主张从总体上将自我视为功能性存在，重建自我与角色的统一性，这意味着要求个体与社会环境相匹配，即个性的消隐。但是，随着商品化存在方式向私人生活领域的渗透，角色不断分裂和扩张，自我不断虚化和放逐。新的职业类型不断出现，增加了自我的角色异化感和自我的失落感。

由于“面具”式的表演缺少内在精神的投入，模拟真实造成幻觉，造成对自我的侵犯。客观化的、外在化的、中性的、冷漠疏远和功能单一化的角色逐

---

① 涂险峰. 商品化与人的价值的无根性[J]. 文学评论，2001（6）：58-59.

渐替代日常生活中的社会角色。人不能在自己的世界里作为自己存在，最后是自我的解体。自我的解体最终导致社会结构的平衡性在逐步丧失，社会结构的有效性和统一性也在逐步丧失。

2. 建筑师的自我：分裂的自我

"在正常状态中，个体与他人的关系应该是：

（自我/身体）——他人

但对于类精神分裂症个体而言，情况却是：

自我——（身体——他人）"①

由于"自我未能与真实的人和事物建立直接的关系。"②所产生的假自我是依照他人的要求，被异己的意志所支配，而不是由他自身的意志支配。假自我有着这样一种倾向："它会从所顺从的人身上吸取越来越多的性格特征。"③

真正的自我意识，不仅将自身看作客体，也是从他人的角度将自身看作客体的意识。这使得自我陷入两难的境地，他人的关注既是需要的，同时也威胁着他的身份，即自我集主体和客体的自我于一身，当主体的自我完全让位于客体的自我，则容易产生假自我，个体感觉到自己在扮演一个非真实的自我。角色，类似于一个客体的自我作用。

建筑师作为一种社会服务职业的角色，自然集功利型与情感型于一体。但是，功利型因素几乎主导了当代中国建筑师的职业角色。建筑师扮演的角色很多：艺术家、商人、开发商、大众明星、政府代言人等等。许多角色往往与他最主要的角色——职业建筑师的角色发生冲突，当这些角色不能统一协调时，角色的偏离与混乱势必影响到自我的统一感。

建筑师的角色并不只是局限于建筑服务的职业性的范围，更突出地表现在建筑师之间的交往空间中。随着对外交流的不断增加，国内建筑师参加国际交流的机会也逐渐增多，近些年来，一些国内建筑师或艺术家频繁以"中国方式"的作品参加国际性的艺术展和建筑展，在国际性展览中的"中国牌"盛行不衰。所谓"中国方式"，是指艺术家把中国传统文化的资源转换为作品的语言符号和创作母题，④例如张永和采用中国的"回"、"田"等文字所构成的装置艺术。

"中国方式"的作品一般采用"中国符号"、"中国元素"、"中国意象"、"中国观念"等具有明显"中国"特征的视觉符号，是"以西方现当代性（或现代后）特征为参照的"、根据西方已经认同的知识进行"合理性处理"的叙事模

---

① （英）R·D·莱恩. 分裂的自我[M]. 林和生，侯东民译. 陈维正校. 贵阳：贵州人民出版社，1994：73.

② （英）R·D·莱恩. 分裂的自我[M]. 林和生，侯东民译. 陈维正校. 贵阳：贵州人民出版社，1994：73.

③ （英）R·D·莱恩. 分裂的自我[M]. 林和生，侯东民译. 陈维正校. 贵阳：贵州人民出版社，1994：93.

④ 肖丰，任建军. 中国方式：中国当代艺术中一个重要的文化现象[J]. 华中师范大学学报（人文社会科学版），2004（1）：113.

式。[①]由于这些中国方式的作品具有明显的表演性质，因此建筑师扮演了一种尴尬的角色，试图承担一个“兼顾双重身份的沉重角色（西方的现代意识加自身的文化记忆）”。[②]这种角色已经超出了职业的范围，既不是展览中角色的自动转化，也不意味着建筑师将设计作为公共事业的个人追求的转变。表演而非表现，也非表达，在“他者”的凝视中客体的自我战胜了主体的自我，造成了自我的分裂。

在同他人的交往中，一旦自我的统一感与整体感丧失，自我的分裂将导致主体之间的交流出现障碍，不再是自我与他人的交流，而是角色与他人的交流。他者——西方建筑师注视下的中国建筑师，既是一个观察者又是一个被观察者，就是在类似于“为悦己者容”的行为中，西方建筑师的眼光通过内化成建筑师自己身上的主体和观察者，从而取代了真正的自我的创作行为，所塑造的中国建筑的形象必然缺少历史的深度、思想的深刻性和文化的针对性。这种失去解决自身问题的建筑作品，完全沉浸在“女为悦己者容”的女人气质和心态中，他们的价值系在“他者”身上，如建筑中的金贸大厦“塔”的隐喻。中国一些当红艺术家的作品如陈逸飞的《江南水乡》系列画、张艺谋的《大红灯笼高高挂》等电影也都是这样的例子。

从“我”与“他者”的关系看，“我”的特征表现为“他者”是“我”的占领者和支配者。我是一个被“他者”所占有、所支配的“我”。“我”是“他者”的寓所，“他者”的容器，“他者”就是“我”的本质。由于建筑师是通过他的建筑作品以及作品呈现出来的意义来寻求自我确证，如果作品是通过“他者”的方式创造出来并以“他者”的方式存在的话，那么“我”不仅是一个客体、一个工具，而且是“他者”创造出来的一个对象。“我”不仅失去了作为主体存在的可能性，而且即使作为一个客体也是由“他者”来规定和表现的。“我”的这种被动只是结果而不是原因。因此，“我”始终处在一个客体的位置，永远无法成为主体。当代中国建筑师个体既是一个观察者又是一个被观察者，是将他者的形象内化成为我，是一种想象的自我，所形成的自我认同的主体本身具有一种内在的分裂性。自我与角色之间的错位反映出个体的双重身份——肉身的人与社会人之间的裂隙。

3.2.5 知识的“人格”化

建筑师的基本立场是“岗位”——职业，是知识服务，在知识服务向个体价值、社会价值转化的过程中，建筑师的创造力——生命的特征被赋予了知识，知识被人格化。

---

① 肖丰，任建军. 中国方式：中国当代艺术一个现实的文化策略[J]. 华中师范大学学报（人文社会科学版），2006（7）：84.

② 肖丰，任建军. 中国方式：中国当代艺术一个现实的文化策略[J]. 华中师范大学学报（人文社会科学版），2006（7）：83.

3.2.5.1　人格的概念

社会的转型促进了微观个体素质的改变，美国社会学家英格尔斯认为“现代”不单是一种经济或政治制度的形式，而且也是一种精神现象或心理状态。现代社会的转型是“一种心理态度、价值观和思想的改变过程”。这一心理的转变过程是“人们从具有传统的人格转变为具有现代人格的过程”。[①]新社会强调人格上的平等，费孝通认为人格平等“不是社会地位、财富、健康以及机会上的平等，而是存在意义上、伦理意义上的人格平等”。[②]

英语中的“人格”（personality）一词来源于拉丁文的“persona”，原意是指用来表现戏剧人物角色和身份的脸谱，后来逐渐演变成了心理学研究的一个重要概念。[③]

人格在不同的时代有不同的内涵，中国古代社会和西方中世纪的人格是外在身份、地位的代名词。“人格”指的是身份、地位的丧失，并没有指涉人的内心情感，中国古代社会的“人格”还具有另一层内涵——社会伦理和道德的意义。可以说，这样的人格是被赋予和被规训的，排斥了个体的主动性，即“通过他对一定社会群体，亦即他对他的‘我们’的从属性而意识到自己的”。[④]基于不同的视角，人格的理解也各不相同，人格有个体的生物和生理特征，也有社会和文化的特征。[⑤]如社会心理学家G·奥尔波特（G. W. Allport）提出了著名的人格概念：“人格是个体内部决定其特征性行为和思想的身心系统的动力组织”。[⑥]人格特征体现了人的行为的一贯性、连续性和稳定性。

现代人的转变是一个“选择性的接受”的过程，真正的现代人也是“以某种程度的选择性而变得现代的，在某些方面完全改变了，在另一方面有所差别甚至保持传统的观点”。[⑦]

在集体的类型中，每一个体都去模仿他人，把集体类型的属性体现在自己身上。因此，每个人都与他人相似，没有个人人格的存在。在传统社会里，种族和社会身份虽然通过个体呈现出来，但个体只是种族和身份的附着物和中介，不存在个人的人格。新中国成立后至改革开放前的群体时代中，人格成为

---

① （美）阿列克斯·英格尔斯. 人的现代化[M]. 殷陆君编译. 成都：四川人民出版社，1985：20.

② 阎云翔. 差序格局与中国文化的等级观[J]. 社会学研究，2006（4）：208.

③ 黄希庭. 人格心理学[M]. 杭州：浙江教育出版社，2002：2.

④ （前苏联）伊·谢·科恩. 自我论——个人与个人自我意识[M]. 佟景韩等译. 北京：生活·读书·新知三联书店，1988：133.

⑤ 在哲学意义上讲人格或在伦理、法学、社会学意义上讲人格。第一，它不仅指这个人在物理上或生理上所特有的格位或存在状况，它还指人的心理、伦理方面的状况与独特性所构成的品位；第二，人格是一个人的本质特征和各方面属性之总和，这种总和标志出一个人的存在与否和怎样存在；第三，人格指的是个体的特殊性，同时，它也指特定时期、特定民族、阶级的人们所共有的群体特殊性。沈亚生. 马克思主义哲学视野中的人格与个体性[D]. 长春：吉林大学，2004：74.

⑥ 周晓虹. 现代社会心理学[M]. 上海：上海人民出版社，1997：141.

⑦ （美）阿列克斯·英格尔斯. 从传统人到现代人[M]. 顾昕译. 北京：中国人民大学出版社，1992：448.

一种单一的“道德性格”，所有的自我意识都被压制。

3.2.5.2　知识的人格化

在精神分析学和文化理论中，“认同”是指主体的、自我的确证。自我不仅是有生命的个体，也是在现实生活中能动地表现自己的个体。从心理学的角度看，自我认同是“内在自我及其与社会、文化环境之间的平衡。一方面与自我发展相联系，是一个人的真实自我（个体本质存在的内在状态）、现实自我（个体存在的外在状态）和理想自我（个体存在的理想状态）一致性关系的建立，是自我内在张力的适度；另一方面又是自我与社会文化环境相互作用的适应性反应，产生经验的一致性和连续性，使个体生活在过去、现在、将来的自己无论在哪一个时间和空间都能在意识和行为的主体方面实现自我的统一。在主观上则表现为互为关联的存在感（明确我是谁和我的位置）、一致感和连续感（人格跨时空的一致性）、心理的成熟感、生活的意义感和方向感（自我导向的目标意识）；客观上保证人与社会的有效整合”。[①]

当代社会的文化是人格化的。“人的自我经验、有机体及生命事物的确定性，被用于科学、艺术与经济等文化形式”。[②]麦金太尔提出了“叙事性自我”（narrative selfhood）的概念，即指一个人的人格构成体现在这个人一生的首尾一贯、意义明确的实践过程之中。

1. 建筑师的现实人格、艺术人格与理想人格

当代中国建筑师的明星化趋向使得建筑师与“时尚”联系在一起，甚至成为时尚的先驱。媒体将其描述为时尚的职业者，他们是即时行乐的、高消费的群体——张扬自我并释放发现美、创造美的能量。他们展示时尚、引领时尚，他们让别人赏心悦目的同时，也愉悦着自己。这种夸张的评价并没有正确表达出建筑师真正的人格特征。

现实人格应该是一种差序人格，是指权、利、情三者之间的平衡和动态调整范围。它是特定语境中的个体与社会互动的产物，是处于特定的社会结构中的个体位置的体现，是知识人格化的体现。

艺术人格是现实人格中的一种表现形式。当人格与职业联系在一起时，它形成了建筑师的艺术人格。艺术人格是职业成功的一个标志，西方的文献将职业成功定义为“一个人所累积起来的积极的心理上的或是与工作相关的成果或成就”。[③]拉丁语中的“职业”一词指小路或小径，在职业研究领域，它往往指职业生涯，即“贯穿于个人整个生命周期的、与工作相关的经历的组合”。[④]艺

---

① 韩晓峰，车温勃. 论自我同一性概念的整合[J]. 心理学新探，2004（2）：11.

② （德）彼得·科斯洛夫斯基. 后现代文化[M]. 毛怡红译. 北京：中央编译出版社，1999：41.

③ M.London，S.A.Stumpf. Reading，Managing Careers[M]. MA：Addisorr Wesley，1982.

④ Jeffrery H.Greenhaus，Gerard A.Callanan，Veronica M.Godshalk.Career Management[M]. 北京：清华大学出版社，2000.

术人格也贯穿于建筑师的职业生涯当中。它超越了“职业主义”,“职业主义的概念包含的不仅是理想，还有限制”。[①]“20世纪中国知识分子开创的价值取向和人文精神，是超越具体专业的”，具有“精神上的传承性”。[②]

建筑师的理想人格是基于“广场意识”的，集建筑师、艺术家与知识分子于一体的完整人格，但是由于职业、学术的体制化运作，主流意识形态的渗透与控制，民主与法律制度的不完善，市场经济与资本的介入，以及官僚主义的盛行等等，建筑师只能退守到自己的岗位，以“岗位”作为自己的最后阵地，相应的人格也只能是一种现实的人格，表现为边缘人的特征。

陈思和先生认为转型期中国知识分子的价值取向有三种：庙堂意识、广场意识和岗位意识。[③]岗位意识和庙堂意识的知识分子已经失去了批判精神，因而也不能成为真正的知识分子，而那些担负着批判社会现实使命的，具有“广场意识”[④]的知识分子已经销声匿迹。

当代中国建筑师作为知识分子，面临着类似的选择。建筑师从传统人格向现代人格转变的前提是价值取向的转变，即从“庙堂转向专业化和民间化”。[⑤]“庙堂意识”是指士大夫文化中，“道德、学统和国家权力是一致的，天下之道通过学术传统来体现，而统治者的庙堂文化实际上就是士大夫文化，三者有机地联系起来，构成了古代士大夫的传统”。它的学术范围是“一个学术整体，并通过政治活动来实现其价值”。[⑥]“而现代知识分子确立的标志，首先是将自己的学术活动与庙堂文化分清界限，使学术成为一种专业学科，建立专业自身的价值体系”。[⑦]因此，建筑师必须将学术与政治分离，建筑政治化的倾向只能证明建筑师人格的依附性以及“士大夫”式的角色。

建筑创造不仅是一种道德性格的体现，也是建筑师表达自己个性的过程，是建筑师与自我不断进行对话的过程。建筑师通过创作，实现自我表达、自我

---

① Tom Spector. The Ethical Architect：the Dilemma of Contemporary Practice[M]. New York：Princeton Architectural Press，2001：5.

② 陈思和.我往何处去——新文化传统与当代知识分子的文化认同[J]. 文艺理论研究，1996(3)：10.

③ 陈思和. 试论中国知识分子转型期的三种价值取向[J]. 上海文化，1993（创刊号）.

④ 陈思和认为，中国现代知识分子身上保留了旧式士大夫的忧患意识和以天下为己任的传统，他们离开庙堂以后，就自觉在庙堂外搭建起一个“民间庙堂”，发挥他们议政参政、干预现实、批判社会的作用，并以这种自觉的现实战斗精神为一种价值取向，他将其称为“广场意识”。广场的对象不是庙堂，而是民众。见：陈思和. 我往何处去——新文化传统与当代知识分子的文化认同[J]. 文艺理论研究，1996（3）：12.

⑤ 陈思和. 我往何处去——新文化传统与当代知识分子的文化认同[J]. 文艺理论研究，1996(3)：10.

⑥ 陈思和. 我往何处去——新文化传统与当代知识分子的文化认同[J]. 文艺理论研究，1996(3)：11.

⑦ 陈思和. 我往何处去——新文化传统与当代知识分子的文化认同[J]. 文艺理论研究，1996(3)：11.

确证和自我实现。因此，本文中建筑师的人格是建筑师的角色与自我的统一所形成的产物，是具有主体特征的个体的气质。

当代中国建筑师正处于从传统到现代人格转变的过程中，在现实生活中具体表现为“过渡人”，或者“边际人”的现象。边际人是文化或社会转型期间，新旧文化或者不同文明之间的碰撞、选择导致的人格分裂或者人格多重化的表现。一方面是犬儒主义或者精英意识的丧失，另一方面是自我的塑造，对世俗利益的关注，对现实物质生活的积极肯定。建筑师既面临选择又别无选择；既满怀希望又常常失望；既渴望竞争又怕被淘汰；既要承担风险又面临信任危机。边缘人的人格是一种现实人格。“现实人格是身处一定环境中的人的生物性、主体性及社会性三方面相互作用的结果”。现实人格直接影响着角色机制的正常运作，调节着自我与角色之间的关系。

文化社会学意义上的现实人格体现在美学中的艺术领域，则强调艺术家主体性的发挥，强调艺术家的创造性。而艺术创造的最高境界，是人性和人文精神的彰显，这种“人性”是艺术人格的显现。所谓“艺术人格，是指艺术中个人修养和社会道德的完美结合”。[①]它在观念上表现为理性主义的批判精神，在语言上表现为对现代主义和形式主义倾向的超越。[②]

2. 小结

“用西方的观点看中国，可以说中国人没有形成一种独立的人格（韦伯）；用中国人的观点看西方，可以说西方人没有形成一种社会的人格。合理的观点，也许是二者的统一：人既是独立的个体，又是群体的分子；既是演员又是角色”。[③]由于建筑师这种职业化、技术性身份的背后没有精神价值的依托和独立品格的支撑，因此，建筑师个体被支离分解为多个不可调和的对立矛盾综合体，时而表现出正义的一面，时而表现出自私的一面。建筑师的群体也呈现出难以调和的一面，内部分裂为利益相互冲突的个体。建筑师个体既要表现出独立的人格，作为一个群体，也要呈现出完整的职业伦理观念和社会人格特征。只有当建筑师的角色和自我统一，并形成为一种完整的独立的人格，建筑师个体也就获得了自身的完整性。由于自我的分裂，以及角色与自我的分离导致了许多中国建筑师的“个体”并非真正意义上的独立的个体，而只是凭借想象的他者虚构的个体。

3.3 当代中国建筑师作品的认同危机

建筑——作为符号，是技术与意识的载体，“它取决于源自一种特定的意

---

① 段炼. 世纪末的艺术反思[M]. 上海：上海文艺出版社，1998：3.

② 段炼. 世纪末的艺术反思[M]. 上海：上海文艺出版社，1998：3.

③ 庞朴. 中国文化的人文精神（论纲）[N]. 光明日报，1986--01-06.

识状态的精神价值，也取决于能确保一个想法付诸实施的技术因素，进一步说，它取决于工作的强度、有效性及持久性。意识，等于人生目的，等于人。技术，等于人与其所处环境之间关系的确立。技术源自学习；而意识，则源自强烈的情感，那是与自我抗争的结果"。"技术关乎理性，也关乎天赋。然而，意识，则有赖个性。"[①]因此，建筑作为自我个性的符号表达，为人类营造了一个具体真实的现实世界：我们身处何处？

3.3.1 建筑与意义

建筑如同小说，"通过表征（discursive representation），空间转化为场所；通过描述与评价，空间的整体性就被转化为了场所的特征"，[②]建筑不仅承载了城市的意义，它本身也是一个被体验的文本，被想象，被建构，成为身处其中的人们寻求意义的来源。以表意为主的符号体系构成了文化空间的一张大网。现代性就是在这些符号的表征中粉墨登场的。李欧梵在《上海摩登》中描述了20世纪30年代上海现代性的表征符号——月份牌、舞女、百货大楼、咖啡馆。20世纪90年代以来，摩天大楼、酒吧、KTV等符号成为了新的表征符号，也构成了当代中国现代性的视觉图景。

3.3.1.1 建筑与意义

曼纽尔·卡斯特认为"认同是人们意义（meaning）与经验的来源"。[③]建筑不仅承载了意义，而且意义使现实成为可解的形态。无论真实与否，形形色色的"意义"是支配生活的核心："它们组织和规范社会实践，影响我们的行为，从而产生真实的、实际的后果"。[④]

1. 意义、建筑与创造

人的存在是有意义的，这种意义表现为人类在时空之间、天空之下大地之上诗意地栖居，正如荷尔德林的诗句："充满劳绩，然而人诗意地栖居在这片大地上"。海德格尔认为人类栖居的本质是"诗意"，是"天、地、人、神"的统一体。诺伯格·舒尔茨秉承了海德格尔的现象学方法，认为人类栖居或者存在的意义通过建筑转译成为空间形式。

意义来源于场所精神的建立。"场所是自然环境和人造环境结合的有意义的整体"。[⑤]"场所"构成"人的一种存在方式，是人存在的外部限定和其自由

---

① （法）勒·柯布西耶基金会编. 勒·柯布西耶与学生的对话[M]. 牛燕芳，程超译. 北京：中国建筑工业出版社，2003：36.

② John Rennie Short，Yeong-Hyun Kim. Globalization and the City[M]. Pearson：Prentice Hall，1999：95.

③ （美）曼纽尔·卡斯特. 认同的力量[M]. 曹荣湘译. 北京：社会科学文献出版社，2006：5.

④ （英）斯图尔特·霍尔. 表征[M]. 徐亮，陆兴华译. 北京：商务印书馆，2003：3.

⑤ 刘先觉主编. 现代建筑理论——建筑结合人文科学自然科学与技术科学的新成就[M]. 北京：中国建筑工业出版社，1999：121-122.

与现实的深度”。[①]现象学的方法将自然现象与人工现象区分开来，将大地与天空、水平与垂直区分开来，将内部和外部区分开来，将空间呈现为存在的维度，而不是数学意义上的表达。因此，建筑设计是面向现实的存在。“在没有异化的主动（活动）中，我体验到自己是活动的主体。没有异化的主动是一个创造、生产的过程，我与我的产品始终保持着联系。也就是说，我的活动是我的力量和能力的表现，我、我的活动和我的活动的结果结为一体。我把这种没有异化的主动（活动）称作创造性活动”。[②]这里的创造性指的是主体活动的特质，而非主体活动的产品。“创造性的行动表示内在活动的状态。……创造性是一种性格取向，每个感情健康的人都能够具有这种性格取向。一个具有创造性的人可以赋予他所接触到的一切以生命。他赋予自己的能力以生命，也赋予别的人和物以生命”。[③]

2. 认同的空间

远古时代，人们生活在野外诸如丛林、岩石洞穴等天然的自然环境当中。在某个特定的日子里，雷电将丛林引燃，人们四处逃窜。返回之后，人们惊慌之余发现剩余的火苗是如此温暖，人们聚集在篝火的周围，不断添加木材使火不致熄灭。久而久之，聚集在一起的人们形成了共同的语言得以相互沟通。一场大火就这样使人们聚集在一起开始了群聚的生活。这就是建筑师维特鲁威对建筑起源的推测。接着，维特鲁威分析人们开始以树叶建造屋顶，以泥土筑巢，建造自己的居所。

尽管后来达尔文的进化论和马克思的“劳动论”以科学的方式分析了人类的起源，此外还有其他一些宗教、仪式或军事[④]的人类起源观点，但至今还没有一种理论为世人普遍接受。这几种理论都具有这样的共识：人类最初的聚集是生存的需要，并且语言发挥了巨大的作用，在人们彼此之间建构了一种共同的联系——“认同”，之后在生存的基础上开始共同劳作：先聚集后建造。海德格尔认为人类建造或寻居的意义是人类在天地之间给自己的“定位”。天地之间就是自然。人们在自然之中获得居所以延续生命，在这种自然的认同与庇护中获得原始的空间观念——认同的安全空间。当空间中的认可感转化为心理上的安全感（友善）时，这种持续的稳定的内心体验为人们提供了一种“方向感”。于是，“认同”与“定位”共同形成了可以认识及区分的空间结构——“存在空间”。“存在空间”包含两方面的内容，它既是人与自然（天与地）形成的互动，也包含居所内部形成的空间。在人们最初混沌的空间概念中，出现了“我”

---

① M. Heidegger. The Question of Being[M].New Haven：College and University Press，1958.

② （美）弗洛姆. 占有还是生存[M]. 关山译. 北京：生活·读书·新知三联书店，1989：97.

③ （美）弗洛姆. 占有还是生存[M]. 关山译. 北京：生活·读书·新知三联书店，1989：97.

④ 参见：（美）刘易斯·芒福德. 城市发展史[M]. 倪文彦，宋俊岭译. 北京：中国建筑工业出版社，1989.

与“非我”的意识。“我”的存在是定位与方向感的基点，“我”是中心，是“存在空间”的最原始的起点。“我”之外的放射性的空间，属于“非我”。“我”与“非我”的界限就是“边界”（boundary）。这样的空间中，“中心”不仅是“我”的所在，更是“安全”与“归属”的象征。中国人认为“天圆地方”，印度人正好相反，罗马人则认为“天地均圆”。这便是最早人们意识中的空间象征符号。①

在中国的古典建筑理论中，官式建筑的营造遵循建筑等级制度，反映的是奴隶制社会和封建制社会人们身份等级的差异。“车服、旌旗、宫室、饮食，礼之具也”（阮藉《乐论》），“夫宅者，乃阴阳之枢纽，人伦之轨模”（《黄帝宅经》）。“建筑不仅是社会分层的标志，并且是社会认同的标志，这样，中国古代建筑也就成了协调人与人之间关系的有力工具”。②

3. 建筑与场所精神

场所精神是罗马人的一个概念——生命的守护神。神灵把生命带给场所和人们，从出生到死亡伴随着他们，并且决定了他们的个性或本质。人类意识到，在他生命所历经的地方，与当地的守护神保持协调，是生存最重要的方式。在过去，人类的存活不仅依赖于肉体上与场所保持“良好”的关系，还依赖于精神上的感觉。

当人居住的时候，他定位于空间中，显露于确定的环境特征的面前——心理学称为“定位”（orientation）与“确认”（identification）。为获得生存的立足点，人类必须具备定位的能力，得知道自己身处何方；而且必须将自己从环境中确认出来，也就是说得知道自己在确定的场所中是怎样的。

凯文·林奇的著述已经接近于场所的理论。他在《城市意象》中介绍了“节点”、“路径”、“区域”、“边界”、“标志”的概念，指明了人们对客观物体进行定位的基本空间结构，这些可感知要素的相互关系构成了“环境意象”。在不降低建筑定位重要性的前提下，我们必须强调居所首先应预设出与环境相适应的识别性。尽管定位和识别性是整体关系的两个方面，然而在整体中，它们仍然有着各自的某种独立性。然而在现代社会里，人们的注意力几乎完全集中于建筑定位的“实际”功能，却忽视了建筑适应环境的识别性，其结果是符合心理感受的纯粹建筑，被一种异化物取代了。由此看来，人们迫切需要的是获得对“识别性”和“特征”这两个概念更全面的理解。

每个人脑海里都有着关于事物定位与识别性的先验图式。因为人们都是按照自己的接受方式去理解“世界”的，所以个人的识别性将随着这种先验图式

---

① 褚瑞基. 建筑历程[M]. 天津：百花文艺出版社，2005：14.

② 王鲁民. 中国古代建筑等级制度与占统治地位的建筑观念[D]. 上海：同济大学建筑与城市规划学院，1989：32.由于等级制度是按照个人的政治、法律身份来确定的，它并不致力于区分具体人之间的差别，而主要是体现社会阶层或阶级之间的差异，这就使得一定的建筑形象成为具有相同身份的人的共同标志。简而言之，即，区分阶层而非个人。

的发展而确定下来。个人的识别性在很大程度上源于地点和事物的功能。人的识别性源自于场所的识别性。①

识别性和定位是人类生存于世界的两个基本方面。识别性是人们归属感的基础，定位则具有使人能够成为他所在大自然中一员的功能。对于现代人来说，长时间扮演场所流浪者的角色，已成为一种习惯性的特征。人类希望获得“自由”并征服世界。今天我们已经开始意识到真正的自由来自于归属感，“居所”则意味着我们已从属于某一个具体的场所。②

安藤忠雄认为，工业化的城市使得当代个体成为社会的附庸，失去了自我。要改变这种状态，就必须为个体建立一种体现人与自然和谐关系的场所。在场所中，个体通过身体感知世界，同时身体也通过世界“内省”自己。譬如，当“自我”感受到混凝土是冰冷坚硬的事物时，“自我”也同时感觉到身体是温暖和柔软的，身体与世界成为一个“身心统一体”。

4. 建筑与时代精神

建筑以及艺术被视作时代精神的载体，是时代精神的物化象征，它体现了建筑与时间的关系。

从古代到中世纪，时间一直被认为是静止的，而不是向前运动的。古希腊人将寺庙和神灵视作同位一体，建筑兼神圣与自然于一体，它存在于对自己直接的肯定中，因此是永恒的。同理，艺术的意义也是永恒的，它的存在是不证自明的，与过去或未来的时间（或历史）无关。15 世纪中期时间起源的观点打破了这一定势，产生了过去的概念。永恒的时间循环被任意一个固定的开始点打断。因为起源的存在要求时间暂时的存在，所以永久就消失了。受时间约束的历史作为了永恒的来源，时间的向前运动用来解释历史变化的过程。到了 19 世纪，这个过程被看作是“辩证的”。随着辩证的时间，产生了时代思潮，因果关系被根植于现时——即对于现在的永恒性的追求。除了对于永恒的追求，“时代精神”认为，在任何一个特定的时刻，历史和它的所有表现之间存在着一种先验关系。这需要辨别出主导精神，以此来了解什么风格的建筑可以合适地表现时间并且与时间相关联。人类总是应当和他的时间“和谐相处”——或者至少是非分裂的关系。在对它之前的历史有争议的拒绝中，现代主义者试图求诸价值观而不是通过体现在其中的永恒性或普遍性来寻求这种（和谐的）关系。③

---

① Kate Nesbitt. Theorizing a New Agenda for Architecture[M]. New York：Princeton Architectural Press，1996：422-425.

② Kate Nesbitt. Theorizing a New Agenda for Architecture[M]. New York：Princeton Architectural Press，1996：422-425.

③ Kate Nesbitt. Theorizing a New Agenda for Architecture[M]. New York：Princeton Architectural Press，1996：216.

"历史时刻"的需求在建筑功能及其形式表达的联系中十分明显，不是建筑诉求于特定时代精神的表达，而是时间诉求于建筑。因此，与其将时代精神作为前提条件来提出建筑问题，不如说时代精神与建筑结合为一体，"时代精神不是建筑的目的，而是用于表现建筑所在时代不可或缺的事物"。[①]

3.3.1.2　认同、流行与建筑

1. 流行与个性

流行是寻求认同的一种方式和手段。"流行是社会变动的一种表现形式，它提供一种把个人活动变成样板的普遍规则，但同时又满足了对差异性、变化、个性化的要求。流行不仅表现为一种物质样式、一种行为方式，更包含着一种意义、一种文化。它是根据历史变化着的各种代码、样式和符号系统制造出来的。"[②]

在流行中，走在时间最前沿的建筑成为标志性建筑，其他建筑只不过是其跟随者。当一种新的建筑形式出现并为大家接受和追随，成为一种流行时，也就意味着其寿命终结日子的到来，同时意味着更新的形式即将出炉，新一轮的流行即将开始。流行建筑就像一个新陈代谢的过程，永不停止地更新着自己的生命周期。

流行建筑的始作俑者，大多是前卫的先锋建筑师。在现代建筑史中，勒•柯布西耶便是其中一位。他不但以前卫的观念——"走向新建筑"，更以崭新的作品——萨伏伊别墅，宣告了一个建筑新时代的到来。当越来越多建筑的中坚者加入到这一行列中时，"新建筑五点"[③]获得了合法的标志地位，促使国际式建筑风靡全世界，并成为现代主义的一种风格。

此外，许多新的概念一旦被接受并开始流行，它往往能突破专业的限制，成为社会的一种基本观念，给社会的各个行业和领域带来重要影响，建筑也不例外。例如，当代法国著名哲学家雅各·德里达（Jacques Derrida）于20世纪创立了解构主义思想，这种思想的影响波及语言学、文学、人类学、政治学、建筑乃至电影等人文科学的几乎所有领域。20世纪70年代，以盖里、屈米为首的一些先锋建筑师将解构主义理论运用到建筑实践当中，解构主义在建筑界也逐渐成为一种流行风格和思潮，尤以20世纪80年代末90年代初为最流行，有关解构主义的理论也层出不穷。清华大学的吴焕加先生还给解构主义建筑总

---

① Kate Nesbitt. Theorizing a New Agenda for Architecture[M]. New York：Princeton Architectural Press，1996：218.

② 荀志效，陈创生. 从符号的观点看——一种关于社会文化现象的符号学阐释[M]. 广州：广东人民出版社，2003：203.

③ 1926年，勒·柯布西耶提出"新建筑五点"：独立基础的柱子架空底层；平屋顶花园；自由平面，墙无需支撑上层楼板；横向的长窗于两柱之间展开；自由立面，可以独立于主结构。

结了五点特征，即“散乱、残缺、突变、动势、奇绝”；[①]而周剑云则提出了不同的看法——“解构不是一种风格”。他认为：“解构主义不是一种哲学，而是一种研究的态度和方法。建筑解构的方法是在建筑符号学领域里的‘能指的游戏’或‘形式的游戏’。”[②]无论这种专业的争论结果如何，它并不妨碍人们按照自己的理解去看待解构，解构主义作为一种时髦、一种流行在中国大陆迅速地蔓延开来，在各个行业和领域获得了认可。相似的例子还有，“蒙太奇”[③]原是一个建筑学的用语，当它获得流行之后，迅速地应用于电影的拍摄手法当中，从而获得了新的含义和内容。

在流行的生产、传播过程中，除了建筑师和开发商“先锋性”的生产，另一个不可缺少的环节就是媒介的传播。就像音乐、时装一样，在流行的制造和传播中，媒介的影响也不可忽视。因为当今社会也是一个媒介的社会，媒介的触角深入到社会生活的各个角落。“媒体……是通过简化了的复杂事物的传播……解决偶发性这一问题。媒体采用自己的选择模式作为接收这种简化的动机，以便人们与其他人融入一个具有相同的理解力、互补的期待以及可确定的话题的有限世界。媒体不仅是词语、符号或代码；它们还是组合遴选的意义群集（constellation），这种遴选可能从法律、方法论或其他方面被词语指明、象征和编码。突出的例子有金钱和权力。”[④]当代媒介的力量是巨大的，它不仅参与制造流行，更是流行的引导者。借助媒介的力量，流行可以跨越地域的限制，跨越专业的限制，也可以跨越阶层的界限。媒介在改变着时代，媒介对建筑的影响使建筑从此步入一个影像化生存的时代、一个读图的时代。建筑的平面化形象成为建筑的代言人，媒介的作用就是将平面化和影像化的建筑演变成一种时尚的物品。媒介在商业资本的支持下，将开发商的“概念”也一并推销了出去，喋喋不休地向人们展示他们所构造的理想生活模型。

2. 流行与语言

法国哲学家罗兰• 巴特不仅仅视流行是一种社会现象，他将其作为一种语言结构来分析，即对流行代码的分析。流行，也是时尚，他是这样定义的：“它是一种机器，维持着意义，却从不固定意义，它永远是一个失望的意义，但它怎么说也是意义：它没有内容，于是便成为一种景观，即人类赋予自己以权利，使没有意义的有所意指；时尚于是便显示为一般表意行为的示范形式，因此便

---

① 吴焕加．建筑与解构论[J]．建筑学报，1996（3）：32.

② 周剑云．解构不是一种风格[J]．世界建筑，1997（4）：68-72.

③ 蒙太奇是法语 montage 的音译。电影中的蒙太奇效果来自两个画面的随意性或非随意性组合，相互关联的两个画面能唤起单独的一个画面所没有的概念、情绪和情感。参见吴宣．建筑设计与蒙太奇思维[J]．华中建筑，2003（2）：59.

④ Niklas Luhmann（尼克拉斯·卢曼）．Generalized Media and the Problem of Contingency（《普泛化媒体与偶发性问题》）[M]．第二卷．New York：Free Press，1976：512.

与文学的存在本身重新聚合……于是，它变为‘真正人类’的符号”。[1]在当今社会，流行是作为一种符号在被生产和被消费，而流行建筑一旦被符号化，作为一个主体与客体体验满足的标志，它往往与商业联姻，成为商业利益的印钞机。而诸如电视广告之类的媒介“远非把某种商品‘自然化’，而是对商品的意义进行游戏。媒介把主体建构成这样一个人，他通过选取商品的不同意义而与自己的身份进行游戏”。[2]流行通过在社会学意义上构成的差异游戏便发挥了作用并达到了预期的效果。

流行实现了从个性到共性的转变过程。流行消解创新，流行消解个性，流行又促进创新，流行也促进个性的发展，这似乎是一个悖论。先锋建筑师不断在流行中寻求新的出路，因此流行促进城市建筑整体的发展，流行消解经典的同时，又不断地创造出新的经典。经典建筑可以说是流行建筑中的优秀建筑。经典的命运可以载入史册，成为某个历史时期的代表，而平庸的流行建筑只能是建筑史中昙花一现的流星。

在流行的过程中，是事物中心与边缘地位的不断转化，是人们接受与反思不断进行的过程，在共性中成长的流行建筑，作为现代性过程中一个不可逾越的环节，遵循着在否定之中否定的辩证循环的哲学逻辑，反映出每个时代的特征。

城市每一天都在流行中改变，“传统城市空间发生了深刻的分离，内部与外部的分离，结构与表皮的分离，功能与形式的分离，美学与价值的分离，现实与历史传统的分离。总之，街道不再是街道，广场不再是广场，建筑不再是建筑，墙不再是墙，窗不再是窗，楼梯也不再是楼梯，所有的一切似乎都变成了附着流行意识的载体”。[3]对流行的把握和体验是个体对自身与环境相互关系的确认，也是对自身存在的把握和肯定，从而获得一种归属感。城市流行的变化就像是一个体验生命的过程，黑格尔主张把过程本身视为目的，而不是为其他目的服务的手段。在流行中，人们的体验在不断更新，城市也在不断更新，城市与人都获得了新的生命周期。流行建筑，作为每个建筑时代的见证，既有时间的向度，又具有空间的线索，它在社会的一体化与差异化之间不停地转换。流行建筑，成为城市历史的文脉的缩影，而流行建筑的何去何从，反映了一个时代或者一种风格的认可程度的高低。无论建筑形式或思想的流行使其成为一种风格，还是自行没落和消失，都可以促使新的反思。流行，永远不是一个自足的存在。

---

① Roland Barthes. The Fashion System[M]. New York：Hill and Wang，1983：288.

② （美）马克·波斯特. 信息方式[M]. 范静哗译. 周宪校. 北京：商务印书馆，2000：86.

③ 车飞. 激变的城市——大都市的流行研究报告[R]. 北京：2002 中国建筑装饰产业论坛.

3.3.2 建筑师作品的认同危机

中国建筑活动的数量令世人瞩目，建筑与城市已经突破了传统地理学的划分界线，在社会交往空间中显示了多重的意义和价值。建筑不仅反映了主体的形象和思维，还是主体借以对话和传递思想的工具，勾勒出中国建筑师欣喜与焦虑、动力和压力并存的状态与矛盾的心理。然而，意义的匮乏和价值感的缺失使得建筑、电影、绘画、文学等文化形式所塑造的空间充满了认同的焦虑，认同的危机感直接影响到了主体的对话与交往。

人对自身的定位与确认取决于人与环境的关系。城市与建筑作为地理学的空间，是人类获得场所感的物质基础。城市化进程不仅是数量和数字的上升，最显著的特征之一是空间的变化。空间作为文本的形式，充满了真实与想象的阐释，既是“寓言”，也是“游戏”，既是再现，也是营建，既是集体的想象，也是个体的真实体验。

3.3.2.1 民族的“寓言”

由想象的共同体所造就的文本是一种“民族寓言”，[①]本尼迪克特·安德森（Benedict Anderson）认为民族是“一种特殊类型的文化人造物”，“它是一种想象的政治共同体——并且，它是被想象为本质上有限的，同时也享有主权的共同体”。[②]这是一种基于社会心理层面上的“集体想象”。新的民族概念已经发生了微妙的变化。

民族寓言是“以西方式的‘普遍人性’的标准来思考和编码中国”，[③]通过将自身变为他者达到主体认同的。张颐武认为民族寓言具有如下特点：①文本的叙事者以知识分子的身份和审视者、追问者的角度进行叙事，是“主体”的镜像构筑的神话人物。②文本的时空编码以“文化反思”式的空间探求及“普遍人性”的西方式的时间探求构筑了以空间的特异性和时间的滞后性交叉定位的“中国”形象。③文本中的人物符码以类型或个性的双重性构筑。以“类型”确定人物对于“国家主体”的寓言性功能，以“个性”强调“个人主体”的“寓言性”功能。④文本由总体上提供了乌托邦及意识形态的承诺，力图将“中国”纳入“现代性”对文明和高尚生活的总体构想之中。[④]

在20世纪90年代以前的建筑中，政治意义是首要的，建筑本身的其他功能是次要的，“所指压倒能指，意义的中心逼迫能指退至次要地位。……产品往往以宏大的气魄和崇高的精神震撼并征服受众。其意义的密集和单一性往往

---

① （美）杰姆逊. 处于跨国资本主义时代中的第三世界文学[M]//张京媛主编. 新历史主义与文学批评. 北京：北京大学出版社，1993：235.

② （美）本尼迪克特·安德森. 想象的共同体[M]. 吴叡人译，上海：上海世纪出版集团，2003：4–5.

③ 张颐武. 面对困惑与挑战——90年代文化与文学的选择[J]. 建筑师，1995，4（63）：16.

④ 张颐武. 面对困惑与挑战——90年代文化与文学的选择[J]. 建筑师，1995，4（63）：16–17.

使得作品能指的变化较小”。[①]建筑通常呈现一种直观的形象，唯我独尊的模式使其与其他建筑划清界线，从而获得了至高无上的等级，某些建筑甚至承担了道德教化的功能。当这些建筑隐喻式地表达规范化和制度化之后，他们成为日常生活中的惯例符号。这类建筑本身的实体意义也就升华为抽象的至高无上的精神符号和意义，成为民族、国家整体形象和气质的标志，它作为一种意念的表达，实施着精神世界的统帅。如北京的天安门广场建筑群，其高度的政治性体现的不仅是现代民族国家的气势和中华民族古老的历史，更象征了空间上国家的高度统一和团结，它所散发出的政治威慑力直接影响了北京十大建筑的设计甚至近 40 年来的建筑作品的风格。

北京的十大建筑是为纪念建国十周年而建，它们诞生于 1959 年的“大跃进”期间。它们是特殊时代的特殊产物，不仅具有政治意义——“革命意志的体现”，也代表了集体创作的最高水准。也正是因为建筑创作的集体性以及特殊的背景，“注定了建筑作品的折中性而不具先锋性”。[②]

而 20 世纪 90 年代以后，文化转向开始渗透城市经济和政治领域，这种象征经济学的方式关注的是主体解释或再现城市的话语权和创造城市文化的能力。“文化”成为后殖民时代城市竞争力竞赛的有力法宝：或者通过历史资源的重视和再发掘，或者通过城市公共艺术的推广以提升城市的文化资本，而文化资本又可以向经济资本转化。城市的概念不仅局限于地理学意义上的“城市”，也不仅仅是时间、空间意义上的混合物，它还是“一种心理状态，一种主要属性为多样化和兴奋的独特生活方式的象征；一个城市也表现出一种使想囊括它的意义的任何努力相形见绌的规模感”，[③]即它的视觉效果成为了城市的象征。

民族寓言的表达方式通常采用“既……又……”的句型，如“既体现传统，又反映时代特征”，“既是现代的，又是中国的”。当代民族寓言的象征作品有金贸大厦等建筑，对该建筑的评价往往采用的就是上述句型，由这样的建筑所建构的城市也遵循同样的表述特征。看看这些处于中国金字塔塔尖的“现代化”都市：北京、上海、广州和深圳，它们占据了政治、经济和文化资源优势，以摩天楼为主体的城市天际线共同勾勒出欣欣向荣的中国现代都市景观。这些城市通过占有式的生存赋予城市景观特殊的意义，借此城市成为民族寓言的一部分，“在一个国家寓言可以通过一个城市的画像而得以实现时，该城市本身首先应作为一个寓言般的形象而得到艺术的表达。”[④]寓言式的幻象给城市制造了

---

① 周宪．现代性的张力[M]．北京：首都师范大学出版社，2001：136.

② 邹德侬．中国现代建筑史[M]．天津：天津科学技术出版社，2001：241.

③ （美）丹尼尔·贝尔．资本主义文化矛盾[M]．赵一凡，蒲隆，任晓晋译．北京：生活·读书·新知三联书店，1989：154-155.

④ （美）李欧梵．上海摩登：一种新都市文化在中国 1930—1945[M]．毛尖译．北京：北京大学出版社，2001：237.

一种光环，使其成为备受崇敬之物。当神圣的光环背后暴露出越来越多的社会问题时，实际上逐渐暴露出了这些城市被碎片化和边缘化的真实处境。

注重追求视觉美学的城市形象关注的是戏剧化的表演，城市空间中的时间是一种“同步的”时间，是一种“意识流”。而能指和所指的多义性和非一一对应为城市形象的塑造提供了多重可供选择的机会，用实用主义的观点来看，“寓言”形象所塑造的城市文化及其发展趋势无疑是在全球化的语境中寻找和比较，找出一种更适合自己的“终极式语汇”，以一种相对的稳定性重塑“永恒”的意义，避免“昙花一现”式的短暂，在建筑“地域”中找寻文化的记忆，也通过建筑的“地域”化来实现新的文化记忆，给自己的身份留下“烙印”。相比于前卫造型的国家大剧院和CCTV大楼，金茂大厦的“塔”的象征和寓意几乎得到了国人一致的认可，也缩短了外国设计集团的作品与国民审美之间的差距，以至于大家似乎并不太计较它是外国建筑师的设计作品，普遍地将它视作近年来最杰出的建筑作品之一，成为新时代中国文化的象征。这体现了中国建筑由内向到外向的转变过程中重新回归内向的一种趋势，这是在全球化的真实语境中对自己身份的一个具体的定位，也是对民族文化的一种肯定。

3.3.2.2 所指的“游戏”

建筑制造的产品以低成本的运作方式扩大市场以满足大众日益增长的需要，然而与此同时，人们在占有感满足的同时获得的体验价值却在贬值。这一奇怪的现象的不断蔓延使得人们普遍开始有了一种危机感。

毋庸置疑，现代技术的发展完全有能力复制“清明上河图”场景中的建筑或“虹桥”等构筑物，甚至可以做得更好。高科技的发展带给人们一种错觉：未来社会是一种无所不能的不断接近无限完美的社会。一方面，人们在物质层面步入后工业社会，另一方面，与后工业社会相适应的哲学框架体系尚未建立，人们在精神层面还没有实现转型，还停留在传统社会的价值理念当中。当建筑创作失去了其原真性标准时，其社会效应的新变化与传统思维模式发生了碰撞，尤其对传统哲学的“真理”（truth）和“实在”（reality）问题提出了挑战。

为了便于分析，在这里引入让·鲍德里亚在20世纪70年代提出的两个概念：仿真（simulation）（也可译为模拟）与虚像（simulacra）（也可译为类像、仿像），[①]并将其与“表征”（representation）、“意象” （image）这两个通往“真理”的现象学领域内的“视觉”概念进行比较。

---

① （法）Jean Baudrillard. Simulacra and Simulation[M]. Ann Arbor：The University of Michigan Press，1994.

1. 仿真与表征[①]

表征是以实在为模型所形成的表象。鲍德里亚就表征与仿真之间的关系作了说明，他说："这就是仿真，它与表征对立，表征来源于符号和现实的等同的原则。相反，仿真来源于等同的乌托邦的原则，来源于对具有价值的符号的根本否定，来源于对全部所指的颠覆和死刑宣判的符号。然而，通过对仿真的虚假的表征的阐释，表征仍然试图同化仿真，而仿真则试图把表征的整个大厦整合为虚像。"[②]

可以看出，仿真和表征是完全对立的，仿真消解了表征，而在表征基础上所形成的意象也就成了仿真基础之上的虚像。

2. 对"表征"的否定

鲍德里亚认为意象变成虚像的过程可以分为前后四个阶段：①意象是宏大现实的反映，符号与现实还处于对应指称的关系之中；②意象掩盖了宏大的现实，代之以非现实的符号的形式；③意象掩盖了宏大现实的缺席，剩下的是以符号为中介的思维；④意象与宏大现实不再有任何的关联，它变成了纯粹的自身的虚像，也就是意象再也不属于表象的层次而归属于仿真。[③]此时，意象已经完全成了符号的游戏，现实彻底地消失了。仿真和意义的消解，最终导致了表征的消解和意象的消失，进入了虚像的境界，从而否定了传统哲学的"表征"问题。

3. 对实在的否定

这个充满着仿真和虚像的世界通过消解差异性后产生了绝对的统一性，大量的仿真和虚像掩盖了原始的"实在"，并构成了对现实世界的"实在" 的谋杀。

如今，信息技术尤其是因特网的发展带来了一种新的非实体空间——虚拟空间，他们与实在同界面地存在于现时，使得我们与周围的世界之间，不再是纯粹的观念和实在的关系问题，而是实在与虚拟世界的相互交织甚至是实在的退场。

4. "意义为零度"的所指

对传统的"表征"和"实在"的否定进一步否定了消费的内容（即消费的功能性）——所指特性，反而强调了符号的能指特性，所指与能指（在建筑符

---

① "表征"（represent）的不同理论："反映论的或模仿论的途径提出词（符号）和事物之间的一种直接和透明的模仿或反映关系。意向性的理论把表征限制在其作者或主体的各种意向中。"构成主义看来，意义不是先验地存在于某种事物之中，等待一个外部的"发现"或者垂顾，意义是在人们认识某种事物的同时被生产、被建构出来的。语言符号支持了这种生产或者建构的实践。

② （法）Jean Baudrillard. Simulacra and Simulation[M]. Ann Arbor：The University of Michigan Press，1994：6.

③ （法）Jean Baudrillard. Simulacra and Simulation[M]. Ann Arbor：The University of Michigan Press，1994：6.

号中指空间、形式、材料、体积等）关系的割裂使得建筑制造以及带来的消费体验成为一种符号能指的游戏活动，一种“能指的漂移”和“意义为零度”的所指。

“一般说来，当仿真没能认识到其自身条件，试图模仿真实的状态、真理或非虚构时，仿真就变成了模仿。首先，建筑中表达方式的模仿，导致了在表达客体时过多注重创造的能力。当柱子被作为树的替代品、窗户被做成轮船的舷窗时，建筑元素肩负着过度的意义的负担，成为表达的图形。在其他学科中，表征并非图形的唯一目的。例如，在文学中，隐喻和明喻应用很广泛——诗意的、反语和相似事物——并没有限制在讽喻或相关的功能中。反之，在建筑领域，只有图形的一个功能在起作用，即客体的表达。建筑的图形总是暗指或目标是表达某种其他的客体，不论是建筑的、拟人的、自然的还是技术的客体。”①

总的说来，后工业社会中技术发展对传统的“表征”与“实在”的否定和所指的“零度意义”是使得人们体验价值贬值的根本原因，在虚像之中，本原性的思索和体验消失了。人们不再对艺术膜拜，失去神秘感的建筑艺术作品不再拥有恒久价值，从而改变了建筑创作作为一种艺术创作的传统的社会功能。通过建筑制造的方式生产出来的建筑作品（如“欧陆风”建筑）是一种脱离人们现实生活，脱离历史的虚幻的海市蜃楼。不仅如此，他们是以虚拟的摹本而不是以实在为模型成的像，仿古建筑就是这样一种赝品式的毫无建筑历史和场所感的道具和布景。

“欧陆风”在大陆的风靡一时，其实也是消费社会中人们对西方发达社会贵族阶层生活方式的一种渴求，具体体现在建筑上就是采用一些西式的建筑语汇，如山花、斗栱等作为装饰，企图体现一种与西方文化的接轨，一种与平民文化的差异以彰显自己的地位。“这是一种观念上的符号，将表达与内容的关系割裂开来”。②是一种“意义为零度”的所指游戏。

3.3.2.3 场所的缺失

1. 空间的焦虑：空间的移植

新空间的崛起带来了新的空间意识，也带来了新的文化想象。以上海为例，上海的城市文化本身就是生产和消费的产物，城市文化生产和消费空间的增长促使城市的“公共空间”充满了现代性的想象和欲望的书写。刘呐鸥、穆时英、施蛰存笔下 20 世纪三四十年代的上海充满了欧洲的影子，舞厅和夜总会里的糜烂生活将上海的现代性半真实半虚构地营建出来——光怪陆离的

---

① Kate Nesbitt. Theorizing a New Agenda for Architecture[M]. New York：Princeton Architectural Press，1996：218.

② 郑时龄. 建筑批评学[M]. 北京：中国建筑工业出版，2001：244.

充满浮华和欲望的都市。如今的上海“新天地”和衡山路酒吧、咖啡厅仍然萦绕着历史的影子，上海外滩建筑群更是留下了旧上海身份的回忆和一缕淡淡的都市乡愁。

自20世纪90年代以来，上海市政府启动了“浦东开发”等大规模的城市开发项目，目标是构建一个可以媲美伦敦、巴黎、芝加哥、纽约、东京等全球性都市的“世界城市”。[①]而“要融入长三角，参与国际竞争，成为世界级的城市，就绝不能再忽视郊区的发展，要认识到郊区是城市结构中的一个重要的层次。它不是一个过渡地带，而是前沿地带，更应是最具活力的地区”。[②]因此，2001年上海市政府正式出台“一城九镇”的规划，以目前上海的10个区的格局为出发点，在每个区设立一个试点，即发展松江新城、嘉定安亭镇、闵行浦江镇、浦东高桥镇、青浦朱家角镇、奉贤奉城镇、宝山罗店镇、金山区枫泾镇、周浦河堡镇等九个中心镇。在城市建设方面，主张通过“借鉴国外特色风貌城镇建设的经验，引进国内外不同城市和地区的建筑风格”。[③]尽管这种“合法性”是强制性赋予的，但回溯上海的开埠历史，这种强制性并不是单方的一厢情愿，它也暗自迎合了上海市民本身的内在意识。民族意识的薄弱一方面使上海市民认同西方他者，同时竞争意识的增强又使得他们成为东方的他者。[④]以“万国城镇博览会”的构想营造上海的世界都市的身份，是一种现实的策略，“是一个城市生存经验的延续，是文化商品化的模式，是理性算计的结果”。[⑤]类似的构想和举措也是以上海为代表的中国城市在快速城市化进程中获得身份认同的一种表述策略。

许多学者对这样的空间提出了质疑，他们认为以上海“一城九镇”为典型代表的异域空间的移植，只不过是成就“东方的曼哈顿”、“中国的纽约”、“世界性的大都市”、“全球化的都市”这样的想象罢了。在想象与现实之间，还存在着巨大的鸿沟，“镜像”式的建设基于中国具体的人口、交通、土地资源等实际状况显得有些苍白无力，犹如水中花、镜中月。其实，“世界性都市”这类称呼应该是表达城市具有国际性影响力的愿望，而不是通过照搬城市的景观来实现一个“奇观化”的城市，让人对上海的实际“身份”提出了疑问。

因此，有评论称这类城市景观为“空间殖民主义”，即“在他人之乡，按自己的生活习性、文化偏爱去构造一个为自己喜闻乐见的空间环境。以城市形

---

① 2002年11月召开的第14次上海市市长国际企业家咨询会议，会议的主题即为“如何把上海建设成为世界级城市”。

② 周建军．上海市郊区发展若干问题的思考[M]//理想空间．上海：同济大学出版社，2005：8.

③ 关于上海市促进城镇发展的试点意见。

④ 周鸣浩，薛求理．上海身份：“一城九镇”的文化动机[M]//全球化冲击——海外建筑设计在中国．上海：同济大学出版社，2006：107-108.

⑤ 周鸣浩，薛求理．上海身份：“一城九镇”的文化动机[M]//《全球化冲击——海外建筑设计在中国．上海：同济大学出版社，2006：110.

态、建筑形式、室内装饰趣味、建筑材料，甚至能源消耗方式为媒介来满足并宣扬自己的生活方式，去表现自己的文化优越感，无视他人、他乡的经济基础、物质条件、能源可能性以及生态环境，从视觉到物质感受上嘲弄地方文化，奴化他国民众的心身”。[①]

越来越多的当代中国城市已经塑造成壮丽的奇观，成为新世纪文本中现代性的背景。有评论说中国建筑总是有太多的表情，确实，当代中国建筑带有很多的表演成分，既表演给自己看，也表演给别人看。观光者眼中的上海是一个很体面的城市，“体面只适合于花钱而不适合于挣钱”。[②]李欧梵曾将上海和香港喻为“双城记”，这个比喻折射出当代中国普遍的文化心态，许多城市的文化地图都是某个样板城市的复制品。而样板城市也是一个“外城”，“外城本身是一个拟像：它是一座从来没有存在过的城市的摹本。那里它正在一遍又一遍地被复制，四面八方。往好里说，外城是魅力无穷尽；往坏里说，它是将我们的城市和我们的生活转化成眼花缭乱的‘虚假情景’。现实和想象、真实和虚构蔚为壮观地交融一体，压根就无法分解开来”。[③]

2. 空间的等级与身份

凭借现代性的想象，当代中国建筑师的作品创造出了许多的“暧昧”，这些不确定的“空白”总是能为建筑增加许多额外的经济价值和消费意象。城市的许多公共空间成为特权阶级的“私人领域”，上海的酒吧和咖啡厅是新兴的高级白领阶层聚会的沙龙，“新天地”更是排斥城市里的普通居民。而正是这些垄断性空间参与了现代性的想象与营构，与不断两极分化的真实城市构成了鲜明的对比，城市空间的公共性问题日益成为人们关注的热点。在“青浦新城大师讲坛”中，媒体频频就建筑师的职业道德和社会责任发问：“如果是在北美，你们会如何对待贫困、城市无序蔓延、平民住宅等问题？”“你们在为一些业主设计豪华私宅时，怎么处理和当地民居的协调？”[④]这些尖锐的问题是建筑师无法用想象回避的现实语境。

想象与真实的脱节引发了我们对当下生存方式的深层思考：生活质量的延续需要原真性的体验来维系。这种原真性是城市表现自身的方式，它需要通过大众共享的公共空间来实现，让处于其中的人们获得一种真实与自在的感觉。

3. 时间的焦虑：超越时间与追求速度

对速度的关注可以追溯到 20 世纪初的新艺术运动。未来主义和立体主义

---

① 吴家骅. 论“空间殖民主义”[J]. 建筑学报，1995（1）：38.

② （德）维尔纳·桑巴特（W. Sombart）. 奢侈与资本主义[M]. 王燕平，侯小河译. 上海：上海人民出版社，2000：55.

③ （美）爱德华·索亚（Edward W. Soja）. 第三空间[M]. 陆扬译. 上海：上海教育出版社，2005：23-24.

④ 叶黎. 被建筑的能量撞击：目击青浦新城大师讲坛[N]. 文汇报，2006-06-12（13）.

都对运动产生了浓厚的兴趣。未来主义就曾讴歌速度之美，认为运动赋予人类双重视力；立体主义更是把运动视为表现空间的元素之一。在静态介质中表现出动态的效果一直考验着艺术家们的技艺和水平，电影中蒙太奇等合成技巧成功地将静态的物体呈现出了令人匪夷所思的动态景象。

而马克思主义的线性发展观更是让中国人接受了这样一种循序渐进的人类社会发展模式：前现代、现代、后现代，……以至于人们产生了这样的潜意识：每一个阶段都存在一种代表性的主导思想，它能够将整个日常生活或者是整个社会联结为一个整体。对时间的焦虑经常表现为对建筑设计的要求："五十年不落后"或者"一百年不落后"，"体现时代精神"。建筑与时间的关系被固定，否定了时间的变化，从而也否定了人的"现在"的存在，导致人类与他的时间是分裂的关系而非"和谐相处"。

线性的发展观将时间压缩，体现为速度。对现代建筑师来说，现代交通工具的发展提供了多视点认知城市的方式。以汽车为代表的运动节奏与现代化的气息联系在一起，是现代的标志，它将空间的距离缩小。与此同时，高速运动的交通工具带来了视点中城市空间组织的变化，如何使静态的建筑与城市空间适应不同速度的运动视点，一直是当代建筑师关注的问题。

在前工业社会，人们一般通过步行的方式观察单栋的建筑，进而了解街道，了解整个街区，人们对城市的认知呈现点状的平面化的形式：围绕某点辐射开来，中心处最为具体翔实，随着半径的增大逐渐淡化。这种局部清晰、整体模糊的视觉感受往往与人们的日常生活紧密联系在一起，成为私人生活经历的一个重要组成部分。

而现代交通工具的发展为城市向上和向下发展创造了可能。电梯的出现，标志着建筑与城市往垂直方向上升成为现实。地铁与地下空间的利用则赋予城市以深度。电梯改写了垂直运动的速度，它的速度与建筑的高度直接成正比。越来越多的摩天楼拔地而起，观光电梯理想地提供了在速度中上升的视觉感受。城市不但拥有了第一和第二立面，还拥有了第三立面。人们站在几百米的建筑高空中鸟瞰城市，通过视点和距离的改变获得城市的整体感受，城市全方位地展现在人们眼前。高架路离开地面，在半空中交织错落；地铁则深入地下，穿梭于城市的各个角落，这些交通工具所搭建的立体化的交通网络为人们营构出立体化的城市新地图。

街道是城市最主要的公共空间，传统的街道是人与人见面交流的场所，如今的街道则成为交通与道路的代名词，是交通工具的行驶场所。库哈斯在其《广普城市》中写道："街道已经死亡。伴随着这一发现而来的是人们狂热地企图挽救街道。"[①]如今正在兴起的步行街热也许是这一论断最好的例证。步行的公

---

① （荷兰）雷姆·库哈斯（Rem Koolhaas）. 广普城市[J]. 王群译. 世界建筑，2003（2）：64.

共空间缓解了人们对速度的焦虑，也带来了更深层次的城市体验。

在传统社会的街道透视中，建筑的细部往往是城市建筑的最重要的因素，建筑物之间的连续性往往处于次要的位置。因为在以步行为主的城市体验模式中，人们的注意力往往会被一些零散的细节或细部所分散，视觉效果比较细腻深入。此时，虽然步行的速度导致视点变化比较缓慢，但获得相对持久的刺激往往会加深人们对局部的私人感受。人们可以根据自己的兴趣决定在某处停留时间的长短，因此可以深入地了解城市的单元。人们在街道上驻留，人与人之间接触的机会增多，参与公共活动的几率加大，从而促进了人与城市空间的互动。

因此，欧洲的小城镇是适合步行的，宜人的尺度、丰富的层次、细腻的感觉和人性化的空间促进了人与人之间的沟通与交流。城市的中心是广场，广场其实就是放大了的街道；而现代化的大都市成为快速体验的合成体，在这些超大尺度的城市空间中，体量庞大、缺少细部的建筑物使得街道充满压抑感和局促感，由于缺乏吸引力促使视觉加速运动。现代城市的中心往往是体现经济与效率的CBD，街道仅仅是联系这些综合体的路径，完成其交通的功能。街道由于人性化气息的匮乏直接影响了其公共空间的品质，街道功能的改变意味着城市公共空间的性质发生了变化。

4. 体验的焦虑

时间和空间的变化带来了城市与环境的变化，也带来了体验感的变化。人们普遍产生了一种疑惑：生活在何处？——生活在别处。生活在何时?——时空错乱。环境的巨变导致了方向感和定位感的丧失，千篇一律的住宅小区拔地而起，城市的趋同或者异域化使人们的定位意识削弱，先验的意象结构不再发挥作用，记忆的连续性被中断。环境不再赋予人们安全感和稳定感。场所感的缺乏带来内心的焦虑。对过去、现在和将来，时间的混淆带来的是不确定的未来，我们到底该走向何处?

陌生的环境使得人际关系陌生化，当环境不再确保人们的安全感时，人们彼此间的信任不再维持，人际关系淡化甚至敌意化。人和环境之间不再是和谐融洽的关系。人感觉到被环境隔绝，在社会交往中被排斥。

人们对城市的体验也发生了变化。现代社会崇尚的是效率，随着城市里轿车数量的增加，城市的画面随着人们视线运动的速度产生了巨大的差异，人们对于城市的体验在逐渐改变。城市的边界逐渐模糊，城乡一体化的发展模式逐渐缩小了城市与郊区的差异；城市不断向外扩张，但人们普遍感觉城市在变小，因为人们的出行距离变大而出行时间在变短；城市的轮廓逐渐清晰明朗，因为人们可以轻松地到达城市的任何一个角落；城市的细部在减少，因为在疾驰而过的汽车里，所能看到的仅仅是建筑的外轮廓，建筑的细部往往被忽略了；城市建筑的尺度逐渐变大，传统建筑考虑的是单个人的尺度，而现代建筑适应的是小汽车或其他交通工具的尺度，我们可以看到越来越多的交通节点成为巨大的综合体，交通工具的差异直接影响到了人们视觉运动的速度，因此也影响到了建筑物的体量。

城市的公共体验和公众的参与度在逐渐减少，成倍增长的道路缩减了城市花园以及公共广场的面积，在许多公共场所，人们只是匆匆的过客，他们不能轻易地加入到聚会的人群中，尤其在人车分离的高速公路上，擦肩而过的是一辆辆高速行驶的汽车。人与人之间的距离在增加，人与人之间越来越陌生，交流在减少，人情味也在减少。

网络的出现和发展，改写了实体城市空间的历史。网络将视觉与速度进一步延伸，引向了虚构城市。在虚构城市中，人与人之间甚至不需见面，交通工具也消失了。在随心所欲的虚拟空间里，城市被解构，公共空间不再具有实体的形态。新的城市体验以缺场的方式获得。网络以惊人的速度将我们的视线带到了世界的任何一个角落，信息的狂轰滥炸加速着视线的运动。网络中城市的"此时此地"消除了"距离"感，建筑的影像化以及数字化生存使得远程的在场成为现实，也直接挑战了建筑本体的概念。

建筑师并非对这一切毫无知觉。他们也通过各种方式来反映自身这种空间的焦虑。如 2002 年第四届上海双年艺术展的主题是"都市营造"（Urban Creation），策展人的初衷是希望"营造"这两个字"把我们带向对于被我们曾经忽略的整体文化资源的深层次关怀之中，同时也包含着用本土性修正全球性的一种尝试和努力"。[①]在这次展览中，有一件远眺城市的系列作品受到了关注，该作品的名称是《骑墙》。作品的背景是高楼叠起的都市，前景中有一个小女孩骑在一堵墙上，背向画外，眺望都市。"'墙'在这里是一种隐喻，一种关于观念、关于价值标准、关于文化形态的隐喻。骑墙本身正是我们心态的写照。"[②]这幅作品的内涵正如它的题目所昭示的那样，表达了现代都市人对城市的一种矛盾的心态，揭示了城市的趋同化以及我们自身所处的进退两难的困境。

3.3.2.4　沉默的建筑

1. 中心：海外建筑师在中国的实践

中国的城市化改造吸引了大量外国建筑师到中国一展宏图，多元化的建筑市场更是为西方各种理论思潮找到了出路。"近年来国际设计领域广为流传的两种倾向，即崇尚杂乱无章的非形式主义和推崇权力至上的现实主义"，[③]"所有这些倾向都可以在今天的中国找到市场，中国已经成为世界建筑师的

① 许江. 都市的乡愁[J]. 北京规划建设，2003（5）：74.

② 许江. 都市的乡愁[J]. 北京规划建设，2003（5）：75.

③ （荷）亚历山大·楚尼斯. 广义建筑学：一种现实主义的建筑道路[M]//吴良镛. 国际建协《北京宪章》——建筑学的未来. 北京：清华大学出版社，2002：29.

试验场”。[①]

海外建筑在当代中国的进程可以分为三个阶段：第一阶段是20世纪80年代，主要是香港建筑师参与中国大陆的建筑实践；第二阶段为20世纪90年代；第三阶段是21世纪初。[②]这既是一个主动的过程，也是一个被动的过程。中国各级政府热衷于对外交往，主动地邀请国外设计师或设计机构参与国内重大项目的招投标，鉴于海外明星建筑师的知名度和影响力，他们认为可以借助这股东风提高城市的影响力。西班牙的小城毕尔巴鄂博物馆已经成功地在这一方面树立了榜样。这座原本默默无闻的小城，正是借助了著名建筑师盖里设计的怪诞作品，从而名扬世界，带来滚滚的财源。另一方面，外国建筑师进入中国建筑市场，也是国际竞争的结果。先进的设计理念和完善的服务，使得国内建筑师无法独自占有国内建筑市场的这块大蛋糕。而中国的设计师几乎不能进入欧美等发达国家的建筑市场，只能在非洲等第三世界国家里寻找设计市场，因此形成了中国与国际建筑市场之间这种近乎单向的流动方式。

新地标建筑的崛起带来了新的空间意识，也带来了新的文化想象。[③]在这一进程中，建筑与都市的巨大发展成为世界和传媒关注的中心，这种“注意力中心”、“注意力经济”的繁荣迅速完成了中国现代化进程中对“全球化”想象之中的营构。

以北京为例，简洁前卫的现代风格建筑与作为民族象征的旧建筑混杂在一起，将古老的都城置身于一个崭新的“青年时代”。在这一进程中，库哈斯们断然抛弃传统，其作品以全新的气息象征了国家一个崭新的时代，这些昂贵的建筑标志着一个走向全球化和国际化的都市与国家，成为其国际形象的代言人。如果说20世纪50年代北京的十大建筑是一个新兴的国家对传统文化的展示，那么，21世纪初北京的新变化是全球化和市场化时代国家制度的经济力量的展示，是建筑领域寻求现代性变革的结果。

在西方建筑师横扫中国建筑市场的同时，“崇洋”的风气应运而生。凡是规模较大的建筑，必定邀请国外建筑师来设计，国际招标已经成为一个显示设计水平的代名词。而国外建筑师的身价也水涨船高，他们看中的不仅仅是他们自己梦想的实现，更是中国市场巨大的经济利益。

除了金茂大厦之外，在这些建筑中，丝毫看不到任何传统的影子，也看不到任何东方的内涵，完全是西方的建筑理念，但是，它们所带来的视觉冲击力

---

① 郑时龄. 中国建筑的实验性与城市化问题[J].城市规划汇刊，2004（5）：2.

② 薛求理. 全球化冲击——海外建筑设计在中国[M]. 上海：同济大学出版社，2006：2.

③ “文化想象”是指特定时代社会公众对自己所身处于其中的生活境遇的一种集体想象，这种集体想象是他们为解决迫切需要解决但又难以解决的生活矛盾而展开的饱含情感、理智、幻想、错觉和欲望等多种社会心理要素在内的生活体验过程。见：王一川. 关于廉政中国的文化想象[J]. 当代电影，2000（5）：22-23.

和所谓“现代”的理念，正是中国在追寻现代性的过程中竭力要表达的东西。这些建筑足够吸引传媒的关注，这正是中国所需要的，中国已经沉寂很多年了，中国需要一个向世界展示自己的机会，而建筑提供了这样一个表演的舞台。在通往全球化和国际接轨的过程中，对传统的暂时抛弃，似乎是实现现代性的捷径。西班牙毕尔巴鄂博物馆显然成为了最好的榜样，国家大剧院的纷争也不时地以贝聿明卢佛尔宫改建所采用的金字塔造型作为正面的例证。西方话语，成为当今中国建筑潮流中的龙卷风。

几乎所有被认为是“青年时代”国家象征的新建筑：国家大剧院、水立方、鸟巢、CCTV 大楼都出自国外建筑师之手，这一点足可以让所有的国内建筑师汗颜，这种国际性都市的营构实际上让中国本土建筑文化走向了边缘化，这是一个明显的悖论。因此，都市的崛起给国民带来的是一种双重的体验：中心与边缘化的喜悦和焦虑共存。想象与现实的脱节成为中国走向现代化和全球化的一个突出特征，现实中真实的中国呈现出介于“后东方”和现代西方之间混沌的暧昧状态。

2. 边缘：本土沉默的建筑

当光彩夺目的新建筑成为视觉中心时，其他建筑都沦为了背景建筑。以北京城为例，其背景建筑是“沉默的大多数，在数量上直接影响和左右北京城的整体品质。一般而言，一座城市的背景建筑其美感度直接体现了城市空间品质的高低。当代北京城的背景建筑基本满足当代城市运行的基本需求，但其美感度亟待提高。这是一项长期艰巨的任务，需要持续不间断的点滴积累”。[①]通常，这些背景建筑满足“适用、经济、坚固”的要求，却不满足“美观”的要求，建筑从设计考虑到施工质量都过于粗糙。

他们当中有的像绿叶一样衬托着城市的明星——标志性建筑，更多的沉默的建筑在城市中处于被人遗忘的角落，与散发着耀眼光芒的标志建筑形成了巨大的反差。在充斥着富丽堂皇的经典建筑的媒介当中，人们看不到他们的踪影，他们就像一群隐身建筑消失在传媒的视线前。然而正是这大量沉默建筑的生存品质决定着人们对城市的整体印象。

1）社会学意义的沉默

首先，沉默体现的是一种姿态，也可以理解为一种建筑理念。从哲学层面上来说，它是指一种尚中（儒家的用中，道家的守中，佛家的一中）的范畴，也就是通常所说的中庸。中庸的出发点是“贵和”，即天人之和、人际之和、身心之和三个层面的共同实现。它的目标是达到天与人、人与人之间一种良好的秩序和状态。它是儒家主张的一种待人接物所采取的不偏不倚的态度，是中国传统最基本的观念之一，并对社会文化的各个领域产生了巨大的影响。

---

① 朱文一. 当代北京建筑“词典”[J].建筑学报，2004（7）：37.

其次，沉默是一种策略、一种具体的操作方法。如果说中庸的姿态是形而上的，那么策略则是形而下的了。中庸体现在社会学人际关系处理层面是一种谦虚内敛、调和折中的处事原则，社会关系学对建筑领域的渗入体现在建筑设计中就是掩埋个性、强调共性，以表示对原有建筑、对历史和传统的尊重，体现和谐统一。于是，中庸作为“协调统一”的代名词对人的规范使得创作主体以一种无意识的方式运用到建筑设计当中。沉默是其中的一种折中退让型的策略。

作为策略的高低，其评判的标准又是什么呢？是度。度，即适度。孔子说：“过犹不及。”(《论语·先进》) 度从一个侧面反映了量与质的关系，建筑设计就成为了在一定度范围内的量的游戏，在度的允许范围内的摇摆。

这种沉默策略的创作模式在历史地段的建筑设计中非常有效，出现了许多“成功”的建筑作品。这些作品的“成功”主要是通过社会学背景来解释的，建筑与传统、时代之间呈现着某种机械的和确定的关系。随后这种方法成为真理而备受推崇：建筑本身的社会意义是首要的，而艺术审美价值是次要的，人们注视的焦点和保护的对象是旧建筑，新建筑犹如一个或一群“隐身人”。尽管传统和时代特征这两个概念含糊而又抽象，但这并不妨碍将社会背景的有效性约定俗成地合法化和契约化，成为一种“权力意志”。

这种社会学的有效性在建筑设计创作中往往变成了一种可靠的形式游戏——在度的形式量化和符号量化的基础上，产生了模式化操作的表现方法。度由一个形容量或质的范畴，成为了符号的范围“之间”的游戏规则。通过形式、符号可以表达传统、前卫和折中的意义，折中就是一种谦虚和沉默的表达。

应该说，用尚中理念处理新旧建筑之间的关系是具有积极意义的。但从思想到策略的转化，以及进一步对度的把握转换为一种“形式游戏”——这一从思想到形式的复杂的转换过程却被简单化了。这一操作过程由于既实用又可靠，顺理成章地成为某些特殊地段设计风格的首选。通常在这基础上将度的操作进一步发展下去：要再保守点？还是要再前卫点？——“度”就是这样把握的。可能有一些建筑师采用沉默的方法而获得了成功，准确地说，这是社会学意义成功基础之上的美学意义的成功。更多沉默的建筑只是社会学意义单方面的成功，建筑本身审美价值不高。由于大量的沉默建筑成为城市中的背景建筑，而背景建筑的品质决定了城市整体空间的品质。那么该如何在这些建筑中体现受控于社会意义的艺术价值呢？

2）美学意义的沉默

事物存在的意义并不是唯一的，但如果其社会意义作为唯一的意义被保留下来，“事物本身所具有的其他丰富多彩的意义和价值均被滤掉了”。[①]这样的

---

① 周洁. 建构：作为一种选择[J]. 建筑学报，2003（10）：47-49.

建筑必定是单调乏味的，也容易成为政治集团斗争的工具和武器，陷入庸俗社会学的阵营。如今，建筑作为一门艺术正努力摆脱他律化的影响，朝着多元化和自律化的方向发展。在民主社会中，艺术的公共性和合法性给了城市中每个建筑同等的机会，艺术不再为某些个人或集团所独有。无论建筑如何体现意识形态，它首先应是一个建造实体的过程。对建筑外在社会学意义的关注并不能消解对建筑本体的关注——即“材料使用的逻辑性和结构与构造的真实表现”。[①]这就是建构的观点：强调对建筑材料、构造、结构、细部合理、真实、逻辑的表达。这是一种理性美的表达方式，也是最朴实的表现建筑艺术性的方法。沉默的建筑并不等于简陋的外表和粗劣的品质，建筑可以其貌不扬但却经久耐看，材料、构造和细部的美可以使建筑在建构之中表达自己的生存权和合法性，这样的沉默始终掩盖不住建筑本身自下而上所散发出来的美的光辉。在看似简单的处理当中蕴涵着精确的“计算”——它表达了复杂而精确的组织美。“‘计算’关注建筑系统内各个物质组成部分的组织——精巧的组织。不仅考虑整体（如结构）形式到局部（各个部分如材料、构件），而且更强调从局部到整体，即系统的特性几乎是‘自下而上地凸现出来’。”[②]建筑的形式“是富有逻辑的形式、有构造意味的形式。形式表现是发展的产物。”[③]这种少量的清晰的系统组织原则使得建筑的表达散发着自内而外的美，寻常的外表却具有不同寻常的表现力，它传达着丰富的视觉体验。至于建筑的形式——是采用现代还是传统元素，应根据作品本身的需要来选择，不能为了体现所谓的民族身份和时代背景而把传统或现代元素强加给作品。

可以说，建构理念对丰富城市背景建筑的语汇和表达方式具有积极的意义，在建筑质量提高的同时带给人们的体验也更加丰富，审美得以在日常生活中实现。对建筑自身来说，“在惯用的整体处理手法已经枯竭之后很久，细部可以提供那些决定了建筑物生命力的新见识与令人惊讶的发现”，[④]由此获得了新的生命周期。这样的背景建筑活跃在城市的舞台上，必定可以提高城市的品位和整体形象，作为出色的配角，它虽然沉默却不会被历史湮没。

3）沉默：是对话还是独白

根据现代的观点，中庸的哲学思想的基本前提是承认矛盾双方的存在，这体现了辩证法的基本概念：事物矛盾双方的对立统一。任何事物中都含有二元对立的现象，建筑也是由多种相互矛盾的元素组成的复杂统一体，这些元素的相互作用和向新形式的转化推动着建筑及其文化的发展，度只不过是矛盾双方

---

① 胡莹. 建构——对建筑本体的还原[J]. 华中建筑，2003（1）：33-35.

② 周洁. 建构：作为一种选择[J]. 建筑学报，2003（10）：47-49.

③ 周洁. 建构：作为一种选择[J]. 建筑学报，2003（10）：47-49.

④ E. Melet. The Architectural Detail—Dutch Architects Visualize Their Concepts[M]. Rotterdam：NAi Publishers，2002.

力量对比和地位转换的标志。如果将城市的空间形容为一个舞台，假如历史建筑需要成为舞台上的主角，那么需要有一个或多个配角的存在才能实现这一目标。接下来双方之间的关系如何发展呢？非此即彼吗？空间中的主配角这一结果又是如何形成的？于是，对结果的关注转向了对过程的研究——主角和配角在空间中的关系成为研究的重点。根据前苏联思想家米哈伊尔·巴赫金（Mikhail Bakhtin）的理论，主角和配角的关系并非是一种剑拔弩张的敌我矛盾，它是建立在双方主体之间一种平等交往与对话的基础之上的。对话的结果——主角还是配角只不过是形式的表达和显现罢了。海德格尔也曾指出，"说有赖于听"，"听说关系构成了人的本身的存在，即一种交流关系"，[①]这也是哈贝马斯（Jürgen Habermas）的主体间性关系。

在交往中使对方成为对话者，通过表述达到理解。两个不同主体的理解意味着承认对方的存在。理解既包括对他人的认识，也包括对自我的重新认识。借"他者"之眼重新打量自己，意味着自我封闭的解除和对外的开放，不断揭示对象的新意，并创造新的意义，从而获得意义的增殖，因此意义是不断生成的。

与对话主义相对立的是独白主义，它否认在它之外有另一种意识的存在。独白漠视他人的存在，"对他人回答充耳而不闻"，不承认他人"有关键的作用"。"独白不需要他人，因此在某种程度上它将所有的事实都客体化。独白声称是胜者。"[②]独白是静态的、完成式的、自我封闭的。

在建筑设计中对沉默的理解和把握往往是通过新建筑一方的配角地位体现出来的，在这种空间环境里，旧建筑是空间的主角，主角的存在是通过他者的对话，即作为配角的新建筑来体现的，因此，空间关系中并非只有旧建筑一方的独白。而主角与配角的位置关系是通过它们之间矛盾力量的冲突与对比决定的。传统与现代的较量，并非最终以一方的胜利为结束，也不是以此为目标。而是在较量当中，双方所采取的策略的高低，以及争论过程中对双方的了解为目的。对观众来说，双方争论过程中所体现出的智慧和竞争所带来的体验是最重要的。过程比结果更重要，或者说在过程中体现出来的意义是最重要的。它重在获得一种生成的过程与体验，是一种动态的、发展的、一体化的存在。沉默不是通过视觉的感官刺激或是人为赋予某种意义达到的，它是双方"对着说"的表达形式。这种意义上的沉默是积极的生命力的体现，它实际上是非沉默的，在看似一种的声音中，隐含着两个互相争论的声音。只有当空间关系中只存在一种声音，即他者的独白，空间中也只存在一个说话的主体时，沉默才是一种零力量的死亡的建筑，是真正意义上的空间竞争的失败者。这样过"度"的沉

① Martin Heidegger. Poetry，Language，Thought[M]. New York：Happer & Row，1971.

② （法）T·托多罗夫. 巴赫金、对话理论及其他[M]. 蒋子华，张萍译. 天津：百花文艺出版社，2001.

默无疑是对空间秩序的破坏，尤其在传统与现代这一对极具张力的矛盾冲突当中，现代不战而败地甘拜下风。犹如一场未定胜负的比赛，由于一方的自动弃权与退场，使得原本精彩激烈的赛事，顿时索然无味。从表面结果看，两种沉默之间没有什么区别，然而此沉默非彼沉默也。在建筑历史的长河中，有些其貌不扬的背景建筑历经岁月的磨砺却越来越焕发着生命力的光彩，而有些却犹如大浪淘沙般永远消失了。

因此，中庸意义上的沉默并不意味着建筑的一方应放弃自己的立场而一味地去迎合另一方，中庸提倡竞争与调和，中庸的现代意义是实现双方的一种对话，是对双方之间差异的理解和对矛盾的恰当处理，是求同存异。在符号学看来，"'差异'是导致符号表意的前提，作为符号的'差异'必然含有意义，'意义'可以在符号的'差异'间产生或发现，实际上给'符号的游戏'提供一条发现意义的道路"。[①]符号的意义是不断变化的，这使得建筑具有历史传承性：既面对过去，又为预测未来提供依据。因此，对差异的解决方式成为了建筑创作的新起点，也使得矛盾双方获得了平等的地位。对差异的存在不能通过重复或复制来消解。所谓重复是一种解释。"至于解释，巴赫金认为：它只具一个主体，是一种独白，它不能构成对话。解释只是揭示了已经熟悉的东西、可以重复的东西，解释者在其解释中个性已荡然无存，他的活动未有增殖。"[②]那些死亡意义的沉默的建筑，就是这种独白思维的产物，是通过放弃自己的话语权而"跟着说"、"接着说"，是缺乏主体性与自主性的表现；只有与旧建筑"对着说"，即在真正的交往与对话中，理解对方与自己，给自己的发展创造新的机会。

沉默并不意味着他者的独白和放弃了自己的发言权，在沉默中，新旧建筑中的差异构成了不同的声音——"复调"，在这种差异的审美过程中人们可以确立认同感和归属感。建筑既向历史说话，也向现实说话，为今天存在的合法性说话。

在沉默之中，蕴涵和贮存着能量，为了各自的复苏与生存，为下一轮中进一步的对话与交往积蓄着力量。建筑中历史的轨迹就是在一轮又一轮的对话中能量不断地释放、吸收和转化的过程，是矛盾双方力量的对比和智慧的展示，是这一过程的完整体现。由于对话是一个开放的未完成的运动过程，主角和配角的位置关系是暂时的，建筑之间的和谐与统一是一个动态变化的交际过程，这样的过程也就贯穿了历史的时间性而具有历史含义。

3. 小结

社会学视野中的当代中国仍然无法摆脱"乡土中国"的气息，中国建筑

---

① 周剑云. 解构不是一种风格[J]. 世界建筑，1997（4）：68-72.

② 钱中文. 文学理论：走向交往与对话[J]. 中国社会科学，2001（1）：156.

师眼中的当代中国城市也仍然是“都市村庄”。这种都市加大了城乡之间的二元对立，建立的是“一个个封闭的系统与世隔绝”，“一个又一个封建小独立王国”，[①]折射出新的等级制度。而公共立场的暧昧导致的角色混乱影响了建筑师公共角色的塑造，个体能量的扩张反而使得建筑师的职业群体在公众脑海中留下的是一个模糊的社会形象，建筑师消失的现象也影响了建筑师团体格局的形成。

在本文中，当代中国建筑师的认同具有三层含义，首先，它指向社会学意义上的“身份”或者角色，是指职业角色在社会结构中得到确认、设定和归属；其次，它指向哲学意义上的主体，即建筑师的自我认同，强调建筑师的主体性和人格的完善；再次，认同指向建筑作品，建筑作品作为符号的认同，是建筑师自我意识的表达。归纳起来，当代中国建筑师的认同是指具有特定身份的个体和群体的自我统一、人格的完善与场所归属。

---

① 傅刚，费菁. 都市村庄[M]. 天津：天津大学出版社，2000：98.

第 4 章　当代中国建筑师职业角色与自我认同的个案研究

建筑学是一门集感性与理性为一体的知识体系。作为感性的建筑学，它表现为一门艺术——是“有意味的形式”，它来源于生活，是个体心灵感受与体验的感性显现。作为理性的建筑学，它是技术、构造与材料的科学组合。路易斯·康认为，建筑试图改变世界，但是如果不能形成促使世界发生变化的力量，这样的建筑仍然是没有生命力的。①

如今建筑创作的社会环境相对宽松，体制化在很大程度上削弱了对建筑师的影响，建筑师得以把个别自我的生命经验主体化，同时把个别自我的生命经验本体化，从而为先锋力量的崛起创造了条件。以王澍、刘家琨、董豫赣等为代表的建筑师近年来活跃在中国实验建筑创作的前沿，他们积极参与国际对话，为中国建筑师塑造了新的形象。

4.1　当代中国建筑师的个案研究

当代中国建筑师的个体叙事，不仅是个体获得认同的一种“策略”，使个体从集体的想象中突围出来，也是个体创造性的自我表达，即每一个体采取不同的策略，是每一个体心智的体现。

4.1.1　当代中国艺术家的自我表达

在这个拒绝权威认同与群体认同的个性化时代，艺术家们通过电影、文学、建筑等多种艺术形式表达自己的观点，获得自己的身份认同。

4.1.1.1　艺术家的自我表达

现代主义精神带来的最大冲击是：社会的基本单位由群体、行会等组织让位给个人。此外由于市场因素的介入，使得独立艺术家开始成长，艺术家获得了较大的自主性。而后现代主义对中国艺术家的影响使得知识的样式与载体互相分离，为艺术家自由表达个人艺术观念提供了可能。

---

① （美）莱斯大学建筑学院编.路易斯·康与学生的对话[M]. 张育南译. 北京：中国建筑工业出版社，2003：29.

1. 艺术家与观念艺术

"当我们以现代性范式的含义说到艺术时，我们是指艺术家独立的自我表现的自由权利"，[①]从理论上看，现代主义是一种对秩序的反抗和对个人的推崇；在体裁上，采取消除审美距离的手法；在媒介上，专注于艺术媒介本身。最后，导致艺术与生活之间的界限被模糊了。[②]

传统的现代主义试图通过美学来实现艺术，但是，"这种寻找自我根源的努力使现代主义的追求脱离了艺术，走向心理：即不是为了作品而是为了作者，放弃了客体而注重心态"。[③]正因为人们对艺术家作品创造的关注转向了创作者本人，导致了创作方式、载体以及艺术概念的变化，艺术家的身份也得以改变。[④]

这种近乎个人主义的创作倾向有两种表现方式，"一是以个人主义为主体、主题或表现对象，另一是在对形式语言的探讨中，流露出个人主义"。[⑤]相应的艺术形式也表现为两种：以观念为外形的艺术与以观念为实质的艺术，它们统称为"观念艺术"。[⑥]观念艺术提出了这样的观点，即"艺术品最重要的是其背后所隐含的概念信息而不是艺术的形式本身"。[⑦]同时，观念艺术也开启了艺术形式的多样化趋势，其中，观念艺术的非艺术外形在国内受到艺术家们的青睐，艺术的范围、艺术家的定义都被扩大，装置艺术、行为艺术、社会艺术等实践超越了传统的"绘画"、"雕塑"等造型艺术的形式，"艺术日益在与社会、自然、科学、传统等各种关系和格局中寻求话语和价值逻辑发展的可能性。由此，艺术资源被极大地扩展，艺术经验也由精英化的纯粹性转向艺术与生活经验互渗的混合性"。[⑧]

观念的首要性不断突破了表达方式的局限性，不仅艺术家的界限不断扩大，人人都可以成为艺术家；主题和内容的多样化也促使艺术家将视角扩大至政治、社会、生态等非艺术范畴的领域，从而不断改写或重构着艺术家的社会

---

① （美）理查德·沃林.文化战争：现代与后现代的争论[M]//福柯，哈贝马斯，布尔迪厄等.激进的美学锋芒. 周宪译. 北京：中国人民大学出版社，2003：3.

② （美）丹尼尔·贝尔.资本主义文化矛盾[M].赵一凡，蒲隆，任晓晋译.北京：生活·读书·新知三联书店，1989：31-32.

③ （美）丹尼尔·贝尔.资本主义文化矛盾[M].赵一凡，蒲隆，任晓晋译.北京：生活·读书·新知三联书店，1989：98.

④ （法）纳塔斯·埃尼施.作为艺术家[M].吴启雯，李晓畅译. 北京：文化艺术出版社，2005：115.

⑤ 段炼. 世纪末的艺术反思[M].上海：上海文艺出版社，1998：10.

⑥ 20世纪60年代早期，音乐家弗林特（Henry Flynt，1940~）生造了"概念艺术"（Concept Art）一词，他认为概念艺术的关键是将概念作为材料的艺术，正如音乐是构成音乐的材料，语言则限定视觉艺术的含义。后用来描述20世纪60~70年代欧美出现的、不同于传统视觉艺术中主要以物体图像为构成元素的作品，不注重物体而注重观念，亦称"观念艺术"（Idea Art）、"信息艺术"（Information Art）。见：费菁.超媒介：当代艺术与建筑[M].北京：中国建筑工业出版社，2005：91.

⑦ 唐晓兰. 观念艺术的源流与发展[M].台湾：远流出版事业有限公司，2000：3.

⑧ 张晓凌. 观念艺术——解构与重建的诗学[M].长春：吉林美术出版社，1999：22.

身份，提高了艺术家的社会作用。观念，也是信息和媒介，它直接传达了作者的意图，思想本身成为了艺术品，艺术向非物质性和非实体性的转化强调了作者与观众之间的直接沟通，而其思想也更多地来源于人与生存环境之间的反馈，提倡人与社会之间的互动，使得观念更具有现实性和批判性。

2. 建筑师的自我表达

艺术家重表达而非表现，表现源自表达的需要，近年来，文学作品和绘画作品中，作者的表达成为一个突出的主题，而建筑已经不需要砖、石、玻璃等实体的外在形式，如伯纳德·屈米在《乔伊斯花园》和《曼哈顿改编录》中用图画和文字"盖"建筑，他的另一部作品——巴黎拉维莱特公园也是非常规意义上的建筑，在这些作品中，思想或者观念是首位的，建筑只不过是附属概念操作的过程。而国内贺兰山房的 12 位艺术家的作品，几乎是艺术家个人理想和意志的表达。建筑师往往凭借其精神性而非物质性的一面来表达建筑师的情感、观念和精神气质。这些作品有别于以往的建筑作品，其重点并不在于审美领域的建筑表现，而是建筑师个人意志的表达。

观念艺术对建筑创作的直接影响是建筑设计的"概念化倾向"，[①]简称概念设计。概念设计、装置艺术不断出现在建筑师的实践当中，借助于观念艺术，许多建筑师将自己的设计思想、艺术观念搁置于各种事物之中，而不仅仅限囿于建筑这单一的载体，建筑师思考模式的多样性拓展了表达手段的丰富性。概念不仅可以指向作者，也可以指向作品。

埃森曼的建筑概念是"脱离了原位的建筑"，成为"一种表达方式"，[②]"它与风格无关……而是一个过程"，"是关于物质的状态"。[③]显然，他眼中的建筑接近于一种"在"之"是"的概念。

国内许多新一代的建筑师也将建筑视作表达个人内心主观感受和独特体验的媒介，对建筑概念的推崇使建筑师得以将主观因素介入建筑设计之中，彰显个性化的特征。与主流建筑师追求高而大的建筑趋势相比，小规模与小体量的实验建筑更强调建筑师对某些非理性成分的接受和对差异成分的放大，与主流建筑师刻意保持距离的这种做法使得许多作品中带有强烈的情绪化色彩。他们以一种边缘化的权宜之计反对正统的建筑学的话语权，以实验的态度去寻找一种新的建筑理念和表达方式，因此也被称为"实验建筑师"。

无论是建筑还是艺术，"建筑师在完成每一次形式塑造的同时，也同时完

---

① 概念化倾向是指当代建筑设计领域中，在思维方法上受到了观念艺术的影响，把建筑作品视为传达概念媒介，把观众视为概念所指向的对象，把观众的行动参与或思维参与到作品当中作为作品概念实现的最终目标的建筑设计倾向。见：许凯.建筑：作为概念的"媒介"——从观念艺术的视角看当代建筑设计中的概念化倾向[D].上海：同济大学建筑与城市规划学院，2004：43.

② 吴政．埃森曼和韦克斯纳视觉艺术中心[J].世界建筑，1991（1）.

③ 张永和．张永和采访彼德·埃森曼[J].世界建筑，1991（2）.

成了一种意识形态的叙述”。[①]建筑空间对社会空间的塑造是相互的，社会空间折射出个体的“文化”特质的同时，显示出一种开放和包容的姿态，它反过来促进了个体空间的延伸。

4.1.1.2　“贾樟柯”现象

从某种意义上说，关注“贾樟柯”现象其实就是对中国新一代艺术家个体特征、关注热点和关键词的梳理，如边缘化、平民视角、现实主义、都市化、新 DV 运动和美学转型等等。“如其所是”的现实影像不同于政治现实主义和第五代的寓言式电影，贾樟柯与第六代电影导演从“身份认同观念、视像书写意识、时间感悟体验与空间建构意识”[②]等方面，借助个人化、民间化的影像来拯救行将消弭的集体记忆。

1. 对人工世界的关注

贾樟柯在其执导的影片《世界》中，以北京的人工景观——世界公园为背景，描述了一群在世界公园打工的外乡人的生活和情感经历。影片中的人物在真实地点和人工地点、真实世界和虚拟世界之间来回穿梭。影片中的世界公园是一个人工场景，是让人们产生体验的玩偶，这是一个寻求快乐的地方。在真实的世界中，人们的体验更多的可能不是快乐，而是更丰富更难以表达的生存体验。如果说建筑是有生命力的物件，那它的生命力只能来自居于其间的人的感觉，是人的体验赋予建筑以活力。当电影中的主人公穿各种不同的服装，以各种不同的身份出现在世界公园时，她时时刻刻明白自己是在工作，是在表演，是给别人看的场景的一部分。这些身份和人造的建筑物一样，成为世界公园的组成部分，而真实的生活是独立于这个人工场景之外的。

世界公园是一个充满“仿像”的世界，它与“现实”无关，与“真实”无关，它是机械复制时代的产物，也是消费主义文化在真实世界里的一个缩影。“仿像”的世界逃离了公园里人们生活的“真实”性和公园外的现实世界，它质疑着存在的“意义”。

在贾樟柯的镜头里，影像中的现实中国具有很多种“身份”：既呈现出山西汾阳——一个小县城的“破落”形象，也表现为现代都市中的主题公园——充满“人工”制品的世界公园（反映的是空间的焦虑），甚至还表现了它的短暂性的一面——即将消失的“城市”——三峡沿线城市的最后一幕（反映的是时间的焦虑），它们共同勾勒出一幅当代中国城市现代性的多副面孔，表达了作者的都市乡愁以及他那无法摆脱的故乡山西汾阳的影子。

---

① 饶小军，姚小玲．实验与对话——记 5·18 中国青年建筑师、艺术家学术讨论会[J].建筑师，1996，10（72）：81.

② 林少雄．贾樟柯影像的文化底蕴[J].杭州师范学院学报（社会科学版），2005（2）：74.

2. 对个体身份变化的关注

导演直接面对中国现实，关注的对象都是具体的、普通的个体，如《站台》、《世界》、《三峡好人》中的每一个主人公都是现实生活中的平常人，这些个体在日常生活中的身份变化体现在流行音乐的变迁、主题公园中的人造景观、三峡移民的背景之中。贾樟柯的影片关注小人物，从小人物的视点来看待现代性的变迁与现实生活之间的关系。在普通人之外，贾樟柯还关注着社会边缘人的情感与生活，如《小武》中的小偷与妓女，小武在失去了亲情、友情与爱情之后，已经被社会彻底抛弃，影片中流露出了作者对被社会忽略的边缘人的现实关怀。

正如贾樟柯自己所说："中国的变化已经结束了，现在是大家都该做个决定的时候了。"其实变化永远不会结束，但对于个体来说，时代的步伐是无法改变的，与其等待外在来改变自己，不如在变化中做出自己的决定。"三峡好人"的名字来自布莱希特的话剧《四川好人》，该剧探讨的是"改变人还是改变世界"的问题，在这里贾樟柯显然是选择了改变人这条路。

以贾樟柯为代表的第六代导演已经具有了强烈的自我意识。通过"个人记忆"和"民间记忆"共同表述的现实生活的影像，折射出第六代中国导演贾樟柯的自我形象。他选择了一种"作者电影"的叙事方式，从而给自己被"边缘化"的"第六代"导演身份留下了鲜明的个人烙印，从独特的视角关注个体乃至人类的困境，并不断寻找个体的出路。

在文学和电影中，都市的现代性历程和现代性的双重想象经常是一个永不厌倦的话题。电影用"第三只眼"①来观察世界，如通过"身体政治"②想象城市，这种空间认知方式所强调的"背景、场景和主题"是建筑的现实世界的再现。电影中所关注的人性与历史同样也是建筑关注的领域之一，因此，建筑与电影在多方面的契合使得电影成为都市空间研究的方式之一。著名的建筑期刊《建筑设计》（AD）以及《建成环境》（Built Environment）多次出版了与电影相关的都市空间研究的专辑。

在城市化的进程中，人们的身体进入了城市，但他们的思想呢？是否也融入了现代性的坐标体系之中？面对都市那种始终无法消除的"他者"身份，那种既羡慕又恐惧、既熟悉又陌生的生存体验，是否也在建筑师们的作品中有所表达？

4.1.1.3 展览的意义

在很大程度上，当代名目繁多的各种展览是一种视觉文化的表现方式。展览作为一个"节点"、"窗口"，不仅是建筑与艺术空间的展示，更是与社会空

---

① （法）莫里斯·梅洛—庞帝. 知觉现象学[M].姜志辉译.北京：商务印书馆，2001：56.

② 李欧梵. 重绘上海文化地图——李欧梵教授5月16日在华东师大的讲演[J].开放时代，2002（5）.

间的交叉与介入。

1. 建筑与艺术的公共性

艺术中的观念、艺术外围的观念、有关艺术的观念，以及广泛的和任凭想象的信息、主题、关心的事物等，这一切难以被某件单一的事物所承载。艺术样式的外形、内容的可选择性为观念艺术的生存提供了舞台。对于建筑师来说，视阈与手段的融合在建筑师的观念表达中获得了合法的地位。

谢林和黑格尔曾经在艺术的等级系统中将建筑置于最低位置上，由于建筑"这一种艺术形式的材料本来就缺乏精神性，即是说，它是沉重质料，其可塑造型只能依据重力法则"。因此，黑格尔认为，"精神的意义并未专门留驻于建筑之中……但事实上，这种精神已经在建筑以外的自由中实现了自己的存在"。[①]在中国，建筑甚至没有被归入艺术门类之中，中国古代的官式建筑是对封建社会政治伦理秩序的直接诠释，重秩序而非情感，其创作主体是工匠；而中国的诗词、书法、绘画则重"言志"、"缘情"，重表现或再现，是个体情感的表达，其创作主体是文人士大夫。即使是"界画"，在中国绘画史上的地位也非常低下。因此，建筑文化在中国古代文化中难以与绘画、诗歌、书法并列。[②]

但是，当大众化的艺术走向我们的日常生活时，艺术无论是作为一种视阈还是手段，与建筑共同呈现着一种公共性。在艺术与空间的交织中，艺术与空间，究竟谁是主角？当艺术与生活的界限越来越模糊时，艺术、建筑与生活的一体化趋势意味着生活质量的逐步改善和提高，生活不再平庸乏味。当我们对生活中的许多风景熟视无睹时，当我们的生活状态陷入工具理性的限囿时，艺术的陌生化效果引发了我们对当下生存方式的深层思考：生活质量的延续需要原真性的体验来维系。这种原真性就是艺术呈现自身的方式，它需要通过大众共享的公共空间来呈现，让处于其中的人们获得一种真实与自在的感觉。

作为一种公开的、公平的展示和体验，建筑艺术重新赋予了人们摆脱阶层束缚和尽情体验生命的能力。在各种不同的场所中，每个人根据自己身体的不同记忆方式，在个人经验与外界环境的张力中获得一种认同感，这种多元化的体验结果即是一种公共性的获得。因为在这个过程中，没有任何强制性的成分，一切都自然而然地发生。就像在一个开放的游戏中，任何人都可以自由地加入，彼此间的界限消除了，形成一种"狂欢"。这也就完成了从建筑到艺术、从实体到思想、从功能到艺术、从私密性到公共性的转变。

2. 展览的意义

20世纪的先锋派艺术与展览有着深厚的渊源，回顾现代建筑的发展历程，

---

① 转引自：福柯，哈贝马斯，布尔迪厄等.激进的美学锋芒[M].周宪译. 北京：中国人民大学出版社，2003：36-37.

② 王鲁民. 中国古代建筑等级制度与占统治地位的建筑观念[D].上海：同济大学建筑与城市规划学院，1989：22，27-33.

许多建筑展览已经超越了展览的意义，成为具有标志性的建筑变革的里程碑，如 1927 年的魏森霍夫住宅博览会，不仅是现代建筑的首次集体亮相，而且通过展览，扩大了现代建筑在世界范围内的影响。展览不仅是一种传播媒介的交流，其社会性使得展览本身承载了多重的价值与意义。

1）展览——作为一种批评模式

1999 年 6 月，北京第 20 届世界建筑师大会的“当代中国建筑艺术展”中，中国青年建筑师展出了各自的 10 件作品，以展览的形式开始了争取自己合法身份的历程。展览不仅是建筑师获得认同的有效途径之一，展览还促进了观念艺术的有效性，使得艺术生成了社会批评的有效力量。

建筑与艺术的公共性促使建筑师以一种自觉的意识塑造城市的公共空间。建筑师通过各种方式来促进艺术边界的消融，如双年展。尤其是面对城市环境问题的日益恶化，以及城市的趋同化，艺术家从各自不同的视角，采取不同的策略，互相借鉴各种艺术表达方式，视阈的融合不断开启着新的思维方式。

2）展览——作为一种制度

双年展的意义不仅在于不同艺术之间的交流，它也是对策展人制度的推动。双年展的策展人制度，是一种集体策展，由海内外多名专业的权威人士组成策划委员会。这种集体策展既不同于以往的国家政府行为，也不同于西方的独立策展人制度。中国的第一个双年展——“广州双年展”之后，展览的机制一直在不断地完善。制度化的策略表明了艺术家的一种姿态：促进艺术家整体的合力作用的产生。这种合力作用也是建筑师、艺术家以知识分子“群”①的形式承担起知识传播重任的表现。

4.1.2 当代中国建筑师的个案研究

当代中国建筑师的群体中，已经凸显了许多具有个性的“个体”。本文选取了张永和、刘家琨、王澍进行个案研究，探讨这些不同的个体所采取的不同策略。他们的思考方式、立足点、目标各不相同，个体的形象与特征也迥异。但是，他们也呈现出某种相似性，如对园林的偏爱，情感中流露出的文人意识，以及“中隐”的姿态，这些特质使得他们在社会的实践批判中弱化了自己的力量。

不仅处于一线的建筑师呈现出新的特征，业主建筑师也表现了新的迹象，为建筑师的空间与形象增添了新的内涵，使得当代中国建筑师这一整体正处于不断的分化与整合之中。

4.1.2.1 张永和与“第三种态度”

张永和，是中国建筑界的一个时尚符号，也是一位中国建筑形象的代言人，对他的认可最初似乎主要来自于西方——在国外频频获奖，是由外而内的认

---

① 何清．陈思和教授的人格理想和学术道路[J].复旦学报（社会科学版），1996（6）：108.

同。张永和刚回国时，一直被国内主流建筑圈所排斥，十年后，张永和与他的非常建筑工作室已经成为国内最炙手可热的新闻焦点，实现了从边缘到中心的转变，甚至担任麻省理工学院建筑系主任一职也成为了 ABBS 建筑论坛 2005 年中国建筑界的十大新闻之一。

张永和的身份是多样化的：（体制外）建筑师、学者（教师）、策展人、时尚人物，总体表现为一个具有文化精英身份的人物。回顾张永和十年来的从业经历，可以看出他有着强烈的自我设计的构想：他一步步地不断建构着自己的身份。朱涛曾经将张永和的建筑探索概括为"八步"："雄心（1）、媒体、概念、空间、城市、形式、建造、雄心（2）"。[①]本文将张永和的个体身份叙事策略归结为两个部分：精英意识和智力游戏，并以"第三种态度"的立场突出重围，实现了个体的身份认同。

1. 张永和的"第三种态度"

张永和认为市场经济中的建筑师可能面临三种态度：

第一种：无条件参与到生产与消费的机制中去。

第二种：批判并（尽可能）拒绝参与。

第三种：批判地参与，界于一、二两种态度之间。[②]

非常建筑工作室所持的正是第三种态度："不否定自由市场，认为学术与市场没有必然的矛盾，因此建筑师可能也必须在实践中坚持建筑学的思维方式，坚持研究"。[③]"非常建筑的社会实践是以中国为基地的，与中国的市场经济的发展同步"地处于"当代中国建筑实践的状态"。[④]这可以说是非常建筑工作室的目标，也是张永和的立场。

首先，"第三种态度"是一种批判的态度，他站在主流意识形态和商业建筑设计的对立面。而且，这是一种实践的批判性："建筑转化为行动，将思考与讨论融入行动中去，实践成为了解答问题的过程"。[⑤]

其次，第三种态度表现为理性的态度和逻辑的思辨。张永和倡导"基本建筑"，它是在"规模、量、速度的压力下"[⑥]的社会实践。张永和以逻辑的思辨方式分析了建筑的基本特征，并提出了"向工业建筑学习"的口号。

第三种态度融入了非传统的建筑学科的思维方式，除了建筑，张永和还表现出了对当代艺术的兴趣：文学、电影等。在《文学与建筑》中他探讨了人、文学、建筑三者之间的关系，认识到了空间对"人"的影响。建筑与文学的关

---

① 朱涛. 八步走向非常建筑[J].建筑师，2004，4（110）：32.

② 张永和. 第三种态度[J].建筑师，2004，4（110）：24.

③ 张永和. 第三种态度[J].建筑师，2004，4（110）：24.

④ 张永和. 第三种态度[J].建筑师，2004，4（110）：26.

⑤ 张永和. 平常建筑[M].北京：中国建筑工业出版社，2002：1.

⑥ 张永和. 平常建筑[M].北京：中国建筑工业出版社，2002：14.

系并非一个新的话题，一般建筑与文学的关系被视作是精神领域的共鸣。[①]张永和却认识到两者“表现”的可通约性。

第三种态度所具有的批判、理性和思辨的特征，是个体对环境压力的反馈，是一种融入了主体特征的自我意识。

2. 张永和的精英意识

张永和的精英意识首先表现为“雄心”，即“中心”的目标，他曾明确表示他“想生活在一个文化的中心，而不是一个文化的边缘”。[②]朱涛认为这是一种“雄心”——“要求自己成为推动该文化演变的中心力量”。[③]

其次，当代的文化精英是离不开媒体的，而张永和又是“当代中国最具媒体意识的建筑师”。[④]主动借助于媒体，张永和努力将自己从建筑幕后推向前台，打破了以往建筑只见物而不见人的“传统”，也突破了由上至下的体制化“包装”人物的“惯例”。出生于建筑世家，作为名门之后，他受到的关注也比普通的建筑师要高许多。2000 年张永和回国后成立了北京大学建筑学中心，作为自己创作与研究的基地，将自己的“建造”概念宣传给中国未来的建筑师，“布道”的姿态表明了张永和试图以自己个人的能量推动中国建筑学教育与创作发展的雄心。

另一个重要的因素还在于他作为一名建筑师所持的“第三种态度”。如果第一种态度可以称为“入世”，第二种态度称为“出世”，那么第三种态度就是处于“出世”和“入世”之间。它反映了张永和的“适应的理性主义”人格特征，即“只根据生活需要的程度来进行适应的这种理性化的人”，[⑤]表现了他为人处世灵活的一面。

张永和的人格特征和精英意识为他的身份塑造铺垫了良好的基础。通过职业的发展，他一步步实现了从学者到建筑师再到文化代言人的“中心”目标。

3. 心智游戏

首先，借助于“概念设计”，张永和实现了他的第一步，从纯粹的学者到“概念”建筑师的转变。“在 1993 年张永和回国之前，他从来没有开始过真正的建造，或者说他那时的建造都是在纸上（包括在美国学校的木工房里），而不是在地上。”[⑥]对“概念设计”的偏爱，与官方意识形态和商业设计的建

---

① 在“建筑与文学”学术研讨会中，建筑与文学被视作具有艺术性的特质，参见《建筑师》1993 年 10 月第 54 期登载的高介华、刘管平、张抗抗等的多篇文章内容。

② 引自《时尚》杂志 1997 年对张永和的报导，转引自：朱涛. 八步走向非常建筑[J].建筑师，2004，4（110）：33.

③ 朱涛. 八步走向非常建筑[J].建筑师，2004，4（110）：33.

④ 朱涛. 八步走向非常建筑[J].建筑师，2004，4（110）：33.

⑤ （德）马克斯・韦伯. 儒教与道教[M].洪天富译.南京：江苏人民出版社，1997：264.

⑥ 柳亦春. 窗非窗、墙非墙——张永和的建造与思辨[M]//张永和. 平常建筑. 北京：中国建筑工业出版社，2002：48.

筑设计理念的差异，“半理性分析、半感性玄想的概念思辨”[①]不但赋予建筑新的表现形式，而且赋予建筑师个体由此获得的自由。与此形成强烈反差的是，“非常建筑工作室在1996年到2002年尝试着建筑了110多次。其中大多数都未能进入真正的建筑阶段，即未能实施”。[②]因此，张永和也获得了“试验”建筑师的称号，由于保持与意识形态的距离，他被排斥在主流建筑师的圈子之外。

接着，他从概念转向建筑学的基本问题：“建筑”（动词），即“如何盖房子”？实现从概念设计到建造行动的转向。“建筑师最终还是一个匠人，他得制作，建筑最终还得是物质的。”[③]于是，他开始了他的智力游戏，成为一名真正付诸行动的匠人。他先后“创造”了“书车”（北京席殊书屋）、“推拉折叠平开门”（北京）、“窗墙”（中国科学院晨兴数学中心）、夯土墙（二分宅）等基本建筑的建造。他以理性的思考和逻辑的思辨将建造、材料、形态和空间的关系反映在门、窗、墙等基本的建筑构件元素中，从基本建筑的建造来表现建筑的个性。

从“非常”建筑到“平常”建筑，表明张永和已经意识到自己所追寻的建筑道路已经获得了认同，尽管他否认了这一点：“实际上并没有一个从非常到平常的转变。”[④]他通过反思中国建筑活动中对基本建筑的忽视，将“自己的心智”融入到建造的实践中，成为一名获得了“差异”与“位置”的建筑师——明星建筑师。

与此同时，对其他领域的拓展，如对文学的关注，参加多种艺术展览，与国外明星建筑师的密切往来，不断扩展着他的个人影响。通过艺术媒介的拓展，以偏离学科的方法去发现和思考问题，不仅再次印证了他的“媒体”意识，也表明了他开放的思维方式。

在完成了“小”建筑的建造游戏之后，张永和开始了他的“大”建筑的游戏——从建筑单体转向城市，借助于对生态概念的理解，开始了对城市的“试验”。对生态以及城市现实的介入与转化中，张永和采用了“竹化城市”这一“符号”系统。他对生态问题的意识似乎较晚，尽管他试图“将建筑和生态的对立性尽可能进行消解”，并希望在他的“竹化城市”中“关注在城市高密度发展的同时也增加绿化密度的可能性”。他首先从竹乡浙江安吉县开始他的设计研究，1999年在曼谷举办的“运动中的城市展”中以竹墙的形式（竹子编织的墙面）参展，继而在2000年的威尼斯建筑双年展中，发展为“竹化城市”的概念，在罗马的“城市·记忆·花园”展览中则以“竹海”的形式出现。这

---

① 朱涛．八步走向非常建筑[J].建筑师，2004，4（110）：34.

② 张永和．平常建筑[M].北京：中国建筑工业出版社，2002：14.

③ 张永和．平常建筑[M].北京：中国建筑工业出版社，2002：38.

④ 张永和．平常建筑[M].北京：中国建筑工业出版社，2002：13.

一系列的试验并未受到质疑，因此，张永和进一步发挥他的浪漫主义气息，开始了 2000 年的南宁竹海三城的规划——广西南宁柳沙半岛概念性规划国际竞赛。竹海三城的主要目标是营造竹海之中的自然山水城市——水之城、谷之城、峰之城，依循竹到城再到居住区的渐进步骤，实现生态城市的一次尝试。竹在中国传统文化中被人格化，成为人格评价、人格理想的一种符号。他以理想主义的想象方式，试图通过“竹”这种材料和体系营构城市，表现了张永和文人建筑师的一面。

反观张永和的心智游戏，他擅长在单体的空间中体现他对城市的理解，如在南昌席殊书屋中，书店里平行的“书墙”所建立的匀质空间，反映了城市住宅的平均分配所产生的平行城市的空间组织；北京席殊书屋的“书车”不仅是从环境的通道里提取的符号，还隐藏着他对中国自行车文化现象的思考：“中国的自行车要解决一个家庭的交通或大批量货物的运输。载重量的增加是一种微妙的功能转化。正是这些功能转化使自行车构成了一个中国的文化现象。”① 但是反过来，在城市中，他却无法用单体的建筑语言诠释城市这一复杂的“文本”，因此，他的“竹化城市”只能是一个关于城市乌托邦的构想。

在建筑单体中，张永和的心智游戏不仅仅是造型，他也关注空间转向的可能：平行空间、内向空间等等，他寻求“不可画”②的建筑，通过文学、绘画等方式研究建筑，他认为《巴黎圣母院》、《金阁寺》的文学与建筑之间的相通给他带来了启示，文学中暗含着“一个建筑的可能性”。③“当不可画的还是被画了的时候，便导致了革命。”④他认为建筑师也许需要“寻找新工具”。⑤

4. 被符号化的“张永和”

作为符号的张永和，成为了当代中国建筑界的一个神话。他被当作明星一样包装起来，成为被抽空了内容的纯粹物化形象，成为商品，在市场上具有极高的交换价值。尽管他本人采取第三种态度，但是，一旦被纳入了消费社会商品运作的机制当中，他立刻被广告、报纸、期刊等各种媒介符号化。这一符号代表着时尚、前卫，具有极大的消费价值，成为了消费产品，张永和本人的作品也因为这一“符号”，具有了更高的商业价值。因此，尽管他本人希望处于“文化”的中心，而且实际上他也成功实现了自己的目标，但与此同时，他本人也摆脱不了被消费社会商品机制吞噬的命运，这不得不说是一个悖论。

5. 从主流的边缘走向个体的中心

从边缘到中心的转化有两部分的内容：首先，是张永和的位置由“中华圈”

---

① 张永和. 平常建筑[M].北京：中国建筑工业出版社，2002：36.

② 张永和. 坠入空间——寻找不可画建筑[J].建筑师，2003， 10（105）：16.

③ 张永和. 文学与建筑[J].重庆建筑，2004（1）：5.

④ 张永和. 坠入空间——寻找不可画建筑[J].建筑师，2003，10（105）：17.

⑤ 张永和. 坠入空间——寻找不可画建筑[J].建筑师，2003，10（105）：17.

的第三层——海外华人到第一层——中国大陆的跃位。其次，这种转变是张永和个体身份的变化：从教师—实验建筑师—明星建筑师—文化代言人这一系列的变化，体现了张永和在社会中所处的“地位”不断上升，表明他实现了从边缘到中心的转变。作为明星建筑师，张永和常常被媒体标以“时尚”的标签，尽管这种时尚的标准还有待商榷。如果说他的概念基本上是以“小”建筑为依托，在“竹海三城”中，可以明显地看出张永和尚无驾驭大尺度建筑以及城市的能力，他所谓的社会参与也只能局限在小范围内的单体建筑领域，因此，不可能带来根本上的“建造”革命。与传统元素相关的“竹化城市”的概念以及他的“土木”概念只能是“作为他的一种文化策略”，表现了他的非理性特征的一面。

朱涛对此的评价是：“张永和面临的最大挑战是在自己的文化理想和中国的文化现实的互动之间，为自己的职业活动寻找一个更精确的定位。”①与其说是定位，不如说是寻求一个更合适的切入点，这种切入点的尺度应该让张永和能够平衡“小”和“大”之间的矛盾，使他能够走出“小”的限囿，更大程度地参与社会实践的建造活动。

4.1.2.2　刘家琨与“玉米”策略

在中国当代本土青年建筑师中，刘家琨无疑是最耀眼的一位。自 20 世纪 90 年代末，他频繁地在各种艺术展中亮相。他的作品具有强烈的地域性，他的建筑既不是纯粹的“乡土建筑”，也不是高技派的“现代建筑”，但却是纯粹的现代主义精神的体现。在他的作品中，我们能清晰地感受到主体与自我对话的力量，主体的自觉、开放的建筑态度和理性的思维方式使他将建筑实践开拓成为中国当代建筑的典范。

刘家琨是一位地处西部地区的建筑师，但他并未意识到自己在西部。“如果不是《时代建筑》的提醒，我一直还觉得是别人在西部工作呢。‘西部’这个词，通常令人联想到的是辽阔、苍凉、大漠长河等等，或许还加上从美国牛仔片那儿引进的某种气质，而我长期呆着的蜀地，这个享乐主义的安逸平原，真的属于西部吗？”②他认为四川与他心目中真正的西部还有一段距离。在建筑创作中，刘家琨并没有刻意去体现通常意义上的“西部”的特征，也没有去追求所谓的“干阑式”建筑或吊脚楼之类的“特色”路线。他走的是颇具特色的“玉米”之路。

刘家琨集多种身份于一身：（体制外）建筑师、作家、策展人。其中最重要的两个角色是作家和建筑师。他首先是一名作家，然后才成为一名建筑师。

---

① 朱涛. 八步走向非常建筑[J].建筑师，2004，4（110）：42.

② 刘家琨. 我在西部做建筑[J].时代建筑，2006（4）：45.

1. 策略：玉米的策略

刘家琨认为应该向玉米学习。“玉米的生存策略和稻谷不同：玉米在中部结穗。这样它就既便于承接上部的阳光又便于汲取下面的营养，从而结出一个比挤在顶部结穗的稻谷更大的果实。”[①]借鉴玉米的生存方式，刘家琨采取的是一种边缘的策略。

1）边缘：地域、体制、技术手段——“资源”

与其他几位建筑师不同的是，张永和、崔愷等人选择北京、上海、深圳等中心城市作为自己的营地，刘家琨反而处于一个相对比较边缘的地域，没有像大多“实验”建筑师一样去国内的大城市从事设计。“呆在一个中等地区，挨近自然与传统，同时也看得见国际潮流，也许有助于更清楚地了解中国最广大地区的普遍现实，而不那么容易迷失在超大都市流行主题的幻觉里。”[②]

重庆的边缘不仅仅是地域意义上的，相对于北京、上海而言，重庆远离政治经济的中心，少了一些意识形态的压力，多了一些寻常人家的生活气息，也就多了几分“自娱自乐”的悠闲。这种环境中的建筑教育也是宽松的，“在一个没有占统治地位的学术权威思想压制的学校，学生们个体意识强烈的独立性相对于清华、同济、南工、天大、哈建工等其他八所老牌建筑院校尤为凸显”，[③]建筑体制的弱化为个人的成长提供了自由的空间。

当代的“边缘”还有另一层意思——“落后”，它意味着西部建筑技术的整体水平也处于落后状态。刘家琨却看到了“落后”的优势：“所谓‘落后’一词具有两重性。民族杂居的边远地区的朴野，享乐平原上农耕文化的闲逸，从‘文化’和‘源泉’的意义上讲都不是缺点。”[④]“看清并利用自己的资源”注定了建筑师必须面对现实，寻找机会。

2）设计方法：面对现实和对资源的创造性利用

他认为社会存在着两种现实：乡村和都市，乡村建筑的优势在于决策简单，属于古典建筑学的思考范畴，劣势在于造价限制和工艺低下，由此他的策略是“低技”理念。[⑤]他认为都市建筑要复杂得多，造价和工艺不是问题，问题在于“学习如何驾驭功利。它既是建设的驱动力，同时又是破坏力”。他相应的策略是“跃到起点，介入策划”。[⑥]

2. 建筑师的多重角色与自我意识

---

① 刘家琨. 我在西部做建筑[J].时代建筑，2006（4）：47.

② 引注同①

③ 彭怒. 本质上不仅仅是建筑[M]//刘家琨.此时此地.北京：中国建筑工业出版社，2002：165.

④ 刘家琨. 此时此地[M].北京：中国建筑工业出版社，2002：16.

⑤ 刘家琨. 此时此地[M].北京：中国建筑工业出版社，2002：13.

⑥ 刘家琨. 此时此地[M].北京：中国建筑工业出版社，2002：13.

1）作家的角色：自我的觉醒——能量

刘家琨与众不同之处还在于他的作家身份，这重身份并不是最重要的，而是作家的“经历”为他真正成为“个体”建筑师贮存了能量，即对自我的关注，凭借文学之后的建筑转向使得“主体叙事”的自我表述成为可能。

刘家琨从大学时代就开始文学创作，先后创作了短篇小说《游魂》和《白日梦》，那时的他受到西方现代文学的强烈影响开始自觉探讨个体与主体意识的苏醒。[①]因此，小说的主人公都极具个体意识，《游魂》描写的是“一位黄昏时四处游荡、试图在人群中辨认自己个体生命特征的青年男子，‘他’在商店橱窗玻璃上对自己的模糊镜像——‘自我’的反复打量便是这种辨认的绝妙隐喻。《白日梦》的主角是一个女性意识逐渐觉醒的女大学生”。[②]

1983 年分配到设计院工作以后，刘家琨的重心仍然放在文学上，主要作品有《英雄》(1983)、《高地》(1984)。《英雄》的意义在于“它揭示了建筑师骨子里在具有英雄情结的同时又保持了对英雄人物的悲剧性命数的洞察和对英雄意识的深刻怀疑”。[③]《高地》以及后来的作品《明月构想》内容涉及了建筑以及城市规划的内容，成为了作者在文学作品中表达现实自我的开始，他的文学作品始终留有建筑师自己的影子，即保留有建筑师的身份与思想。

文学创作不仅表现了刘家琨主体意识的觉醒，还反映了作者对精英意识有所保留的态度。

2）建筑师的角色：自我的表达与实现

如果说刘家琨的文学作品仍然是建筑师视野中的文学表达，那么，后来的建筑作品中，却依然保留了文学的痕迹，这并不意味着文学与建筑是建筑师的一种主体性的叙事方式——文学或者建筑只是一个中介。它说明文学作品中培养的建筑师的主体意识强烈地表现在建筑作品中，文学只是通往建筑的一座桥梁。文学实现了刘家琨作为主体表达的愿望，附着“自我”的主人公的角色几经转换，似乎这还不足以完全体现他的意愿——表达物质与物质的关系，他再次选择了用建筑来表达自我。

刘家琨早年曾经有过西部设计的经历。他在西藏的体会是“建筑设计的要旨不是设计建筑”，新疆的感受则是“设计前应删除自我”，[④]显然，那次西部经历不仅是一次游历经历，它类似于安藤忠雄的欧洲之旅，给建筑师本人上了一堂生活之课——尊重使用者的实际行为，是一次领会设计与生活关系的自我之旅，理解了建筑师的“角色”功能。

设计介入运作则表现了建筑师个体对于角色转化与融合的理解。建筑师和

---

① 彭怒．本质上不仅仅是建筑[M]//刘家琨．此时此地．北京：中国建筑工业出版社，2002：165.

② 彭怒．本质上不仅仅是建筑[M]//刘家琨．此时此地．北京：中国建筑工业出版社，2002：165.

③ 彭怒．本质上不仅仅是建筑[M]//刘家琨．此时此地．北京：中国建筑工业出版社，2002：167.

④ 刘家琨．我在西部做建筑[J].时代建筑，2006（4）：45-46.

业主之间往往存在着矛盾，主要是经济利益方面的冲突，即业主的“利益理想”与建筑师的“专业理想”之间的差距。由于经济大权掌握在业主手里，建筑师常常居于下风。刘家琨的策略是“打不赢就入伙”，“乙而优则甲”。他“建议建筑师介入建筑运作，以投资方的语言而不是专业语言来说话。当然这并不意味着对业主口味的迁就，而是在建立业主对建筑师的信心之后对业主口味的引导。”①在群星美术学校和艺术家画廊中他成功地实现了这种角色的转变或者说是角色的融合。

而在刘家琨的一系列乡村建筑作品中，“力图传达出两个方面的信息：一是文人意蕴，一是低技理念”。文人意蕴“不仅指中国传统文化中文人们的审美情趣和生活取向，不仅指以心造境的氛围营造概念；它还指建筑手法上的拙朴野逸，即类似于文人水墨相对于院体画的非职业化和非正规性；它甚至还指我个人想把文学方法和建筑设计融为一体的企图”。②显然，他表明了自己的理想：追求心、身的统一，在完成职业角色的同时承担着创造的使命感，并且关注文学方法的建筑表达。

3. 智力游戏：天井母题和内部迷宫；表皮和事件

针对不同的现实，他的策略所体现的智力游戏也是有区别的。在乡村建筑中，他关注天井母题和内部迷宫。何多苓工作室的天井不是民居中为采光而设的天井概念，它只是空间性的存在。迷宫首先表现为建筑师对路径的深思熟虑，既是“对中国园林的回照”，又以消解成高差的“层”使得“传统园林水平的空间可以沿垂直的方向舒展”。③其次，迷宫表现为游戏“功能的确定性”，即建筑功能和用途的暧昧，“何多苓工作室在建成几年之后，还没决定是作为住宅、工作室，还是画廊来使用”。④

在都市建筑中，他关注于表皮和事件。“红色年代”的表皮是运作，是对矛盾的解决，是构造向艺术的转化。“回归”、“烂尾楼”、天桥的“表演”等一系列的事件都转化为建筑师对空间的生产和控制。

在他的艺术家工作室系列建筑作品中，不仅文学与建筑合二为一，更是建筑师个体意识的建筑表达，是自我与角色、思想与技术的交流与碰撞。在观演空间中，他转向表现与表演——建筑艺术的表现与日常生活戏剧性的表演，充分利用了生活世界的舞台和背景这一“资源”，试图达到人、精神、物质之间的平衡。

4. 刘家琨的现代意识

刘家琨的文学和建筑作品都体现了他具有一种反“精英”的情结。他所处

---

① 刘家琨．此时此地[M].北京：中国建筑工业出版社，2002：190-191.

② 刘家琨．此时此地[M].北京：中国建筑工业出版社，2002：16.

③ 董豫赣．迷宫印象[M]//刘家琨．此时此地．北京：中国建筑工业出版社，2002：149.

④ 董豫赣．迷宫印象[M]//刘家琨．此时此地．北京：中国建筑工业出版社，2002：147.

的社会背景以及他所认同的低技策略为他本人开创了一条平和的“中层”路线，糅杂了精英文化与民间文化、大众文化的界限，但他仍然保留了“文人意蕴”。

文人并不等同于精英，精英是“体制内”以及“正规化”的代名词。对精英的质疑体现在他的小说《英雄》中“英雄”的落寞以及《明月构想》中乌托邦理想城市设计师的幻想当中，对“英雄”的深刻洞察实际上影射了刘家琨的反“精英”的立场。相比于张永和的“精英”路线，刘家琨要大众化得多。

另一种明显的表达则是刘家琨的反都市化的倾向，表现为他酷爱采用封闭的内向的方形图案，如何多苓工作室，方形实际并不是很确切的说法，他的作品的原型主要来自成都平原的灰窑（罗中立住宅），藏羌的碉楼（何多苓工作室），甚至还有水泥厂和农民的烤烟房（丹鸿工作室）。[①]这也就决定了作品呈现一种通性——对外的封闭性。不仅建在郊区或农村的作品是如此，城市作品也呈现了空间的内向性。他的作品延续了中国传统私家园林的特征，并以小尺度的、内向的封闭空间与现代都市化的“大跃进”相对抗，内敛的品质有别于其他城市建筑所倡导的怪异张扬的开放空间。“都市年代”的火爆，无疑是对烂尾楼的一种调侃，其表皮的策略不仅仅是对内部空间的遮蔽，也是对“烂尾楼”身份的再塑造。而以艺术家工作室为代表的建筑“表现出了个人化的强烈要求，即以个性化的、独立特行的姿态面对社会流行的生活方式和审美情趣”。[②]

在作品中，刘家琨表现出了一种温和的社会意识。与建筑大师柯布西耶激进的“要么建筑，要么革命”的建筑社会理想相比，刘家琨的社会意识要含蓄且温和许多。柯布西耶采用的是大尺度的城市——“光明城市”的构想，而刘家琨则谨慎地采取了建筑介入运作的合作式态度，建筑规模也是小尺度的，重在沟通与可实施性。社会意识明显地弱于个性的表达，自我的反思也使得刘家琨认识到个体的作用毕竟是有限的，也希望“能够借助历史机会和独特资源，把建立一套基于当代中国实践的言说体系视为自己的责任，使大家在干活时有自己的大方向，漂洋过海时也带着自己的新鲜土壤，而不要总显得像是零零星星几个被人家洗出来的干净萝卜”。[③]

身份“混杂”的刘家琨的主体性叙事中，既融合了多种对立的因素，也保留了适当的分裂，在他的建筑设计实践中，清晰地体现了一位“智者”身份的“混杂”：作家、建筑师、艺术家、业主、观众，甚至是技术工人，他巧妙地将各种身份融为一体，成为了具有“折中主义”的个体特征——这就是“玉米”的策略与精神。

① 彭怒．本质上不仅仅是建筑[M]//刘家琨.此时此地.北京：中国建筑工业出版社，2002：189.

② 刘家琨．此时此地[M]．北京：中国建筑工业出版社，2002：17.

③ 刘家琨．给朱剑飞的回信[J]．时代建筑，2006（5）：68.

4.1.2.3 王澍与“造园”游戏

王澍首先是一名学者（体制内教师）——文人，其次是一名建筑师，他的身上有三条明显的线索：“第一，对烟雨江南传统元素那种文人式的眷恋。第二，对民间智慧、构筑物，亦即对他自己所言‘业余’或‘临时’那种非建筑、非设计、非正式的关注。第三，从南工学士到同济博士那读了又读的现代主义专业教育历程。”①他的文人身份或者说是文人意识一直贯穿于他的设计过程中，因此，他是一名文人建筑师。

1. 文人姿态

如果说王澍的文人姿态表现为他对园林的迷恋，园林实际上只是一个表象或者是一个符号，他希望自己生活在一个中国文人的世界里——他心中的“园林”是为“他从世俗的烦恼和日常劳累里提供一处避嚣场所”。②他具有文人隐居的欲望，“而在城市中隐居，在隐居中沉思默想，在喧嚣中封存身体、放松精神、训练感觉，正是园林的本意”。③对他而言，园林象征着精神的一种自由和放松。

他的文人气质还在于他的反学院的立场，他认为自己“不光是反学院，……甚至是反所谓的建筑学的建筑师”，④他将自己对学科的质疑转化为“真正的真实生活当中的工作方式的自我改造和生活方式的改造”。⑤他表示愿以工匠的状态从零点重新开始。可见，他反对的是僵硬的中国传统的建筑学教育和体制模式，他的反学院化态度实际上是反体制化的批判精神。

在建筑作品中，这种文人意识表现为他追求形式主义的倾向，一种“趋小的描绘”，是“对一些并不重要的事物的描绘，这种事物平平淡淡，是与‘重要性’常常无关的生活中的物质基础”。⑥传统的造园活动一直是文人聊以自慰的产物，一直处于建造活动的边缘地位。对小的关注（如“灯具”）消解了等级化的语言谱系，让细节丰富了生活世界，这恰好与宏大叙事和“以小见大”的叙事方式背道而行。

他刻意强调自己建筑师身份的“业余性”，这种“业余”来自他对传统材料的新用法，来自于他的“游戏”态度，他认为“业余”增加了建筑的可能性，而职业化则限制了游戏的规则。这种“反”建筑师身份的口号类似于艾未未对建筑师身份的否认，而“业余”的游戏——发掘建筑的多种可能则与张永和寻求建筑的“不可画”目标相似。

---

① 王澍. 设计的开始[M].北京：中国建筑工业出版社，2002：193-194.

② 王澍. 设计的开始[M].北京：中国建筑工业出版社，2002：30.

③ 王澍. 设计的开始[M].北京：中国建筑工业出版社，2002：30.

④ 王澍. “反学院”的建筑师——他的自称、他称和对话[J].建筑师，2006，4（120）：28.

⑤ 王澍. “反学院”的建筑师——他的自称、他称和对话[J].建筑师，2006，4（120）：28.

⑥ 王澍. 设计的开始[M].北京：中国建筑工业出版社，2002：207.

2. 智力游戏

首先，王澍热衷于造园的游戏。他在二室一厅的住宅中造园，“就是一种想象的替换，即在一种特定的结构意义上将园林所表达的异质的文化制度嵌入当下的境况，从而重组我们赖以生存的制度的意义”。①造园游戏不再是墙、窗、门这些建筑元素的垄断表演，王澍提升了灯具之类小品的地位，设计了透明的厕所，表现了“真正的文人造园精神，即在于任何审美愉悦之前还有着反常的习俗”。②他还把八盏自制的灯分别送给了八盏不能住的房子——灯罩，使其自身成为一个完整的“作品”。他的园林空间是充满新鲜性的生活世界，传达出一种自在的感觉。

王澍的游戏还考虑了使用者的充分参与性。“建筑师只是提供一个空的舞台，它的内容需要使用者填充”。③在沉默的艺术工作室中，使用者的加入和获得的空间经验制造了意义，制造了用途。空间也可以促进甚至期待着戏剧性的表演，如先施大厦顶层画廊中的两只盒子——照相机和幻灯机，使人“不自觉地掉入某种戏剧角色”。④这也意味着“自己作为设计者的自我的撤退”，设计者的主体位置退让给使用者和表演者。⑤

王澍的游戏是没有终止的，甚至不知道是从何时开始的。对时间的迷失表现为作品的未完成性和建造的不确定性。他的“夯土的实验”就是一个未完工的作品，是一个永远也没有完工可能的作品。他寻求在建筑作品过程中的时间的表达，时间又在建筑中留下痕迹，如“水分慢慢退去，修补的那截墙和先夯的那一部分交接的痕迹清晰可见”。⑥王澍表达的概念是：建筑不是设计的开始，也不完全是游戏的开始，但却是各种可能性的开始。

其次，游戏营造了迷宫的感觉，小品地位的提升使得“八盏由同一母题变换而来的立方体灯具，如同在迷宫中设下的令人迷惘和沮丧的亦真亦假的指示路标，类似某种复杂的智商经验，一次次地考验着探险者的记忆力与分辨力”。⑦

与刘家琨的园林相比，两者都有“迷宫”概念的表达，刘家琨是通过完全由主体控制的“游走路径”来实现，而王澍则是通过参与者的游戏来实现，主体的他隐退一侧。

3. 小结

许多建筑师集学者、策展人等多种角色于一身，如崔恺、马清运等人。作

---

① 王澍.设计的开始[M].北京：中国建筑工业出版社，2002：32.
② 王澍.设计的开始[M].北京：中国建筑工业出版社，2002：36.
③ 王澍.设计的开始[M].北京：中国建筑工业出版社，2002：83.
④ 王澍.设计的开始[M].北京：中国建筑工业出版社，2002：88.
⑤ 王澍.设计的开始[M].北京：中国建筑工业出版社，2002：18.
⑥ 王澍.设计的开始[M].北京：中国建筑工业出版社，2002：113.
⑦ 李翔宁.穿越曲径迷园——解读王澍[M]//王澍.设计的开始.北京：中国建筑工业出版社，2002：202.

为体制内的国有设计院的设计师，崔恺的作品始终留有“宏大叙事”的痕迹，他的“个体”摆脱不了“民族主体”的影子，突出地表现为他的建筑语言受到了第四代以前的建筑师的影响，在他的作品中可以看出他试图以自己的方式摆脱这种影响。

马清运的“都市现实主义”是一种“西化”的个体叙事方式，他的身上始终保留着“库哈斯”的影子，他本人也承认自己曾追随库哈斯。在修辞语言中，他经常采取的是并置的方式，如曲水园中的折角亭以及跨越护园河的连桥。

4.1.2.4 当代中国建筑师的文人意识

青年建筑师的个体叙事方式不仅是追求自我身份的策略，也是个体在自我与角色之间寻求互动的表达。

“第三种态度”、“玉米策略”与“造园”游戏三种态度都有一个共同的特征：对宏大叙事和商业运作不同程度的抵制，这种反“左倾”的意识最初都是以“边缘”的姿态获得“实验”建筑师的识别性，是在国家与社会的夹缝中寻求自我空间的可能。

尽管上述几位建筑师的作品具有强烈的个性特征，所采取的策略也各不相同，但是在上述几位建筑师的作品中，反映了潜意识般的共性，即新一代中国建筑师的文人意识。

首先，这种文人意识体现在建筑师们对迷宫游戏的眷恋之中，张永和寻找“不可画的建筑”，他受到美国人詹姆斯·特瑞尔（James Turrell）的“坠入空间”[①]游戏的影响，思考重新定义空间的“工具”——文学、绘画等。在建筑构件之间，“书车”、“推拉折叠平开门”等小装置也在有限的空间中产生了自娱自乐般的“游戏”效应。刘家琨的游走路径和主体性叙事也创造了迷宫的效果，王澍的灯具游戏则“如同在迷宫中设下的令人迷惘和沮丧的亦真亦假的指示路标，类似某种复杂的智商经验，一次次地考验着探险者的记忆力与分辨力”。[②]

这些建筑师对迷宫叙事的眷恋，是对工业化时代“大众”的反叛，迷宫的不确定性和复杂性赋予了每个空间丰富的内容——从而产生了复杂的运动空间，在标准化的有限空间之中创造了无限的可能。

这种迷恋也是建筑师在被剥夺了建筑设计的控制权之后，将内在的迷宫世界当作是真实的外在世界的缩影，一次次地在迷宫游戏中满足对外在世界的想象性控制。这种迷宫叙事不仅在建筑空间中被采用，也适用于文学作品中。如意大利作家卡尔维诺作品中的“迷宫叙事”就是他对世界迷宫化体验的艺术呈现。

---

① 张永和.坠入空间——寻找不可画建筑[J].建筑师，2003，10（105）：16.

② 李翔宁.穿越曲径迷园——解读王澍[M]//王澍.设计的开始.北京：中国建筑工业出版社，2002：202.

在迷宫中，建筑师实现了自我，或者是自我的放逐，现实的自我让位于理想的自我，客体的自我让位于主体的自我，迷宫成为了建筑师身体的歇息地，心灵的安居所。

其次，建筑师关注的是内向空间，这种内向空间的原型几乎或多或少地涉及了中国园林的特征。张永和迷恋于留园的“重重叠叠的空间”和运动着的“时空的经验”，[①]以及“竹”的意象，刘家琨迷宫中的园林特征（封闭、内向、沿垂直方向舒展的“传统园林水平空间”）和对文人意境的追求，王澍在自宅的造园游戏（亭子）也都直接受益于中国园林的启示。

中国古典建筑理论中，园林作为一种独特的艺术形式，获得了与诗歌、绘画、音乐相等同的地位。与表现等级制度、重秩序的官式建筑相比，园林获得了相对的自由——它重情感而非秩序，因此，园林与绘画等其他艺术形式的结合更加自然，共同追求意境。意境，是个体心灵的开启，是“诗意的栖居”，强调人的体验。[②]正如张永和认为留园体现了设计者的“内向世界观”。[③]几位建筑师作品中的内向空间也同样反映了当代个体建筑师的共同特征，表明建筑师在传统人格向现代人格的转变过程中，在创造型的人格之间还保留了某些传统文人的特质：内向的、保守的而非开放的人格特质，只不过这种文人意识的强弱程度有所差异，王澍的文人意识比较突出，而张永和则相对弱化一些。

无论是迷宫游戏还是内向空间，作品中的文人意识表明了建筑师在学者、知识分子和文人之间的价值取向：有意识地疏离政治和社会，在进与退、入世与出世之间的游移。因此，这种“中隐”的态度使得建筑师对“家”产生了无法割舍的眷恋，沉溺于自我的迷宫游戏，淹没于迷宫之中，而无法在现实的世界中取得自我创造性的突破与解放。

尽管如此，对于建筑师职业的多重可能性，新一代的建筑师表明了新的立场，即建筑师对多重社会公共空间的关注，而对多重公共空间的介入与参与，使得新一代建筑师具有更多的能量，当代中国建筑师呈现出了更加全面、更加多元的形象，使得建筑师不再局限于“学统”、“政统”、“道统”等传统空间中，在更广阔的社会空间里释放自己的能量，也为开创新的公共空间提供了可能。

4.2 他者的形象

随着中西方建筑师交流的频繁，一些优秀的国际建筑师不断传递出源自他们自身的信息——作品思想以及人格魅力。比照这些建筑师，有助于反思中国

---

① 张永和.坠入空间——寻找不可画建筑[J].建筑师，2003，10（105）：16.

② 许凯.建筑：作为概念的“媒介”——从观念艺术的视角看当代建筑设计中的概念化倾向[D].上海：同济大学建筑与城市规划学院，2004：34.

③ 张永和.坠入空间——寻找不可画建筑[J].建筑师，2003，10（105）：16.

建筑师自身的不足。

本文选取了两位当代著名的外国建筑师——库哈斯和安藤忠雄，他们在中国都有建成的作品，通过比较分析建筑师的主体意识对建筑作品的影响，找出中国建筑师在个体人格特征方面的一些差异。

4.2.1 库哈斯

库哈斯（1944~），2000年普利茨克奖获得者，是中国目前最受欢迎的西方建筑师之一，个人主义与精英主义的结合不仅使库哈斯实现了从记者到建筑师的成功转型，让他成为了全球化时代的宠儿，充满斗志与自信的宣言和作品也影响着新一代的建筑师，如MVRDV事务所、马清运等人。

1. 库哈斯与“荷兰性”

库哈斯与他的团队OMA的作品代表了当代荷兰建筑的一种趋势——荷兰实用主义，它的背后是渊源不断的“荷兰性”——“源于人口的高密度以及荷兰与河流、海水持续不断的斗争”①的传统。“国家和文化的独立性”、“国际都市化的态度”为建筑和艺术观念的传播奠定了基础，“在20世纪，高度的社会介入很大程度上决定了荷兰建筑特征的形成”。②但是这种趋向逐渐向实用主义转变，原因是“政府和社会的相互渗透、相对滞后的工业化进程、在政治模式和社会生活中起主导地位的相互认同性和稳定性”。③

在建筑师的圈子里，库哈斯无疑是全球化的最大受益者，他的“职业生涯和经济全球化同步”。④在其著作《疯狂的纽约》、《小、中、大、超大》中，他质疑经典的城市与建筑观念，推崇现代与传统的割裂。

2. 库哈斯的自我意识

库哈斯是一名非常具有自我意识的建筑师，这种自我意识表现为独立性。他认为“建筑师是一个‘危险’的职业”，因为它是“无足轻重的，……是一种难以置信的、困难的，甚至使人精疲力竭的职业，……是一种令人讨厌的混合物：即无所不能，同时也无所能。在这个意义上，建筑师一直有着无尽的梦想，他们依靠各种各样的因素以及环境形势，去影响和实现这种梦想”。⑤他看到了职业背后建筑师的主动性。这种“独立”的意识也反映在他的作品中，即对“大”的追求：在巨大的建筑尺度中，各个组成部分之间的联系是如此微弱，以至于它们成为相互“独立的和自主的空间要素”。⑥

---

① 汉斯·范·戴克. 荷兰建筑百年——本土都市主义[J].世界建筑，2005（7）：17.

② 汉斯·范·戴克. 荷兰建筑百年——本土都市主义[J].世界建筑，2005（7）：17.

③ 汉斯·范·戴克. 荷兰建筑百年——本土都市主义[J].世界建筑，2005（7）：17.

④ 汉斯·范·戴克. 荷兰建筑百年——本土都市主义[J].世界建筑，2005（7）：20.

⑤ （美）莱斯大学建筑学院编. 莱姆·库哈斯与学生的对话[M].第二版. 裴钊译. 北京：中国建筑工业出版社，2003：8.

⑥ （美）莱斯大学建筑学院编. 莱姆·库哈斯与学生的对话[M].第二版. 裴钊译. 北京：中国建筑工业出版社，2003：10.

3. 库哈斯的主体意识

库哈斯的主体意识也是一种个体的社会意识，表现为个体以积极的姿态适应时代的变化，而不是怀旧与抱怨。尽管"全球化的趋势将拖曳我们离开自己的国家，使我们在一种极为系统的意义上成为无根者"，他却以"乐观"的态度迎接全球化的到来："有意识地注重与'在现有条件下，挖掘新的潜力'和'调整并发现一种清晰的表达方法，以适应无可回避的现代化力量和转变'。"①

他暗示了个体与现代化的张力之间存在着一个界限，即"边缘"，个体在边缘处可以发挥最大的自主性，关键是必须确切地知道"外部的边缘在何处……知道你位于这个外部空间的何处，并稍稍地延伸它一点点……，但不要打破它"。②边缘确保了一种有效性，只有这样，个体在现代化中才能游刃有余。

4. 库哈斯在中国的实践

库哈斯在中国无疑是一位耀眼的明星：他的学者身份、建筑师身份、"他者"身份，甚至是以前的记者身份，都有效地融合在一起。库哈斯受到中国建筑师的关注主要起因于CCTV办公大楼的中标。这一建筑，集中了多重空间的表达叙事——宏大叙事的姿态（国家资本的经济基础）、符号消费的建筑外形、库哈斯的个人意志。同样，对于这一建筑的评论，表现了多重空间的叠合：国内官方媒体的正面报道（它的中标就已经是最大的正面支持）、建筑专业人士的负面评价③、社会评价的贬褒不一，以及库哈斯本人在中国知名度的急剧上升（它所产生的明星效应）。这一单纯的形式化表现的建筑却融合了国家、社会以及个人三重空间的表达。

库哈斯以反讽的修辞语言——CCTV办公大楼夸张、怪异的造型表明他以足够的自信挑战了中国的意识形态的"边缘"和"界限"。在他之前，以国家大剧院为首的一批"新"建筑暗示了中国目前"需要"什么样的建筑，荷兰人的精明使他对中国建筑创作环境有着入木三分的领会。他早在20世纪90年代就对珠江三角洲地区进行过一次调研，并将调研结果编成一本名为《大跃进》的书。同样，CCTV大楼也充满了反讽批评效果，其怪异形体和超大尺度不仅表明了建筑师本人的"激进"和"前卫"的个性，它的中标也是库哈斯对中国的"时代精神"的深刻领会，凭借他的记者经验和敏锐性，"他深知'戏剧性'

---

① （美）莱斯大学建筑学院编.莱姆·库哈斯与学生的对话[M]. 第二版.裴钊译. 北京：中国建筑工业出版社，2003：40.

② （美）莱斯大学建筑学院编.莱姆·库哈斯与学生的对话[M]. 第二版. 裴钊译. 北京：中国建筑工业出版社，2003：47.

③ 相关文章有：朱涛. 大跃进——读解库哈斯的CCTV新总部大楼[J]. 新建筑，2003（5）：4-6；朱毅.为央视算笔帐[J]. 新建筑，2003（5）：12-13；河清.应当绞死建筑师？[J].新建筑，2003（5）：13.

和‘耸人听闻’在一个传媒社会中的重要性”，[①]也“证明了实用主义、密度建筑学、曼哈顿主义、普通城市、垃圾空间、新加坡模式的无往不利，……没有任何一位建筑师，能如此有力地穿透这个时代，以一种过于圆熟的方法将批评观念凝固为混凝土纪念碑”。[②]

4.2.2 安藤忠雄

日本建筑师的崛起意味着“亚洲力量”登上了世界舞台。当代日本建筑师一直被视作中国建筑师的楷模，本文选择了日本当代建筑师的代表——安藤忠雄[③]作为范例。安藤的作品中，具有强烈的“批判的地域主义”特征，这一点正是当前中国建筑所欠缺的精神与内涵。通过平行式的比较与阅读，可以看出安藤的“批判的地域主义”策略有别于刘家琨作品中的主体特征，安藤忠雄建筑作品具有更强烈的主体意识，而刘家琨的“玉米”策略则相对弱化了主体的力量。

1. 安藤忠雄所处的社会背景

20 世纪 60 年代，正值日本政治、经济、社会、文化的转型期，也是日本现代建筑开始登上国际舞台的时期，丹下健三、黑川纪章等建筑师开始受到世界的瞩目。比较完全意义上的第二代现代建筑在日本出现，这与当时比较特殊的社会背景是分不开的：“工业化历史长、程度高；市场经济繁荣；与西方有持续的文化交流；中产阶级在社会中占主导地位；自由主义意识觉醒；市民群体和个人逐步获得相对自由，能表达自己的感受和思想。”[④]在第二代建筑的基础上孕育了第三代现代建筑的雏形，延续着新的探索。

2. 安藤忠雄的自我观

《安藤忠雄论建筑》一书是他对自己成长历程的回顾，他将自己对人生、社会的思考融入到建筑当中，因此他的作品具有很强的个人风格。自我意志与职业的融合，个人的经历和心理路程通过建筑语言表达出来，正是建筑师在创作中的主体性原则的最佳体现。

安藤忠雄从青年时代就立志要“将自己的职业作为武器，去抗争，去争取自由，要相信自己，负己之责，凭借自己的力量去与社会进行斗争”（1965）。[⑤]这种自我意识是以“建筑”这一有形符号与“建筑师”这一职业为依托，形成于社会和日常生活之中的。

---

① 朱涛. 大跃进——读解库哈斯的 CCTV 新总部大楼[J].新建筑，2003（5）：4.

② 金秋野. 库哈斯方法：当建筑学成为反讽批评[J].建筑师，2006，6（124）：22.

③ 安藤忠雄职业生涯：1941 年，出生于大阪；1969 年，成立安藤忠雄建筑研究所；1987 年，耶鲁大学客座教授；1988 年，哥伦比亚大学客座教授；1990 年，哈佛大学客座教授；1997 年至今，东京大学教授。

④ 朱剑飞. 现代化：在历史大关系中寻找张永和及其非常建筑[J].建筑师，2004，4（110）：14.

⑤ （日）安藤忠雄. 安藤忠雄论建筑[M].白林译. 北京：中国建筑工业出版社，2003：4.

1）安藤的社会意识：以职业的身份参与社会

20世纪60年代世界经济迅速增长，这也正是日本政治、经济、文化的转型时期。日本于1960年出现了“安保斗争”，1968年又发生了法国五月革命波及的文化革命，这两次革命都以学生为主体。年轻的安藤在这一系列社会事件中感受到了社会的力量——人们都积极参与政治和改造社会。安藤明确了自己的立场——要以职业的身份去争取自由。

然而，进入20世纪70年代，人们抛弃了对政治的热衷转而关注经济。与动荡不安的社会相反的是，建筑界似乎一直保持了轰轰烈烈蓬勃向上的发展势头。日本“新陈代谢小组”活动踊跃，各种国内的设计竞赛如火如荼地展开，1970年大阪还举办了万国博览会。

直到1995年，阪神淡路发生大地震，使得目睹灾后惨状的安藤开始关注城市问题，经济为主导的城市的无序开发已经证明了它的缺陷所在，安藤积极投入到灾后的城市重建规划当中。

2）安藤的自我意识：塑造自我、肯定自我

安藤认为，无论选择何种职业，在年轻的时候都需要探索“自己理想的世界，形成自己的世界观”，这是一个“与人和社会交往碰撞的重要时期”。①他选择了旅行作为对自我的反思，与自我的对话。

坚定地把握自我体现在他对新事物的态度之中，面对信息社会的到来，安藤持有冷静的态度，既不否定也不完全肯定，他的事务所“毫无抵触地引入了数字化技术”，但还是将它视为“一种绘图工具”。②他认为“无论数字化如何进步，无论它能够怎样地扩展思考的视野，基于人身体知觉所具有的模拟式思考方式的重要性也不可能减弱”。③

这种自我的塑造也是一个不断思考的过程，他将这种思考融入到建筑作品中，融入到建筑职业之中。安藤对日本的现状有着清醒的认识，这并没有改变他持有的建筑理想，认识到理想和现实差距的同时，自我在理想和现实中不断调整。“建筑设计虽然是一个有理想有趣味的工作，但是同时它又是一个有业主、有社会状况的、无法只凭借自己的力量就可以完成的工作。”他仍然对这种工作持乐观的态度，“因为自己思考的东西、描绘的图画、自己在书本上学习到的东西，在一定程度上能够用有形的东西表现出来，向社会、向人们提出自己的主张的缘故”。④他不为生存而妥协，不为追求功利而丧失自我，一直保持小规模的工作室，即使在建筑竞赛中“连战连败”也毫不气馁。

3）安藤的问题意识：现代建筑的普遍性和特殊性问题

---

① （日）安藤忠雄.安藤忠雄论建筑[M].白林译. 北京：中国建筑工业出版社，2003：5.

② （日）安藤忠雄.安藤忠雄论建筑[M].白林译. 北京：中国建筑工业出版社，2003：22.

③ （日）安藤忠雄.安藤忠雄论建筑[M].白林译. 北京：中国建筑工业出版社，2003：21.

④ （日）安藤忠雄.安藤忠雄论建筑[M].白林译. 北京：中国建筑工业出版社，2003：60-61.

安藤从小在大阪的旧市区长大，生活环境中充满“造物”的氛围，因此让他产生了做建筑师的想法。最初的启蒙“老师”是勒·柯布西耶的建筑作品集。安藤的欧洲之旅不仅让他体会到了欧洲的“理性”与“秩序”，也为他提供了新的视角来体验日本的本土文化。欧洲与日本文化的碰撞与对比使他产生了问题意识——现代建筑的普遍性和特殊性的问题。这个特殊问题实际上是现代建筑的语境问题，现代主义在日本是否能够顺利地开花结果？

带着这种问题的思考，他开始了自己地域性的现代主义建筑的尝试。

4）安藤的建筑观：建筑的“精神”

在安藤的社会意识、自我意识和问题意识的基础上，形成了安藤的建筑观。“在一座建筑中，从地理、文化到历史脉络，从精神风土的宏观要素到个人的生活体验，甚至不引人注目的一草一木给人的印象和记忆等微小要素，根植于风土以及生活文化的，用人的五官感觉到的东西都一定强烈地铭刻在人们的脑海”，这些都是建筑形式应该承担的“责任”与建筑应该继承的“精神”。

通过旅行，安藤敏锐地感受到了全球性现代化进程和日本本土文脉之间的张力关系，在《从自我封闭的现代建筑走向普遍性》一文中他写道：“我在日本出生和长大，因而我在此从事建筑设计。我想，把我所选择的方法——在开放的、世界性的现代主义所发展来的语汇和技术运用于一个个人生活方式和地区差异的封闭范围中，是可能的。但似乎对我来说，用一种开放的、现代主义国际式的语汇去表达一个既有民族的感知、传统、美德、独特文化和社会传统，却很困难。”①

安藤忠雄采用围合的方式——密集的城市肌理中封闭的、小体量的庭院建筑来恢复或维持神圣的——人、自然、文化——三者和谐的印迹，抗拒由大都市迅猛发展带来的影响。他的理由是：“二战后，当日本经济迅猛增长时，人们的价值观改变了。原来旧有的封建家庭体系崩溃。诸如信息集中和城市工作场所的积聚等等这些社会变化导致了农业和渔业村镇的人口压力（也许这在全球都一样）。城市和郊区人口的过度密集使日本人不可能保持原有住宅最有特征性的品质。我所说的封闭的现代建筑就是日本建筑在现代化进程中所丧失的建筑与自然统一性的回归。”他所钟爱的混凝土“成为非物质的，被否定了，并达到空间的最终极限。它们的确定性已经消失，只有它们所围合的空间在某些程度上有真实存在的意味。……同时，这种空间虽然是封闭的，我坚信，作为一种方法论它在普遍性方向是开放的”。②

---

① Tadao Ando.From Self-Enclosed Modern Architecture Toward Universality[J].The Japan Architecture，1982(301)：8-12.

② Kate Nesbitt.Theorizing a New Agenda for Architecture[M].New York: Princeton Architectural Press，1996：479-480.

3. 安藤看中国

对以设计住宅等“小”作品而闻名的安藤来说，如何理解日本之外的建筑的“精神”？安藤对上海这一城市持有自己的看法并表示了自己的担忧：“自一年前造访上海以来，高层建筑如雨后春笋般拔地而起，令人叹服。我也认为经济的发展势必会以超高层建筑来表达，但今天的上海却让人回想起 20 世纪后半叶的日本，它的建筑和当时的日本一样，都没有考虑到环境的可能性。而一旦这些方面没有考虑到，这些建筑物就只能是毫无意义的复制品。……中国的大都市，会不会像日本的很多城市那样，在 20 世纪的后半叶，因为急速的经济发展，而产生一种无序的状况，留下一片混沌面目的城市呢？”[①]

安藤忠雄表示：“自 20 世纪 90 年代以来，上海几乎所有的建筑都在模仿国外的商业建筑，而这些建筑往往都是独立存在的，难以与周围的自然、文化环境相融合。对于一个建筑是否能体现上海元素、历史记忆，并非一定要借助某种符号，更重要的是与环境的融合。”[②]

4. 小结

当代中国建筑师具有多重身份，角色之间的互换越发频繁。瓦特·本杰明认为社会角色的可互换性源自科技的可复制性或可再现性。因为这种可复制性使得各领域失去了他们原有的独立性与自主性，各领域之间的界限开始变得模糊，不再有那么严格的界限。这就为一个领域与其他领域之间出现杂糅提供了可能。[③]建筑领域的“明星们”成为艺术家、策展人、文化名人，不断将建筑领域的内涵拓展，适应了社会的需求。

在当代建筑师的名单中，除了库哈斯、安藤忠雄，还有其他一些著名建筑师，如哈迪德（伊拉克裔建筑师，2004 年普利茨克奖得主）、默科特（澳大利亚建筑师，2002 年普利茨克奖得主）、赫尔佐格（德籍瑞士裔建筑师，2001 年普利茨克奖得主）等人都是具有原创意识和批判精神的精英建筑师，其中许多建筑师尽管接受过主流和正统的建筑教育，但是他们的视野不仅仅局限于建筑的领域，对建筑的不断反思表明了建筑师本人所具有的开放姿态和挑战权威的气质，是个体能量的诠释，也是个体人格的彰显。

---

① 安藤忠雄. 中国城市与日本后生[N].财经时报，2007-01-15.

② 安藤忠雄. 中国城市与日本后生[N].财经时报，2007-01-15.

③ 陈新丽. 明星制度探讨[J].法国研究 2006（1）：77.

第5章　结语

5.1　认同与个体的现代性

现代性是一种文化现象，它促使个体进行角色调适和变换，不断建构新的身份。在角色与自我的相互张力之间，我们不断确证自己的归属：我们是谁？我们身处何处？我们要去往何处？

全球化在给予了更多机遇的同时也带来了更多的风险。在处理人与自然的关系问题上，技术工具理性的片面发展带来的是世界生态环境的恶化；在人与人或人与社会的关系问题上，片面强调个体的发展，忽视他人的利益，导致了社会和谐的丧失和两极分化的加剧；在人与自我的关系问题上，欲望战胜了理性导致了自我的分裂。现代文明的自反性发展产生的各种矛盾和问题，源自个体价值观的混乱，最终其负面效应也由个体所承担。尽管当代社会的个体面临着丰富的可能性和诸多的选择；但与此同时，现代人发现自己处于一片混乱的价值冲突之中，在否定之中又持有肯定的态度，当人们丧失了对各种矛盾的把握时，建筑作为人类思维的表达与再现工具，也处在一片混沌的复杂性和矛盾性之中。可以说当代中国建筑的问题背后所遮蔽的是人的问题，正如舒尔茨在《存在·空间·建筑》一书中所说的："我们所面临的环境问题，不是技术、经济、社会或政治性质的，它是人的问题，是防止人的同一性丧失的问题。人由于自己自以为是、妄自尊大的'自由'而从自己的场所出走，去'征服'世界。所以，人就被遗留在虚无缥缈、全无真实的自由之中。人忘掉了'居住'的意义。"①

5.1.1　认同：一个未完成的进程

在当代中国海市蜃楼般的全球化景观的幻象背后，是一种自我身份认同的缺失与焦虑。伴随着价值的地理转移，新的社会生活摧毁了人们从以前生活中获得的意义感，对自身的重新定位和把握成为突出的问题，重新组合与重新变动所带来的疑惑让人们无所适从。

---

① （挪威）诺伯格·舒尔茨（Christian Norberg Schulz）. 存在·空间·建筑[M].尹培桐译. 北京：中国建筑工业出版社，1990：55-56.

5.1.1.1 边缘化：一个未实现的自我认同

1. 边缘化：全球化与现代性的双重后果

边缘化，是一个时常被提及的话题，它表达的是一种趋势、一种姿态或一种立场，甚至是一种时尚，但更多的是一种暧昧的、模棱两可的含义。这种边缘化的不稳定性和模糊性反映了现代性的特征之一——瞬时性和短暂性。

全球化是现代性的后果之一，“全球化的概念最好被理解为时空分延（time-space distanciation）的基本方面的表达。全球化使在场和缺场纠缠在一起，让远距离的社会事件和社会关系与地方性场景交织在一起。……全球化必须理解为一种辩证的现象，在一种时空分延关系中，一极的事件会在另一极上产生不同甚至相反的结果”。[①]同时，现代性也产生了差异、例外和边缘化。

边缘是相对于中心而言的，边缘和中心紧密相连，相互存在。中心与边缘源自古希腊的地理学（Geographia），它“首先表现为一个地理概念，许多考古学家、人类学家的研究成果证明，‘中心’的原始意义来源于人群聚落的地理空间。古代希腊的早期国家类型——城邦国家就具有明确的地理空间性质。高度稠密的人群聚集起来的城邦制度形成了一个个各自相对独立的地理空间单位；在城邦与城邦之间也就自然地形成了地理上的有形‘边界’。这种原初性的地理边界在很大程度上所依据的空间格局来自于地理地貌的自然条件”。[②]这种地理阈限差别可以不断地扩展到更大的范围之外。中心与边缘的地理形貌和行政观念逐渐塑造出了国家的模型。希腊的“中心概念”已经显示出了权力的关系，尤其在公共场域，“置于中心”表明了一种优先权。“借用空间形象来表达一群人的自我意识，表达他们作为政治统一体而存在的感受，这不只是一个比喻，而且还折射出了一个全新的社会空间的到来。”[③]

全球化带来了新的边缘和中心概念，以经济全球化为核心的全球化将西方（欧美）置于世界的“中心”，经济落后的国家与地区则处于“边缘”的位置。伴随着资本主义发展，资本的流动致使“中心”与“边缘”之间形成了新的经济关系，也形成了一种社会等级的关系，因此，原本纯粹的地理空间中充满了社会关系。它隐含着权力，权力也就是话语。边缘化体现为价值的地理转移，其结果是处于弱势的一方被搁置于最低或较低一级的“位置”。

在这种东西方的两极架构中，处于优势的“西方中心”的价值缘起等同于“欧洲中心”。他们的价值以及权力话语逐渐向“东方”输入，“东方”自己的话语及价值受到抑制或削弱，原本多元化的价值观逐渐转变成外来价值观的阵地，使得“东方”的价值体系受控于“西方”的权力体系之中。

---

① （英）安东尼·吉登斯. 现代性与自我认同[M].赵旭东，方文译.北京：生活·读书·新知三联书店，1998：23-24.

② 彭兆龙. 文学与仪式：文学人类学的一个文化视野[M].北京：北京大学出版社：2004：150-151.

③ 彭兆龙. 文学与仪式：文学人类学的一个文化视野[M].北京：北京大学出版社：2004：146-147.

源自西方的现代性对中国的建筑及其他艺术领域产生了巨大的影响，从中我们可以清晰地看到这种价值转移的轨迹。全球化浪潮一下子将中国从世界舞台的后方推到了前方。建筑设计领域也无疑受到了这股浪潮的冲击，确实，西方新技术以及新的表现理念所带来的强大视觉冲击力给国民带来了一场前所未有的视觉盛宴。民族的自豪感在遭遇西方文明之后迅速被击溃。本国传统立刻让位于西方的现代文明。库哈斯、赫尔佐格、安德鲁等西方建筑师站在了中国建筑界的最前沿，而中国的建筑师则在补习西方各种建筑理论的同时不知不觉地将中国变成了西方各种思潮的试验场。他们以库哈斯们为偶像，竭力地模仿那些西方主流建筑师和事务所的设计作品。本土的建筑创作出现了一种失语现象。建筑领域的大规模建设最终产生的是一种以西方话语为标准的模仿之作，他们同属一个话语系统，有着相似的面孔，由于这些建筑的数量之大导致了建筑的一种平均化现象。

尽管在建筑制造的商品中人们也会看到不同“风格”的建筑，但那些建筑实际上属于一个同质的话语系统。那些伪个性风格给大众的只是一种表面的虚假的满足体验，建筑成为“一种无意义的操作，建筑形象刻意成为某种摹本，目的在于让公众就现有的东西产生认同感”。[①]建筑制造带来的负面影响使得建筑师们不再思索从而也不再创作，也使得建筑观赏者不再解释，于是建筑活动维持着这种现状而驻足不前，建筑制造带来的市场繁荣幻象的同时却有一种建筑意义丧失的危机感。

2. 边缘化：一个未实现的自我认同

在中国，建筑活动的数量令世人瞩目，这并不意味着有助于质量的提高。中国建筑师急于获得世界同行的认可，仅靠数量取胜是不够的，但质量的获得似乎不是短时间内能够达到的。鲁迅的“拿来主义”为他们找到了最好的借口。年青一代的建筑师更是将传统打入冷宫，直接将西方的建筑符号系统用于本土建筑设计创作当中，通过概念置换、影像化叙事等途径获得一种表面的视觉冲击力的满足。这种离开本土转向追寻西化，通过西化途径改变中国建筑设计状况的努力最终使得中国的建筑创作处于一种游牧状态。而那些现代材料构成的大众化的建筑作品则成为伪现代化的一个面具，成为现代性的一种硬件和指标，它们构成的是失去“韵味”的拟态的现代化社会。这种工具性的“筑居”而非栖居建筑没有精神内涵，是模拟和压迫式的赋予，它剥夺了环境的意义，抹杀了历史，最终失去了文化记忆。

在沉默的建筑中，建筑师隐身而且匿名，是“建筑师消失”的建筑，建筑师不仅丧失了主动性，而且抛弃了建筑师本应承担的责任与义务，建筑的“匿名性”使得建筑失去了自己的品质，也使得建筑失去了“人格化”的特征。建

① 赵巍岩. 当代建筑美学意义[M].南京：东南大学出版社，2001：68.

筑师由于主动性的丧失而被强势文化塑形和建构，结果必定是一种悲剧——弱势文化只能通过一种镜像身份，而非真正的主体身份完成自我建构。这种镜像的自我认同是一种以他者为参照的永远无法获得满足的渴求，最终带来的是个体的精神磨难。

爱德华·萨义德（Edward Said，1935~2003）认为："自我身份的建构——因为在我看来，身份，不管东方的还是西方的，法国的还是英国的，不仅显然是独特的集体经验之汇集，最终都是一种建构——牵涉到与自己相反的'他者'身份的建构，而且总是牵涉到对与'我们'不同特质的不断阐释和再阐释。每一时代和社会都重新创造自己的'他者'。因此，自我身份或'他者'身份绝非静止的东西，而在很大程度上是一种人为建构的历史、社会、学术和政治过程，就像是一场牵涉到各个社会的不同个体和机构的竞赛。"[①]这意味着如果我们要理解自身以及他人，需要通过对话进行身份的建构。[②]

"建构"一词勾勒出主体积极主动的姿态。主体的身份不是提前确立的，他者的身份也不是事先获得的。在当代中国建筑师的作品中，我们能清晰地看到作者在想象中和他们所崇拜的西方建筑师"对话"的影子，在"缺场"的凝视中创作，缺少应有的独立意识。近年来在一些国际的展览中，当代中国建筑呈现的是"唐人街式的艺术"。尤其在西方消费主义的影响下，中国许多建筑师更是缺少自己的立场和社会责任感，唯经济利益是从，复制、拼贴、抄袭成风，对建筑师而言，建筑创作的劳动成为了异己的活动，因而建筑师也就成为了异化的主体——"非人"，也就无法进入对话，无法形成对话。在现代性的过程中，由于既有的价值系统直接威胁到建筑师对自身位置与自我价值的辨认，即主体身份认同的确认，由此引发了一种身份焦虑。如何建构新的对话身份成为了当代中国建筑创作中竭力表达的一项重要内容。

5.1.1.2 建构对话身份

由于身份认同的实现需要得到他者的在场和承认（非歪曲的承认），未得到认同将导致意义的匮乏和价值感的缺失。因此，建筑、电影、绘画、文学等文化形式所塑造的空间充满了认同的焦虑，认同的危机感直接影响到了主体的对话与交往。在沉默的建筑中，主体与他者之间的关系是倾听与被倾听的关系，所产生的位置关系是边缘与中心的二元对立模式——处于边缘位置的主体与自我没有得到他者的承认。

巴赫金认为，任何个体建构自我的主体的前提是建构一个"他者"，"建

---

① （美）爱德华·W·萨义德.东方学[M].王宇根译. 北京：生活·读书·新知三联书店，1999：254. 转引自：南帆. 后革命的转移[M].北京：北京大学出版社，2005：164.

② （加）查尔斯·泰勒（Charles Taylor）. 现代性之隐忧[M].程炼译.北京：中央编译出版社，2001：37.

构任何有关自身的话语都必须依赖他人的视角”。[①]那么，他者以一种什么样的方式存在呢？巴赫金认为他者并非“依然作为我意识对象的一个他人；而是具有充分权利的一个他人意识，它与我的意识平起平坐，我本人的意识因为与它相关联才存在”。[②]他者不是自我思考的一个客体，而是在对话中互为依存的一种平等关系。对话提供了与“他者”的交流情境，使相互认可获得可能，主体进一步地建构自身从而获得认同，完成两个平等独立的主体之间的真正对话。建立在语言学基础之上的对话理论，强调交往是主体与主体之间的交往，自身的主体性以他人的存在为前提，完成于双方交往的现实语境之中。

1. 在竞争中对话

1992 年，邓小平的“南巡讲话”为我国指明了一条走市场经济的社会主义道路，中国社会由计划经济向市场经济转型，市场化的经济体制带来了市场竞争。这种知识经济背景下的竞争具体表现为人才、技术、服务等方面的竞争。自 1992 年以来，中国建筑业以迅猛的势头发展，给建筑师和规划师带来良好的机遇。

与此同时，海外设计团队引发了强有力的竞争与挑战，这是建筑师主动与被动的一面。国外公司到中国来发展，本土化是必然的趋势，因此，带来竞争的同时也为中国建筑师提供了学习的机会。他们向中国输出的不只是品牌，也带来了先进的理念和技术优势。对中国设计师来讲，在不久的将来，市场上会出现一些国际品牌的竞争对手，但其成员可能大部分都是本土的设计师，知识、技术和服务将成为竞争的主要内容。对于中国建筑师来说，本土的优势不仅仅在于机会，还在于中国的现实环境。从世界范围来看，中国的都市处于世界的一个“中等”地区。中国本土地域主义建筑师的代表——刘家琨倡导向玉米学习，玉米的生存策略更有利于自身的成长，更容易获得需要的机会，“居中”的位置为对话创造了可能。

“对话”不仅是建筑师实现自我的途径，也是建筑师开拓新身份的动力源泉。在交往与对话中，对差异的解决方式成为了创造的新起点，它不断刷新着主体的身份，也使得对话继续深入。重复或复制不能消除差异，正是差异才能使各种边缘的声音突破“欧洲中心论”和“西方中心论”的重围，从边缘走向多元化的中心，为各自的生存空间和合法存在而呐喊。

自我认同的建构过程凸现了主体间平等对话的意义，只有通过交流与对话，中国建筑师才能走出封闭的镜像的自我，在全球化的大潮中以职业建筑师的身份走向职业服务的全球化。

---

① （前苏联）巴赫金．关于陀思妥耶夫斯基一书的修订[M]//巴赫金全集．第五卷．石家庄：河北教育出版社，1998：379-380.

② （前苏联）巴赫金．关于陀思妥耶夫斯基一书的修订[M]//巴赫金全集.第五卷．石家庄：河北教育出版社，1998：380.

2．建筑师的主体意识

中国既有更多的机会，也存在着更多的问题，中国建筑师也肩负着更多的责任。分析诸如“既体现传统，又反映时代特征”，“既是现代的，又是中国的”等“既又”作品的评价标准，究其根源，它反映的是“封闭的文化系统观念”和建筑师“不会思考”，并“将不思考当作思考的一种状态”。①这种评判标准表达的不是建筑师个人的感受，“而是用套话、用懒惰成性的套话，在揣摸别人的想法”，②建筑师自己没有独立的思考能力，也没有独立的人格。中国并不缺乏高水平的建筑师，中国许多青年建筑师（如张在元等）在国际竞赛中屡获大奖，每一代建筑师中都有许多杰出的代表人物，但是与一些同等发达的国家（如印度）相比，中国建筑师的整体水平和建筑设计的成熟程度仍然存在很大的差距。

因此建筑师所进行的必然是反思性的实践。反思性的实践将专门的技术知识、利益、人文价值融入到一个共同的评价框架之中。反思性实践倡导的是：“业主与职业人士的合同，研究和实践的伙伴关系以及职业组织学习系统的新观念”。③面对杂乱无章的现实，建筑师的目标是构筑一个适宜居住的理性的世界，以解决问题为出发点，在营造的过程中实现自身的完善。

这种对外部世界和人自身的自觉性是主体意识的表现。主体意识作为一个范畴，指主体在从事实践活动的过程中所持的态度、立场和观点，这种态度和观念是人在建构行为对象时的出发点和直接动因，并直接决定着这种行为的性质和结果。④

在中国的当前语境下，对主体意识的追问实际上是一个“问题意识”的解答过程。这种问题意识是指一种“以发现问题和提出问题为己任的自觉意识”，⑤它关注于当代实践中的现实问题，是对现实问题的理性思考。它不仅对一些表面现象追根溯源，在过程中寻求解决问题的途径，并上升到人性的高度，寻求人类的终极价值。

3．务实的态度

沈从文曾经写过一篇评论文章《文学者的态度》，他并没有长篇阔论地将这种理论意义娓娓道来，反而是从他家厨房的司务老景落笔。老景，一个普通人，对自己的职务尽职尽责，认真甚至有些呆气，拙朴而不图虚名，在做菜的过程中落得自个儿的乐趣。沈从文从而联想起时下的文人：对工作没有热情，

---

① 傅刚，费菁．都市村庄[M].天津：天津大学出版社，2000：224-225.

② 傅刚，费菁．都市村庄[M].天津：天津大学出版社，2000：400.

③ （美）肯尼斯·弗兰姆普敦．现代建筑：一部批判的历史[M].张钦楠等译．北京：生活·读书新知·三联书店，2004：371.

④ 郑时龄．建筑批评学[M].北京：中国建筑工业出版社，2001：145.

⑤ 徐千里．面对生活世界思考[D].上海：同济大学建筑与城市规划学院，1998：61.

但又渴望得到别人的赞赏。工作好坏的标准，完全交由别人决定；他也看重自己的作品，但又不能正确评估自己作品的价值。"结果就成了这种情形，他若想成功，他的作品必永远受到一帮还在身边的庸俗鉴赏者尺度所限制，作品绝不会有如何出奇炫目的光辉。"①

"假若我们对于中国文学还怀了一份希望，我觉得最需要的就是文学态度的改变，那大司务处事做人的态度，就正是文学家最值得学习的态度。他能明白得极多，故不约束自己，却敢到各种生活里去认识生活，这是一件事。他应觉得他事业的尊严，故能从工作本身上得到快乐，不因一般毁誉得失而限定他的左右与进退，这又是一件事。他做人表面上处处依然还像一个平常人，极其诚实，不造谣说谎，知道羞耻，很能自重，且明白文学不是赌博，不适宜随便下注投机取巧，也明白文学不是补药，不适宜单靠宣传从事渔利，这又是一件事。"②

当前许多中国建筑师同样持着一种浮躁、浮夸的态度，沈从文的这段评论对中国建筑师来说，也是大有可借鉴之处。杜克塞迪斯在《建筑的演变》中指出："（建筑师）他没有闲坐着的自由及只是随遇而安的态度。很明显地，建筑师——建筑方面的专家——具有一项重大的责任：即研究当代的问题并提供问题的答案。……我们不只是意味着狭义的建筑设计问题，而是指社会发展范围内更广泛的问题。"建筑师"有责任去了解社会上目前及将来社会化的需要，并调节他自己的建筑，去适应人们所订定的广大目标：即为大多数群众并为较佳的一般生活方式去服务"。③这也意味着建筑师必须以发展的眼光看待社会的变化，对形势的发展作出职业性的评估。

5.1.2 结语：个体的现代性

生活世界是人作为主体共同存在的世界。人作为主体的生成和存在是一个自我认同（self-identity）的过程。这一过程首先确定了人以自身为基点，随后和自身之外的他者产生关系。生活世界的哲学强调人作为主体的前提是得到他者的承认，没有他者也就没有主体的存在。主体是他者的主体，他者也是相对于"自我"主体的主体，主体和他者之间是交往和沟通的对话关系。

生活世界是一个主体之间交往的空间。现代知识的拓展为人的认识和自由度的获得提供了更大的空间。如今这个空间已经拓展至整个生活领域。一个完整的人总是处在自然、社会、他人以及自我的包围之中。克尔凯郭尔认为人生态度有三种可能，即美学的、道德的、宗教的。这三种态度分别体现了主体在环境中认识世界所获得的三种体验，即人与自然、人与社会以及人与上帝的和

---

① 沈从文．文学者的态度[N].大公报，1933-10-18，转自：马逢洋．上海：记忆与想象[M].上海：文汇出版社，1996：4.

② 沈从文．文学者的态度[N].大公报，1933-10-18，转自：马逢洋．上海：记忆与想象[M].上海：文汇出版社，1996：6.

③ （希腊）杜克塞迪斯．建筑的演变[M].王锦堂译．台北：台隆出版社，1980：71.

谐关系。当代社会人与世界的关系却日趋紧张。在处理人与自然的关系问题上，技术工具理性的片面发展带来的是世界生态环境的恶化；在人与人或人与社会的关系问题上，片面强调个体的发展，忽视他人的利益导致了社会和谐的丧失，加剧了两极分化的程度；在人与自我的关系问题上，欲望战胜了理性导致了自我的分裂。由于“难于以连贯的方式表述个人自身与‘我们自己’的关系”，①人无法确证自我的存在。

当前，我国正处于社会转型期，不但贫富差距拉大，随着城市化改造的加速，城市建筑的两极分化也在逐渐加大，建筑师的个人和整体素质有待提高，建筑的合理表达与显现取决于每一位建筑师对它的概念的理解。

海德格尔认为建筑的最高境界——一种诗意的安居，是建立在有场所意义的建筑基础之上的，而不是飘浮在空中的虚幻的海市蜃楼的场景，这是一种有根的自由生活的写照。在建筑领域，正如现代性的启蒙运动一样，需要强调个体作为理性的承担者的一种自我肯定，赋予个体自由创作的权利。作为个体的人有了自由意志，有了主体性，才能决定自己的价值选择与行为选择，实现自我的本真的存在，而不必依附于他人的意志与权利，这也是一切生命的生命力所在。只有这样的存在才能表达人的尊严、价值和意愿，体现出自己的特征和气质。在建筑领域中，以西方话语为模式的建筑设计创作必然导致中国的建筑师沦为西方设计师的随从，成为其“奴仆”，丧失了创作的自由，所造就的伪现代化实际成为了一种伪科学。

因此，对自由创作的渴望便是建筑设计领域中精神焦虑的症结所在。对建筑艺术创造而言，焦虑体验与自卑情结可以转化为一种良性的动力，激发人们的创造力，成为激励人们奋斗的积极因素，因此他们通常构成了建筑师进行创作的一种根本的心理动力。当我们感受到强烈的刺激和危机的时候，生命的冲动使得历史就像一个幽魂，以一种阴魂的方式呈现出来，也就是荣格（Carl Gustav Jung）所谓的集体无意识便出现在个人的创作活动中。我们可以这样理解历史——它是稍纵即逝的时间在一种永恒存在中的演化。历史，并非仅限于一种“大叙事”，更应是一种非物化的日常生活的组合，一种原真性的日常生活的体验，一种世俗化和现实化（历史因素的在场性）的回归。因此，对个体与主体的日常生活原真性的回归最终是真正实现建筑领域现代性的根本途径。

简而言之，回归真实的自我，将肉身的身体、欲望的身体、视觉的身体转向理性的自觉的身体；从对形式的追求转向对社会现实问题的关怀，最终走向人文主义的终极关怀，是当代中国建筑师这一群体共同面临的挑战。

个体的发展离不开生活世界的根基，共同生活在日常生活的世界中，共同面临着同样的危机：环境问题、社会问题、伦理问题，面临着人的发展和未来

---

① （美）流心．自我的他性——当代中国的自我系谱[M].常姝译．上海：上海人民出版社，2005：5.

的问题。对人性的探索显然是这个时代的共同的主题，但是它以各自不同的表达方式呈现出来，其间融合了个体的特征以及个体的思考，是个体对这一主题的不同程度的回应。对中国当代建筑而言，历史上首次呈现出如此丰富的现代性内容，它仍然是一个未完成的方案，等待着建筑师去进一步发掘它的更深层次的内涵。

毋庸置疑，现代化引发了社会结构的巨变，使个体对这一巨变产生了特定的体验，“这是一种对时间与空间、自我与他者、生活的可能性与危难的体验”。[①]这种体验也是一种“现代性”：个体以“本能”或者“口味”的方式追求“个性”，用各种方式来提高自己的“技能和计谋，来达到自我保护、自我提高、自我觉醒、自我解放”，[②]并引发微观个体的适应性调整：个体在社会结构的系统性框架中以互动或反思性的方式回应社会的变迁。对个体而言，这个世界充斥着变化与危机，“稳定只能意味着熵，意味着缓慢的死亡，而我们的进步感和成长感是我们确信自己活着的唯一方式”。[③]无数个体的体验共同构成了充满个体差异的丰富的“现代性”，也正是这种个体体验的“现代性”走出了二元的循环论的圈子，为我们开启了一个新的视角。

路易斯·康认为：“建筑是大宇宙中的小空间，建筑属于信仰的范畴，家庭和人的社会机制都必须与它们的本质相符。设计必须有灵魂，否则建筑也会死亡。许多希望中的建筑消失了，因为它们试图改变世界，但却不能形成促使世界发生变化的力量。”[④]他认为建筑师必须在三个方面提高自己：“第一方面是专业教育，……第二方面是训练如何表达自我。这是建筑师的权力，他应该学会从哲学信仰和信念的角度去定义建筑。……第三方面是现实中绝不可能存在建筑。建筑只能通过作品表现，它是在人的意识中的反映。”[⑤]在职业、自我、建筑三者之间形成的具有张力的逻辑中，建筑师个体以自我为核心，以职业为依托，以建筑为表征，通过建筑师的能动性来解决社会问题，从而营构更加合理的社会理想模型。

现代性，作为一种理想，似乎毫无差别地适用于每一个人，因此也就上升为人类的共同理想。事实上，每一个体对“现代性”都有着自己的理解方式和

---

① （美）马歇尔·伯曼.一切坚固的东西都烟消云散了——现代性体验[M].徐大建，张辑译. 北京：商务印书馆，2003：3.

② （美）马歇尔·伯曼.一切坚固的东西都烟消云散了——现代性体验[M].徐大建，张辑译. 北京：商务印书馆，2003：24.

③ （美）马歇尔·伯曼. 一切坚固的东西都烟消云散了——现代性体验[M].徐大建，张辑译. 北京：商务印书馆，2003：123.

④ （美）莱斯大学建筑学院编.路易斯·康与学生的对话[M].张育南译.北京：中国建筑工业出版社，2003：29.

⑤ （美）莱斯大学建筑学院编.路易斯·康与学生的对话[M].张育南译. 北京：中国建筑工业出版社，2003：32-34.

相应的应对策略，使得这一抽象的命题在与个体相遇时便被具体化和个性化，具体的"现代性"呈现在无数个体的差异之中，它表现为每个人独特的"气质"，是每一个体的"现代性"。

5.2 本文遗留的问题

当代中国建筑师的认同问题是一个复杂的问题的集合，其他方面的关注都可以进一步充实认同的内容，或者作为本文的后续研究内容。

本文遗留的问题：

（1）数字化时代建筑师的"隐身"以及比特化的建筑表现方式，使得主体的表现形态和体验方式都有别于实体空间以及"面对面"交流的语境，在虚拟空间中建筑师如何获得认同？

（2）相比于其他门类的艺术家频频涉足建筑创作活动并获得一定的影响，当代中国建筑师较少进入其他艺术领域。建筑师如何在与其他媒介（电影、文学、绘画）之间的交流中拓展自己的影响，如何在这些艺术形式中获得认同？

（3）性别认同在中国建筑师中始终是一个有待解决的问题，女权主义在西方国家产生了较大的影响，但是，国内相关方面的研究成果并不显著，主要还是局限于文学领域内的叙事方式的变化，产生了一批着重于渲染"身体"的女作家（陈染、卫慧、棉棉等）。在"男性化"的建筑师群体中，中国当代女性建筑师如何获得认同？

（4）本文的研究主体是基于当代中国大陆地区从事建筑活动的建筑师群体与个体研究，忽略了港、澳、台地区的建筑师。由于社会背景的差异，他们的创作思想有别于大陆地区的建筑师。例如香港，1997年回归之后，殖民主义文化和民族主义文化的混合对建筑师的身份产生了怎样的影响？介于中方和西方的"夹层"，处于主流意识形态的边缘与特殊"位置"之间的港、澳、台地区的建筑师的建筑创作活动以及身份认同问题，也是一个值得探讨的课题。

（5）其他亚洲国家，如马来西亚、菲律宾等国家中的建筑师如何在实践中表达自己的身份？在亚洲不同社会制度的国家之间，建筑师策略的相同和差异之处值得相互借鉴。

（6）本文尽管没有明确提出"意识形态批评"的概念，但是文章内容已经或多或少地涉及了意识形态方面的内容。当代的建筑批评不可能完全脱离经济基础与上层建筑的关系，因此可以进一步展开系统的意识形态方面的建筑批评研究。

这些问题都有待于今后在相关的研究中进一步探讨。

参 考 文 献

[1](美)刘易斯·芒福德.城市发展史[M].倪文彦，宋俊岭译.北京：中国建筑工业出版社，1989.

[2](美)安藤忠雄.安藤忠雄论建筑[M].白林译.北京：中国建筑工业出版社，2003.

[3](美)莱斯大学建筑学院编.路易斯·康与学生的对话[M].张育南译.北京：中国建筑工业出版社，2003.

[4](美)莱斯大学建筑学院编.莱姆·库哈斯与学生的对话[M].第二版.裴钊译.北京：中国建筑工业出版社，2003.

[5](美)麻省理工学院编.圣地亚哥·卡拉特拉瓦与学生的对话[M].张育南译.北京：中国建筑工业出版社，2003.

[6](法)勒·柯布西耶基金会编.勒·柯布西耶与学生的对话[M].牛燕芳，程超译.北京：中国建筑工业出版社，2003.

[7](美)阿摩斯·拉普卜特.建成环境的意义：非言语表达方法[M].黄兰谷等译.张良皋校.北京：中国建筑工业出版社，2003.

[8](美)阿摩斯·拉普卜特.住屋的文化与形式[M].张玫玫译.台北：境与象出版社，1975.

[9](美)S·基迪恩.空间·时间·建筑[M].汪锦堂，孙全文译.台北:台隆书店，1986.

[10](意)曼弗雷多·塔夫里.建筑学的理论和历史[M].郑时龄译.北京：中国建筑工业出版社，1991.

[11](美)克里斯·亚伯.建筑与个性——对文化和技术变化的回应[M].张磊等译.北京：中国建筑工业出版社，2003.

[12](美)肯尼斯·弗兰普敦.现代建筑：一部批判的历史[M].张钦楠等译.北京：生活·读书·新知三联书店，2004.

[13]吴良镛.国际建协《北京宪章》——建筑学的未来[M].北京：清华大学出版社，2002.

[14]维特鲁威.建筑十书[M].高履泰译.北京：中国建筑工业出版社，1986.

[15](法)勒·柯布西耶.走向新建筑[M].陈志华译.西安：陕西师范大学出版社，2004.

[16](美)杰伊·M·斯坦等.建筑经典读本[M].北京：中国水利水电出版社，2004.

[17]（英）阿兰·德波顿.幸福的建筑[M].冯涛译.上海：上海译文出版社，2007.

[18]郑时龄.建筑理性论——建筑的价值体系与符号体系[M].台北：田园城市文化事业有限公司，1996.

[19]郑时龄.建筑批评学[M].北京：中国建筑工业出版社，2001.

[20]吴良镛.广义建筑学[M].北京：清华大学出版社，1989.

[21]吴良镛.世纪之交的凝思：建筑学的未来[M].北京：清华大学出版社，1999.

[22]刘先觉主编.现代建筑理论——建筑结合人文科学自然科学与技术科学的新成就[M].北京：中国建筑工业出版社，1999.

[23]杨德昭.怎样做一名美国建筑师[M].天津：天津大学出版社，1997.

[24]薛求理.建造革命[M].香港：香港大学出版社,2005.

[25]薛求理.全球化冲击——海外建筑设计在中国[M].上海：同济大学出版社，2006.

[26]张永和.平常建筑[M].北京：中国建筑工业出版社，2002.

[27]王澍.设计的开始[M].北京：中国建筑工业出版社，2002.

[28]汤桦.营造乌托邦[M].北京：中国建筑工业出版社，2002.

[29]崔愷.工程报告[M].北京：中国建筑工业出版社，2002.

[30]刘家琨.此时此地[M].北京：中国建筑工业出版社，2002.

[31]邹德侬.中国现代建筑史[M].天津：天津科学技术出版社，2001.

[32]万书元.当代西方建筑美学[M].南京：东南大学出版社，2001.

[33]赵巍岩.当代建筑美学意义[M].南京：东南大学出版社，2001.

[34]褚瑞基.建筑历程[M].天津：百花文艺出版社，2005.

[35]陈志华.北窗杂记[M].郑州：河南科学技术出版社，1999.

[36]徐千里.创造与评价的人文尺度[M].北京：中国建筑工业出版社，2000.

[37]周正楠.媒介·建筑：传播学对建筑设计的启示[M].南京：东南大学出版社，2003.

[38]李海清.中国建筑现代转型[M].南京：东南大学出版社，2004.

[39]张勃.当代北京建筑艺术风气与社会心理[M].北京：机械工业出版社，2002.

[40]费菁.超媒介：当代艺术与建筑[M].北京：中国建筑工业出版社，2005.

[41]傅刚,费菁.都市村庄[M].天津：天津大学出版社，2000.

[42]姜涌.建筑师职能体系与建造实践[M].北京：清华大学出版社，2005.

[43]赵劲松.英雄主义建筑[M].天津：天津大学出版社，2004.

[44]杨志疆.当代艺术视野中的建筑[M].南京：东南大学出版社，2003.

[45]ABBS 编.ABBS2002-2003——建筑论坛精粹[M].北京：中国建筑工业出版社，2003.

[46]（英）安东尼·吉登斯.社会学方法的新规则[M].田佑中，刘江涛译.北京：社会科学文献出版社，2003.

[47]（英）安东尼·吉登斯.社会的构成[M].李康，李猛译.北京:生活·读书·新知三联书店，1998.

[48]（美）理查德·罗蒂.偶然、反讽与团结[M].徐文瑞译.北京:商务印书馆，2003.

[49]（法）埃米尔·迪尔凯姆.社会学方法的规则[M].胡伟译.北京:华夏出版社，1999.

[50]（加）哈罗德·伊尼斯.帝国与传播[M].何道宽译.北京:中国人民大学出版社，2003.

[51]（美）托夫勒.未来的冲击[M].孟广均译.北京：中国对外翻译出版公司，1985.

[52]（美）马克·波斯特.信息方式[M].范静哗译.北京:商务印书馆，2000.

[53]（美）马克·波斯特.第二媒介时代[M].范静哗译.南京:南京大学出版社，2001.

[54]（美）弗洛姆.占有还是生存[M].关山译.北京：生活·读书·新知三联书店，1989.

[55]（英）E·H·贡布里希.理想与偶像：价值在历史和艺术中的地位[M].范景忠等译.上海:上海人民美术出版社，1989.

[56]（法）皮埃尔·布迪厄.艺术的法则[M].刘晖译.北京:中央编译出版社，2001.

[57]（法）让·鲍德里亚.消费社会[M].刘成富,全志钢译.南京:南京大学出版社，2001.

[58]（法）让·博得里亚尔.完美的罪行[M].王为民译.北京:商务印书馆，2000.

[59]（英）迈克·费瑟斯通.消费文化与后现代主义[M].刘精明译.南京:译林出版社，2000.

[60]（美）马泰·卡林内斯库.现代性的五副面孔：现代主义、先锋派、颓废、媚俗主义、后现代主义[M].顾爱彬,李瑞华译.北京:商务印书馆，2002.

[61]（英）尼格尔·多德.社会理论与现代性[M].陶传进译.北京:社会科学文献出版社，2002.

[62]（加）查尔斯·泰勒.自我的根源:现代认同的形成[M].韩震等译.南京:译林出版社，2001.

[63]（加）查尔斯·泰勒.现代性之隐忧[M].程炼译.北京:中央编译出版社，2001.

[64]（英）戴维·弗里斯比.现代性的碎片[M].卢晖临，周怡，李林艳译.北京:商务印书馆，2003.

[65]（英）A·吉登斯.现代性的后果[M].田禾译.南京:译林出版社，2000.

[66]（德）彼得·比格尔.先锋派理论[M].高建平译.北京:商务印书馆，2002.

[67]（美）马歇尔·伯曼.一切坚固的东西都烟消云散了[M].徐大建,张辑译.北京:商务印书馆，2003.

[68]（法）让·弗朗索瓦·利奥塔.非人：时间漫谈[M].罗国祥译.北京:商务印书馆，2000.

[69]（法）利奥塔.后现代性与公正游戏[M].谈瀛洲译.上海：上海人民出版社，1997.

[70]（英）齐格蒙特·鲍曼.现代性与矛盾性[M].邵迎生译.北京:商务印书馆，2003.

[71]（英）齐格蒙特·鲍曼.流动的现代性[M].欧阳景根译.上海:上海三联书店，2002.

[72]（美）斯蒂芬·贝斯特，道格拉斯·科尔纳.后现代转向[M].陈刚等译.南京:南京大学出版社，2002.

[73]（英）特里·伊格尔顿.后现代主义的幻象[M].华明译.北京:商务印书馆，2000.

[74]（美）爱德华·W·萨义德.东方学[M].王宇根译.北京：生活·读书·新知三联书

店，1999.

[75]（英）布莱恩·特纳.身体与社会[M].马海良译.沈阳:春风文艺出版社，2000.

[76]（斯）阿莱斯·艾尔雅维茨.图像时代[M].胡菊兰，张云鹏译.长春:吉林人民出版社，2003.

[77]（法）吉尔·德勒兹.福柯 褶子[M].于奇智，杨洁译.长沙:湖南美术出版社，2001.

[78]（美）泰特罗.文本人类学[M].王宇根等译.北京：北京大学出版社，1996.

[79]（德）恩斯特·卡西尔.人论[M].甘阳译.上海：上海译文出版社，1985.

[80]（德）恩斯特·卡西尔.语言与神话[M].于晓等译.北京：生活·读书·新知三联书店，1988.

[81]（德）齐奥尔格·西美尔.时尚的哲学[M].贯勇，吴燕译.北京：文化艺术出版社，2001.

[82]（德）尼采.悲剧的诞生[M].周国平译.北京:生活·读书·新知三联书店，1986.

[83]（德）康德.纯粹理性批判[M].邓晓芒译.北京：人民出版社，2004.

[84]（德）康德.历史理性批判文集[M].何兆武译.北京：商务印书馆，1990.

[85]（德）康德.判断力批判[M].宗白华等译.北京：商务印书馆，1987.

[86]（德）海德格尔.人，诗意地安居[M].郜元宝译.南宁：广西师范大学出版社，2000.

[87]（德）海德格尔.林中路[M].孙周兴译.上海：上海译文出版社，1997.

[88]（德）海德格尔.存在与时间[M].王庆节译.北京：生活·读书·新知三联书店，1987.

[89]（德）H·G·伽达默尔.真理与方法[M].王才勇译.沈阳：辽宁人民出版社，1987.

[90]（加）马歇尔·麦克卢汉.理解媒介——论人的延伸[M].何道宽译.北京：商务印书馆，2000.

[91]（意）U·艾柯.符号学理论[M].卢德平译.北京：中国人民大学出版社，1990.

[92]（法）罗兰·巴尔特.符号学原理[M].李幼蒸译.北京：生活·读书·新知三联书店，1988.

[93]（法）罗兰·巴特.流行体系——符号学与服饰符码[M].敖军译.上海:上海人民出版社，2000.

[94]（法）罗兰·巴特. S/Z[M].屠友祥译.上海：上海人民出版社，2000.

[95]（瑞士）费南道尔·德·索绪尔.普通语言学教程[M].高名凯译.北京：商务印书馆，1980.

[96]（英）玛尔考姆·波微.拉康[M].牛宏宝，陈喜贵译.北京：昆仑出版社，1999.

[97]（英）卡尔·波普尔.历史决定论的穷困[M].杜汝楫，邱仁宗译.北京：华夏出版社，1987.

[98]（英）柯林武德.历史的观念[M].何兆武,张文杰译.北京：中国社会科学出版社，1986.

[99]（法）列维·斯特劳斯.野性的思维[M].李幼蒸译.北京：商务印书馆，1987.

[100]（美）李欧梵.上海摩登———一种新都市文化在中国，1930—1945[M].毛尖译.北

京：北京大学出版社，2001.

[101]（美）李欧梵.现代性的追求[M].北京：生活・读书・新知三联书店，2000.

[102] 李欧梵，季进.李欧梵季进对话录[M].苏州：苏州大学出版社，2003.

[103]（美）弗雷德里克・杰姆逊.后现代主义与文化理论[M].唐小兵译.北京：北京大学出版社，1997.

[104]（美）弗雷德里克・詹姆逊.快感：文化与政治[M].王逢振等译.北京：中国社会科学出版社，1998.

[105]（意）卡尔维诺著.吕同六,张洁主编.卡尔维诺文集[M].南京：译林出版社，2001.

[106]（法）米盖尔・杜夫海纳.美学与哲学[M].孙非译.北京：中国社会科学出版社，1985.

[107]（美）Jonathan H. Turner.社会学理论的结构[M].邱泽奇等译.北京：华夏出版社，2001.

[108]（美）阿列克斯・英格尔斯.人的现代化[M].殷陆君编译，成都：四川人民出版社，1985.

[109]（美）乔治・赫伯特・米德.心灵、自我与社会[M].霍桂桓译，北京：华夏出版社，1999.

[110]（英）阿雷恩・鲍尔德温，布莱恩・朗赫斯特等.文化研究导论[M].陶东风等译.北京：高等教育出版社，2004.

外文书籍：

[111] David Harvey. The Urban Experience[M]. Baltimore and London：The John Hopkins University Press，1989.

[112] David Harvey. The Condition of Postmodernity: An Enquiry into the Origins of Cultural Change[M]. Oxford: Blackwell，1990.

[113] Ezra D. Ehrenkrantz. Architectural Systems:A Needs，Resources，and Design Approach[M]. New York: McGraw-Hill，1989.

[114] Hanno-Walter Kruft. A History of Architectural Theory，from Vitruvius to the Present（M）. New York: Princeton Architectural Press，1994.

[115] Hans-Dieter Evers,Rudiger Kroff. Southeast Asian Urbanism：The Meaning and Power of Social Space[M].Palgrave: Macmillan，2001.

[116] Henri Lefebvre. Everyday Life in the Modern World[M]. New York：Harper，1971.

[117] Henri Lefebvre. The Production of Space[M].Cambridge：Blackwell，1991.

[118] Hilde Heynen. Architecture and Modernity[M]. Cambridge：The MIT Press，1999.

[119] James Donald. Imagining the Modern City[M]. Minneapolis：University of Minnesota Press，1999.

[120] Michael J. Dear,Steven Flusty，eds.The Spaces of Postmodernity：Readings in

Human Geography[M]. Oxford: Blackwell，2002.

[121] Nezar AlSayyad，ed. Hybrid Urbanism: On the Identity Discourse and the Built Environment[M]. Westport: Praeger，2001.

[122] Nicholas R. Fyfe，ed. Images of the Street: Planning，Identity and Control in Public Space[M].London and New York: Routledge，1998.

[123] Paul Rudolf. The Six Determinants of Architectural Form[M]//Charles Jencks,Karl Kropf. Theories and Manifestoes of Contemporary Architecture.London: Academy Editions，1977.

[124] Peter Bürger. The Decline of Modernism[M]. University Park: The Pennsylvania State University Press，1992.

[125] Richard Sennett. The Fall of Public Man：On the Social Psychology of Capitalism[M]. New York：Vintage Books，1978.

[126] Richard Sennett. The Conscience of the Eye: The Design and Social Life of Cities[M]. New York: W. W. Norton & Company，1992.

[127] Spiro Kostof. The Architect，Chapters in the History of the Profession[M].Berkeley: University of California Press，2000.

[128]Manfredo Tafuri.Architecture and Utopia：Design and Capitalist Development[M].Translated by Barbara Luigia La Penta. Cambridge：MIT Press，1979.

[129] Victor Burgin. In Different Spaces: Place and Memory in Visual Culture[M]. Berkeley：University of California Press，1996.

[130] William J.R.Curtis. Modern Architecture Since 1900[M]. London：Phaidon Press，1996.

[131] William J. Mitchell. The Logic of Architecture，Design，Computation，and Cognition[M].Cambridge：MIT Press，1990.

[132] Andy Pressman. Professional Practice 101：A Compendium of Business and Management Stategies in Architecture[M].New York: John Wiley & Sons Inc.，1997.

[133] John Rennie Short,Yeong-Hyun Kim.Globalization and the City[M]. Pearson: Prentice Hall，1999.

[134] Edgar Haupt,Manuel Kubitza，ed. Marketing and Communication for Architects—Fundamentals，Strategies and Practice[M]. Birkhäuser: Publishers for Architecture，2002.

[135] Debra Coleman，Elizabeth Danze，Carol Henderson，ed. Architecture and Feminism[M]. New York：Princeton Architectural Press，1996.

[136] Tom Spector. The Ethical Architect: the Dilemma of Contemporary Practice[M]. New York：Princeton Architectural Press，2001.

学位论文：

[137] 徐千里.面对生活世界思考[D].上海:同济大学建筑与城市规划学院，1998.

[138] 史巍.安藤作品变化因子和恒常因子的研究[D].上海:同济大学建筑与城市规划学院，2005.

[139] 李翔宁.想象与真实：当代城市研究中价值视角的分析[D].上海:同济大学建筑与城市规划学院，2004.

[140] 杨宁.后工业时代建筑师角色内容的转向[D].上海:同济大学建筑与城市规划学院，2005.

[141] 陈镌.城市生活形态的延续与完善[D].上海:同济大学建筑与城市规划学院，2003.

[142] 张炯.建筑生成论：当代建构观的发展与建筑创作话语的重构[D].上海:同济大学建筑与城市规划学院，1999.

[143] 蔡瑜.中国当代建筑集群设计现象研究[D].上海:同济大学建筑与城市规划学院，2006.

[144] 徐健.作为消费品的建筑：消费时代的当代时尚品牌专卖店研究[D].上海:同济大学建筑与城市规划学院，2006.

[145] 秦蕾."节点窗口"：从展览透视当代中国建筑与艺术[D].上海:同济大学建筑与城市规划学院，2004.

[146] 许凯.建筑：作为概念的"媒介"[D].上海:同济大学建筑与城市规划学院，2004.

[147] 任毅刚.关于建筑概念设计的过程[D].上海:同济大学建筑与城市规划学院，2003.

[148] 刘刚.乌托邦/反乌托邦：都市空间的电影印象[D].上海:同济大学建筑与城市规划学院，2003.

[149] 刘江.建筑思想及其实践[D].上海:同济大学建筑与城市规划学院，2002.

[150] 张雪伟.上海市民日常生活空间的变迁[D].上海:同济大学建筑与城市规划学院，2002.

[151] 张远大.现代主义运动中文学与艺术流派对建筑思潮的影响[D].上海:同济大学建筑与城市规划学院，2000.

[152] 祝培源.生活形态的重建[D].上海:同济大学建筑与城市规划学院，1999.

[153] 蒋妙菲.中国建筑杂志发展的回顾与探新[D].上海:同济大学建筑与城市规划学院，2005.

[154] 项昺.同济现象——大学周边地区产业集聚现象研究[D].上海:同济大学建筑与城市规划学院，2005.

[155] 华霞虹.消融与转变——消费文化中的建筑[D].上海:同济大学建筑与城市规划学院，2007.

[156] 郝鸿军.知识的合法性[D].长春:吉林大学哲学社会学院，2007.

[157] 吴玉军.非确定性与现代人的生存[D].北京:北京师范大学哲学与社会学学院，2005.

[158] 余同元.中国传统工匠现代转型问题研究[D].上海:复旦大学历史地理研究中心，2005.

后　记

建筑，作为艺术的一个命题，具有公共性。它的公共性体现在对生活世界的关注，对生活世界中大多数人的关注。

中国的建筑总体上说是沉默的，这种沉默是对生命的麻木与漠视，它忽略了生活中多数人的感受。在表面的浮华与喧嚣背后，遮蔽了生命中对本体的思考。当贾樟柯用他的镜头为我们呈现出一幅幅真实的芸芸众生的场景时，他不仅仅揭示了当下的社会现实，更是体现了一种发自内心的人文关怀。在这真实的人性关怀中，宏大叙事和“奇观化”的社会场景轰然坍塌。《站台》、《世界》、《三峡好人》这些貌似“边缘”的作品所构筑的真实场景，触动了我内心深处最敏感的神经：在那些沉默的小人物当中，我看到了自己的影子，看到了自己的生活。

建筑之外，文学和电影是我在业余生活中经常关注的对象，我经常阅读文学评论和电影评论，它们往往有助于我理解一部作品。在文学、电影、绘画和建筑之间，有一种“家族相似性”，对文学和电影理论的关注潜移默化地影响了我的写作。文学和电影以直面现实的方式叙述人们的生活状态，建筑师又应该用什么样的叙事方式来表达我们的“先锋”意识？表达对真实的社会状态的关注，尤其是表达对弱势群体的关注？“实验”电影导演已经为我们展示了“突围”的可能，我们期待着建筑师的“突围”，更期待着艺术家整体的合力作用的产生。

本文只是我人生当中一个阶段性的研究成果，论文的撰写过程留下了许多遗憾，成稿与最初的想法差距较大，我希望在将来的研究中进一步深入和完善相关方面的内容。因此，与其说是一个阶段的结束，不如说才是刚刚开始。

感谢我的导师郑时龄先生，先生在论文选题过程中给予了我极大的自由。同时，先生许多高瞻远瞩的观点也为我指明了论文深入的方向，我的研究思路直接受益于先生所营建的浓厚的建筑批评学氛围的熏陶。

感谢陈家琪老师，正是在他给建筑系学生所授的《西方哲学导论》中有关“现代性”的一堂课，使我受益匪浅，引发了我对建筑领域现代性这一命题的兴趣与关注。无论是现代性还是现代化，最根本的问题还是“人的现代化”，这是我的论文研究的根本出发点。

感谢所有在我求学的道路上给过我帮助的同窗和朋友。

感谢我的家人，多年来给了我巨大的支持和鼓励。

写入论文当中的，不仅仅是建筑学术性问题的探讨，也融入了我的人生体验，建筑师的主体意识不仅仅只是体现在职业当中，我也希望自己在生活当中多一些主体意识，能够把握自己的命运，成为生活的强者。

2009 年 10 月